Reinhold Stecher
Mit gläubigem Herzen und wachem Geist

Reinhold Stecher

Mit gläubigem Herzen und wachem Geist

Begegnungen mit Land und Leuten

Herausgegeben von Klaus Egger
im Auftrag der Diözese Innsbruck

Tyrolia-Verlag · Innsbruck-Wien

Wir danken der Katholischen Bibelanstalt für die freundliche Abdruckgenehmigung aus der Einheitsübersetzung der Heiligen Schrift (Weish 7,15–25).
© 1980 Katholische Bibelanstalt, Stuttgart
Viele Bibelstellen in diesem Buch werden von Bischof Reinhold Stecher jedoch nicht wortwörtlich nach der Einheitsübersetzung zitiert, sondern er verwendet auf dem Hintergrund seiner hebräischen und altgriechischen Sprachkenntnisse eigene Ausdrücke.

Mitglied der Verlagsgruppe „engagement"

Bibliografische Information Der Deutschen Nationalbibliothek
Die Deutsche Nationalbibliothek verzeichnet diese Publikation in der Deutschen Nationalbibliografie; detaillierte bibliografische Daten sind im Internet über http://dnb.d-nb.de abrufbar.

2014
© Verlagsanstalt Tyrolia, Innsbruck
Umschlaggestaltung und Layout: Tyrolia-Verlag
Das Umschlagbild zeigt Innsbruck „über den Dächern": links der Dom, in der Mitte die Jesuitenkirche und rechts die Hofkirche, daneben der Stadtturm.
Lithografie: Artilitho, Lavis (I)
Druck und Bindung: Gorenjski-Tisk, Kranj (Slowenien)
ISBN 978-3-7022-3324-2 (*gedrucktes Buch*)
ISBN 978-3-7022-3354-9 (*E-Book*)
E-Mail: buchverlag@tyrolia.at
Internet: www.tyrolia-verlag.at

Inhalt

Vorwort

„Natur als Medizin", das war der erste Text, den ich von Reinhold Stecher bei Exerzitien erhalten habe. Er weiß darin vom Ordnenden und Heilenden des Gehens, von der schöpferischen Kraft der Bewegung, auch für das Denken. In der Vielfalt der Reize und Sinneseindrücke, z. B. in den Medien, führt die Natur zur Stille und zur Schönheit. Reinhold Stecher hat das Buch der Natur – durchaus im Sinne eines Bonaventura oder auch eines Johannes Kepler – gelesen und erschlossen. Die Natur ist nicht nur Ort des Trainings und der Fitness, auch nicht nur der Ästhetik, sondern sie trägt die Spuren Gottes. Bischof Reinhold hat vielen Menschen geholfen, die Abstumpfung, die Stumpfsinnigkeit und damit auch eine Form der Dummheit zu überwinden.

Ende der Achtzigerjahre habe ich Karikaturen von Bischof Reinhold in die Hände bekommen. Eine zeigt den Schweizer Kampf um die Generalabsolution bei der Weltbischofssynode 1983 zum Thema „Versöhnung und Buße in der Sendung der Kirche von heute" in Rom, die andere Don Quichotte und Sancho Pansa unverwechselbar als einen österreichischen Kardinal mit seinem damaligen Weihbischof. Reinhold Stecher hat das Buch des Humors und auch der Freiheit gelesen und geschrieben. Er hat durch seine Karikaturen und auch durch seine Deutungen Freiräume und Spielräume in deprimierenden Situationen und Phasen der österreichischen Kirche erschlossen.

In einer kurzen, aber prägnanten Osterpredigt geht es um Fragen der Mengenlehre, um die Klammer vor einer Menge, um das Plus oder das Minus. Auferstehung ist das Plus vor der Menge des Lebens, vor der Ansammlung von Erfahrungen und Widerfahrnissen. Reinhold Stecher hat das große Ja Gottes vermittelt, und das in einem Land, in dem Glaube und Religion teilweise mit viel Druck oder auch mit Angst verbunden waren. Und er hat die Beziehungen zu unserer Wurzel, die trägt, zum Judentum entscheidend verbessert.

Der junge Reinhold Stecher kam wegen „Organisation einer Wallfahrt" auf die Waldrast in Gestapohaft. Bei einem Gedenken an die Opfer der Pogromnacht im November 1938 hat er das Entsetzen über die Ermordung von Innsbrucker Juden ausgedrückt. Dann forderte er das nüchterne Bedenken der Hintergründe, den Wurzelverzweigungen des Hasses nachzugraben, den Nährboden für Vorurteile, Sündenbocktendenzen, Horizontverengungen, Rassenstolzdummheiten und Aberglauben aufzuspüren. Weil er die absolute Rechtlosigkeit in Zeiten des Staatsterrors erfahren hat, war er ein leidenschaftlicher Verfechter und Verteidiger des Rechtsstaates, auch und gerade gegenüber denen in der Kirche, die meinten, dass der Gegensatz zum Recht die Liebe sei. Aber das Gegenteil von Recht ist nicht die Freiheit und die Liebe, sondern das Unrecht, die Barbarei, die Willkür und die Unterdrückung.

Bischof Reinhold hat etwas von der größeren Gerechtigkeit im Sinne der Bergpredigt verwirklicht: Er hat Menschen mit Behinderung Räume der Beziehung und der Freundschaft eröffnet, er hat Brunnen ermöglicht, deren Wasser Leben gespendet und gerettet haben. Und er hat nicht einfach Recht haben und Recht behalten wollen, sondern die Versöhnung gesucht. 1993 unterzeichnete er die Petition von SOS Mitmensch gegen eine Verschärfung der Asylgesetzgebung. Als der Innenminister 1990 die Abschiebung von 7000 Rumänen ankündigte, meldete er sich in den Medien zu Wort. Die Diözese Innsbruck werde die Flüchtlinge in den Pfarren aufnehmen, so der Bischof, denn er fände „die Idee einer Deportation ungeheuerlich. Vielleicht habe ich zu lange in der Diktatur gelebt."

Bischof Reinhold wurde von zahlreichen Organisationen als Festredner eingeladen; dementsprechend breit ist die Fülle an Themen in seinen Ansprachen und Vorträgen. Der Diözese Innsbruck ist es ein Anliegen, dieses Vermächtnis in Buchform erscheinen zu lassen. Ich danke Klaus Egger, seinem Generalvikar und Wegbegleiter, für die Auswahl und Zusammenstellung der Texte.

Manfred Scheuer
Bischof von Innsbruck

Einführung

Reinhold Stecher war nicht nur ein im ganzen Land geschätzter Bischof, Autor von Büchern, die auf Bestsellerlisten stehen, und begabter Hobbymaler, dessen Bilder Jahr für Jahr auf einer Vernissage versteigert wurden, um mit dem Erlös beachtliche Brunnenprojekte in Albanien, Brasilien und vor allem in Afrika zu finanzieren, er war auch ein begnadeter Redner, ein Meister des gesprochenen Wortes. Wo immer er zu Vorträgen und Ansprachen bei festlichen Anlässen eingeladen wurde, war er es, der dem Ereignis das eigentliche Glanzlicht aufgesetzt hat. Hilde Domin hat einmal geschrieben:

> *Wir Pächter und Weinbauern des Lebens*
> *essen Brot und trinken Wein,*
> *aber wir leben vom Glanz.*

Reinhold Stecher hatte die Gabe, dem Leben in seiner ganzen Vielfalt jenen Glanz zu verleihen, der den Alltag aufbricht und das Ewige ahnen lässt.

Geprägt von einer selbstverständlichen Gläubigkeit in der Familie, von der Lebensfreude seiner Mutter und ebenso durch die große Bibliothek seines früh verstorbenen Vaters, wurde er als junger Theologiestudent wegen der Organisation und Teilnahme an einer verbotenen Wallfahrt nach Maria Waldrast in Gestapohaft genommen und dann zur Wehrmacht einberufen. Er überlebte als einer der wenigen seiner Kompanie die fürchterliche Schlacht vom Ilmensee (1941/42) und wurde dann nach Nordkarelien in Russland abkommandiert. Dort begann der 3600 Kilometer lange Rückmarsch nach Norwegen mit Heimkehr nach Innsbruck im Herbst 1945. Gerade die dunkelsten Stunden im Angesicht des Todes haben sein Vertrauen in Gott und in gute Menschen vertieft und gestärkt. Aus der Zuflucht zu Gott erwuchs ihm Zuversicht. Nicht bloß in seinem bischöflichen Wahlspruch „Dienen und Vertrauen", sondern auch in seinen vielen Vorträgen und Ansprachen geht es ihm immer wieder um das grundlegende Vertrauen, das dem Leben Weite und Tiefe verleiht. In Psalm 34,6 heißt es: „Blickt auf zu ihm und euer Antlitz wird strahlen". Ja, es war so etwas wie eine geheimnisvolle Ausstrahlung, die in seinem Auftreten und seinen Reden spürbar wurden.

Gefragt war er nicht bloß als glänzender Redner, sondern immer auch als Bischof, der für alle da ist und Fenster öffnet hin zu dem Geheimnis, das wir Gott nennen.

Es gibt in der Biografie von Reinhold Stecher noch einen kaum wahrgenommenen Bereich, der für sein gesamtes Wirken bedeutungsvoll wurde. Nach seiner Priesterweihe hat er neben seelsorglichen Aufgaben über mehrere Jahre hinweg an einer Dissertation über die Weisheitsliteratur im späten Judentum gearbeitet. Diese zum Teil erst im zweiten und ersten Jahrhundert vor Christus entstandenen Bücher des Alten Testamentes zielen auf die Vermittlung von Lebenswissen, das zum einen in der Glaubenserfahrung Israels und zum anderen im Gespräch mit der zeitgenössischen Kultur wurzelt. So will der Verfasser des Weisheitsbuches den Gebildeten seiner Zeit zeigen, dass sein Glaube echte Weisheit ist, und den Glaubensgenossen sagen, dass ihr Glaube der philosophisch-heidnischen Welt ebenbürtig ist. Im Buch der Sprüche geht es um Lebensbewältigung im umfassenden Sinn, oft in enger Berührung mit der Weisheit Ägyptens und des Zweistromlandes. Zentrales Thema ist die menschliche Existenz unter individuellen, gesellschaftlichen und religiösen Gesichtspunkten, aber auch die unbelebte Natur, Pflanzen- und Tierwelt. Aber alles steht unter der großen Überschrift „Initium sapientiae est timor domini" – „Der Anfang aller Weisheit ist die Achtung vor dem Herrn" oder frei übertragen „Die Kenntnis des Heiligen ist Anfang und Wurzel aller Erkenntnis und Bildung". Der Weise ist ein Mensch, der überlegt, sich geschickt und sachkundig verhält, der klug und kundig das Leben bewältigt und meistert. Die Sprache der Weisheit ist eine poetische, die primär nicht Wissen, sondern gläubige Lebenserfahrung vermitteln will, oft in kurzen und prägnanten Sprüchen. Diese äußerst knappen Hinweise auf die Weisheitsliteratur des Alten Testamentes nehmen sich beinahe wie ein Porträt von Reinhold Stecher aus! Vergeblich sucht man in seinem schriftlichen Nachlass nach wissenschaftlichen Arbeiten, aber hinter allem, was er gesprochen und geschrieben hat, blitzt immer wieder ein großes und breitgefächertes Wissen auf. Kurze Hinweise auf bedeutende Gestalten der Humanwissenschaften, der Literatur und Theologie legen Zeugnis davon ab. Mit „wachem Geist" suchte er in den verschiedensten Themenbereichen nach einer tragfähigen Synthese von Glaube und Vernunft mit dem Ziel, den Menschen zu dienen, wie er es in seinem programmatischen Wahlspruch „Dienen und Vertrauen" zum Ausdruck gebracht hat.

Reinhold Stecher war auch mit Leib und Seele Tiroler. Er kannte Land und Leute wie wenig andere. Er hat das Gespräch mit Universitätsprofessoren und Künstlern genauso gesucht und gepflegt wie mit einfachen, kranken und alten Menschen. Daher waren seine Vorträge auch wirklich geerdet, ganz gleich, vor welchem Kreis er gesprochen hat.

Neben vielen anderen Ehrungen wurde er im Jahr 1994 „für seine Verdienste um die Schaffung eines Klimas der Toleranz und des Dialogs" von der Universität Innsbruck mit dem Ehrendoktorat der Philosophie ausgezeichnet.

„Kirche im Wandel der Zeit", „Natur und Heimat", „Christsein in der Welt von heute", „Berufe und Berufung", „Wachsen und Reifen" und „In Sorge um das Humanum" sind die Themen dieses Buches. Den Abschluss bildet die Festansprache zum 50- und 25-jährigen Bischofsjubiläum von Kardinal Franz König und Weihbischof Helmut Krätzl im Rathaus von Wien.

Die hier abgedruckten Vorträge und Ansprachen wurden in der Zeit von 1985 bis zum Jahr 2012 gehalten und tragen selbstverständlich auch Spuren dieser Zeit- und Gesellschaftssituation. Wenn sich einzelne Bilder und Gedanken wiederholen, so ist das ein Hinweis darauf, welches Gewicht sie für Reinhold Stecher haben.

Jeweils am Beginn der einzelnen Kapitel werden Adressaten und Themen vorgestellt.

Innsbruck, im Herbst 2013   *Klaus Egger*

Kirche im Wandel der Zeit

In seinem langen Leben hat Reinhold Stecher ganz verschiedene Kirchenerfahrungen gemacht. In seiner Jugend war es die Kleruskirche, in der NS-Zeit die verfolgte Kirche, dann kam eine Kirche im Aufbruch bis nach dem Zweiten Vatikanischen Konzil. Der gesellschaftliche Wandel in den Sechzigerjahren hat auch vor der Kirche nicht Halt gemacht und neue Problemsituationen mit sich gebracht. Gefragt war eine Kirche mit menschlichem Gesicht, eine Kirche, die den Menschen Heimat bieten kann. Als unermüdlicher Verfechter einer „offenen Kirche", die niemanden ausgrenzt und sich den Fragen der Zeit stellt, nimmt Reinhold Stecher als Bischof immer wieder zu kirchlichen Fragen mit großem Freimut Stellung. Das sind aber keine Kampfansagen, sondern Ermutigungen für all jene, die den vom Konzil eingeschlagenen Weg weitergehen wollen: ein Text zum 25-jährigen Diözesanjubiläum (1989), in dem er zur Situation der Kirche Stellung bezog, und Vorträge vor Priestern und kirchlichen Mitarbeitern.

Rast unter dem Baum

„Das Senfkorn ist zwar das kleinste unter allen Samenkörnern, aber wenn es ausgewachsen ist, ist es das größte von allen Gartengewächsen und wird zu einem Baum, so dass die Vögel des Himmels kommen und darin wohnen ...“
(Mt 13,32)

Mit dem Blick auf diese Stelle des Evangeliums darf ich wohl nicht nur die Kirche als Ganzes, sondern auch die Kirche von Innsbruck im Besonderen mit einem Baum vergleichen. Es ist ein uralter Baum in unserer Heimat Tirol, unter den ich mich da niederlasse, fast so alt wie jene berühmten, gewaltigen Lärchen im Ultental, für die die Wissenschaftler ein Alter von beinahe 1800 Jahren errechnet haben sollen.

Da sind 25 Jahre Diözesangeschichte natürlich nichts. Aber es sei mir erlaubt, mich zu diesem Anlass unter diesem Baum hinzustrecken und über dieses merkwürdige Gebilde nachzudenken, den alten Stamm mit der rissigen Rinde, die ausladenden Äste und das doch immer wieder sich erneuernde Grün des religiösen Lebens, durch das die Sonne schimmert.

Romantisches Träumen erlaubt dieser Baum nicht. An seiner Krone zerren die Wetter und Winde der Zeit, und beides fällt von ihm herunter: Früchte und dürre Äste.

Aber es tut gut, die Hektik des kirchlichen Alltags mit dem verwirrenden Vielerlei des Aktuellen zu unterbrechen, und einmal dem lebendigen Ganzen nachzusinnen, das dieser breitausladende Baum des Gottesreiches darstellt, die tragenden Äste hinaufzuverfolgen, wie sie sich verteilen, verzweigen und überschneiden und schließlich doch irgendwo eine gemeinsame Gestalt finden, wie es bei jedem Baume ist.

Es geht mir nicht um Analyse und exakten Überblick. Mit den Instrumenten der Statistik und der Sonde des Soziologen vermag ich nicht besonders gut umzugehen. Es gelingt mir nicht, distanziert-exakt prüfend hinaufzuschauen in diese Lebendigkeit der Strukturen, die man sieht. Es geht mir auch um das, was man nicht sieht.

Natürlich müsste man sich darüber klar werden, an welchen Ästen die Früchte zukunftsträchtig schwerer hängen, oder wo ein Ast in einen Schattenwinkel hineinwächst, in dem nicht viel gedeihen kann. Wer einen Baum betrachtet, muss freilich alle Ungeduld ablegen. Bäume wachsen nicht im Zeitraffertempo der Macher. Vielleicht hat Christus für sein Reich absichtlich so viele Gleichnisse der Geduld gewählt: sprossende Bäume und reifende Saaten, nächtelang rudernde Fischer und wartende Jungfrauen mit den Lampen … Und noch eines hat der Herr vom Baum wie vom Weinstock betont: dass die Vielfalt eine geheimnisvolle Einheit bildet, dass sich alles aus einem Stamme verzweigt, und sein Leben aus Wurzeln erhält, die in der Tiefe verborgen liegen.

Aber nun hinein in das Geäst und Gezweig des kirchlichen Lebens!

Die Heilige Feier

Der erste Ast, den ich verfolge, wächst aus der innersten Mitte empor – und bleibt in der Mitte: Es ist der Ast der *Heiligen Feier*, der Ast der Mysterien, der Eucharistie, der Sakramente. Es war die besondere Sorge des letzten Konzils, sich um das strömende Leben und Blühen dieses Astes zu kümmern. Wie steht es bei uns mit diesem Ast? Wenn ich zum Beispiel an den Sonntag denke, dann gibt es da natürlich auch Entfremdungserscheinungen, Verständnisverlust und zeitgemäße Unverbindlichkeit. Aber im Ganzen gesehen ist dieser Ast doch in dem Menschenalter, das ich überblicke, um eine Welt lebendiger geworden, verjüngt und wesent-

Die große Linde im Schlosspark von Ambras bei Innsbruck

licher. Ob ich jetzt an die leise Intimität einer Roratemesse in der Hochschulgemeinde denke, oder an irgendeinen Firmgottesdienst im kleinen Bergdorf, an die große Liturgie mit dem Papst am Bergisel oder an die Osterzeremonie in den Pfarrgemeinden – es hat sich viel getan an diesem Ast. Und dass bei einem derartigen Vitalitätsschub der eine oder andere wilde Trieb ausschießt, ist mehr Naturereignis als Katastrophe.

Im schlimmsten Fall muss halt das Amt auch einmal die Baumschere in die Hand nehmen … Aber wer hier nur Fehlentwicklungen zu sehen glaubt und nur den Verlust der Formen von gestern beklagt, der schaut den Baum weder mit den Augen des Glaubens noch mit denen der Liebe an.

Und doch bleibt mir viel zu wünschen und zu beten, wenn ich zu diesem Ast hinaufschaue. Dass wir die rechte Innigkeit finden und nicht in Formalismen steckenbleiben; dass wir auf alle Rücksicht nehmen, auch auf jene, die im Raum des Heiligen das Experiment nicht so lieben; dass wir die rechte Sprache der Zeit in der Verkündigung finden; dass auch die Kunst der Zeit in den Raum des Heiligen eindringe; dass in allem die Ehrfurcht dominiere, vom kleinen Ministranten bis zum Verwalter der Geheimnisse.

Auf einen Seitenzweig der Sakramente schaue ich mit Sorge: Er scheint sich dem Schatten und der Verkümmerung zuzuwenden und Blätterschwund zu erleiden: Es geht um das Sakrament der Umkehr. Es mag vieles daran schuld sein – von einseitigen Akzenten in der Kirche bis zu den billigen Mechanismen einer Verdrängungsgesellschaft, die die Auseinandersetzung mit der eigenen Schuld überflüssig zu machen scheinen – gleichviel, die Kirche kann sich das Baumsterben auf dieser Seite nicht leisten. Die Früchte dieses Zweiges sind für die Kirche unverzichtbar.

Die Gemeinden

Und weiter geht mein Blick zum hundertfach verzweigten Ast der *Gemeinden*. Wenn ich auch noch nicht überall gewesen bin, in den letzten acht Jahren bin ich auf diesem Ast viel herumgeklettert. Es sind gute Erinnerungen, die da aufsteigen: Abende mit Pfarrgemeinderäten und Pfarrkirchenräten, mit Frauen und Männern, Jugendlichen und Senioren, Menschen aus allen Schichten, Berufen und Altersstufen. Und ich weiß, wie viel Mitsorge und Verantwortung, Einsatz und Ideen, Mühen und Aktionen, Bazare und Renovierungen, Krankenbesuche und Kontakte, Fröhlichkeit und Gebet von diesen Gremien ausgehen.

Der Ast war in früheren Zeiten nicht immer so lebendig. In ihm liegt viel Hoffnung. Und ich schicke ein Gebet hinauf, dass er lebendig bleibe, gerade dann, wenn nicht mehr alle Amselnester auf ihm besetzt sind, will sagen, wenn nicht in jedem Widum mehr ein Priester sein kann …

Die Gemeinschaften

Und dann steigt da ein dritter Ast empor, der seine Zweige überall hinsendet: Es ist der Ast der überdiözesanen und diözesanen *Gemeinschaften*.

Es ist ein dankbarer Blick, den ich auf die Orden werfe, die weiblichen und die männlichen. Durch sie lebt in der Baumkrone der Ortskirche der Geist und die Spiritualität der ganz Großen der Kirche weiter: Augustinus und Benedikt, Norbert und Franziskus, Ignatius und Vinzenz, Theresia und Alfons, die sieben Väter des Servitenordens, Don Bosco und Dominikus, Bernhard und Johannes vom Kreuz, Maria Ward und Franz von Sales und viele, viele andere – durch ihre Gefolgsleute wird die Kirchengeschichte des geistlichen Lebens in der Heimat zur lebendigen Gegenwart. Und immer wieder wachsen neue Formen solcher Gemeinschaften. Und trotz aller verschiedenen Akzente gibt es einen beglückenden Geist des Miteinander. Der hilfesuchende Bischof weiß ein Lied davon zu singen.

Und weiters breitet dieser Ast die Seitenäste der verschiedensten Organisationen, in- und außerhalb der Katholischen Aktion, aus. Man möge mir das Durcheinander verzeihen – ein Blick in eine große, grüne Baumkrone ist nun einmal nicht so wie der in eine geordnete Kartei. Da arbeiten also Katholische Jugend und Jungschar, Männer- und Frauenbewegung, Familienverband und Lehrerverein, Kindergärtnerinnen und Diözesansportverband, Arbeiterjugend und KAB, Verband christlicher Unternehmer und Mittelschullehrer, Ritterorden und Dritte-Welt-Gruppen, Opus Dei und Drittordensgemeinschaften, Bundesheerseelsorge und Gastarbeiterbetreuung, Pfadfinder und Studentenverbindungen, Gen-Bewegung und Fokolare, Malteser und Bruderschaften, Krippenvereine und Chöre, Vinzenzgemeinschaften und Gruppen, die sich in Rocca di Papa zusammengetan haben, Kolping und Tourismusseelsorge … Hoffentlich nimmt es mir niemand übel, wenn ein Zweig verdeckt war. Der Überblick ist gar nicht einfach. Aber das alles ist gewachsen, weil eben das Leben so bunt ist und die Notwendigkeiten und Bedürfnisse so vielfältig sind.

Und doch muss ich das Gebet emporschicken, dass in all dem kein organisatorischer Leerlauf entstehe, und dass die Zweige nicht vergessen, dass sie zu einem Seitenast gehören, und der Seitenast, dass er aus einem Ast wächst, und der Ast, dass er aus einem Stamm kommt, und der Stamm, dass er nur aus einer Wurzel lebt, einer Tiefe.

Die vielfältige Hilfe

Noch ein weiterer Ast prägt und füllt die Baumkrone der Kirche Tirols, auch wenn er sich im Alltag meist bescheiden versteckt. Es ist der Ast *des menschlichen und sozialen Helfens*. Er war von Anfang an da, schon damals, als vor 2000 Jahren die Kirche noch eine winzige Staude war. Inzwischen hat er viele Zweige getrieben, auch hier bei uns. Zu ihm gehören die Mitarbeiter der Caritas, die pflegende Krankenschwester und die Familienhelferin, der Bruder-in-Not-Spender und die Sternsinger, die Betreuerin im Elisabethinum und die Altenpflegerin, das Engagement von „Frauen helfen Frauen", der Solidaritätsfonds der KAB für schwer zu vermittelnde Jugendliche und die 35 Ortsgruppen des Vinzenzvereins, die emsige Arbeit des Sekretariats für Entwicklungshilfe und die Ferienangebote des Familienreferates, die Aktivitäten der Telefonseelsorge und das stille Wirken von „Rettet das Leben", die Eheberatung, die Ehevorbe-reitung und der Arbeitskreis für Alleinerziehende …

Der Ast des Helfens sprengt den Rahmen der Diözese: Woche für Woche liegen mir die Schecks zur Unterschrift vor: nach Sudan und Ar-menien, in den Sahel und nach Indien, in die Slums von Brasilien und das Elend auf den Philippinen, nach Kenia und in den Kamerun, nach Madagaskar und Peru …

Was müsste ich diesem Zweig wünschen und erbitten? Dass seine Zweige immer wieder dorthin dringen, wo die Not in den Lücken der Gesellschaft und der Welt nistet? Und dass sich auf ihm keine Schma-rotzerpflanzen niederlassen? Das auch. Vor allem aber, dass er immer durchpulst bleibe von jener Haltung des Dienens, die Christus uns allen eingeschärft hat.

Die Glaubensbildung

Je länger ich in den großen Baum hinaufschaue, umso mehr große Äste kommen in Sicht. Der nächste ist der Ast der *Glaubensbildung.* Auch er gehört in einer Diözese wie der unseren zu den Großstrukturen. Und das muss so sein – in einer Epoche des weltanschaulichen Vielerlei und der ethischen Verwirrspiele in der Gesellschaft, der Spannungen und gegenseitigen Vorwürfe im innerkirchlichen Raum, in einer Welt, in der eiskalte Rationalität und pseudomystische Geheimlehren nebeneinan-derstehen. Glaubensbildung tut not.

Es ist ein großer Ast. Da ist die Theologische Fakultät dieses Landes mit ihrem ganzen Wissenschaftsbetrieb, die Ausbildung der Lehrer und Katecheten, die Pädagogischen und Religionspädagogischen Akademi-en, das Religionspädagogische Institut, das die Religionslehrer fördernd begleitet, die Priesterfortbildung, die Bildungshäuser. Hierher gehört das Netzwerk des Katholischen Bildungswerkes, der Stephanusgemein-schaft, des Theologischen Fernkurses. An diesem Ast hängen Tausende von Schulklassen mit ihrem Religionsunterricht, seinen Chancen und seinen Problemen. Hierher gehört auch alles Mühen um das kirchliche

Pressewesen und sein Niveau, vom „Präsent" über die „Kirche" bis zum kleinsten Pfarrblatt, von der Sendung der Kirche in den Massenmedien bis zur einfachen Sonntagspredigt.

Was möchte ich zu diesem Ast als Gebet hinaufsenden? Dass auf ihm Glaubensfreude und Geistesschärfe, große Offenheit und tiefe Verwurzelung in der unvergänglichen Botschaft blühen mögen; und dass dieser Ast immer einen Raum von Freiheit in der Kirche finde, der wirklich nur beim Wildwuchs in die Lüge beschnitten wird.

Die Berufungen

Und weiters ist da noch der Doppelast der *Berufungen*. Auf der einen Seite gibt es viele Berufungen im Stand der Laien: Religionslehrer und Pastoralassistenten, Pfarrhelfer und Tischmütter, bewusstes Sich-in-den-Dienst-Stellen als Frau und Mutter, Berufungen zu vielen Aktivitäten in all den genannten Ästen, zu Diensten wie Gottesdienstleiter, Firmhelfer und Kommunionhelfer, Berufungen zu ehrenamtlichen und hauptamtlichen Diensten. Ein neuer Zweig ist die Berufung des verheirateten Diakons. Er gedeiht zwischen der Astgabel und er gedeiht gut!

Und dann ist da der Ast der *geistlichen Berufe*. Hier ist der Blattstand im Priesterseminar und in den Noviziaten dünn geworden. Der Blick auf die junge Generation der Priester und Schwestern sagt zwar, dass die, die durchgehalten haben, gesunde Blätter sind. Das muss auch einmal gesagt sein. Aber es sind zu wenig. Warum wohl? Auch den unter dem Baum sitzenden Bischof beschleicht oft die Ratlosigkeit. Liegt es an uns, den Zölibatären: Leiden wir unter einem Verlust an Strahlkraft? Liegt es daran, dass dieser Ast dem rauen Wind des Zeitgeistes besonders ausgesetzt ist? Oder lähmt der Wohlstand doch auch den Mut zum Verzicht? Oder will vielleicht der Herr der Kirche auch eine Entwicklung korrigieren, weil man lange Zeit *nur* den Ast klerikaler Berufungen in der Kirche gesehen hat? Oder haben wir doch streckenweise ein Manko an echter Frömmigkeit? Die Antwort ist wahrscheinlich so vielschichtig wie die Fragen.

Ich weiß nur, dass ich zu diesem Ast der Berufungen heiße Gebete hinaufschicke, Dank für jede gelungene Berufung, Bitte um weitere. Auf beiden Ästen geht es nicht um die Zahl, letztlich nur um den Geist. Und dass dieser Geist und sein Feuer in junge Herzen strömen.

Die Beter

Und damit komme ich zum siebten und letzten Ast. Je mehr ich in die Baumkrone der Kirche von Innsbruck eindringe, umso öfter greife ich nach diesem Ast. Er ist der verborgenste aller Äste, doch wenn er fehlte, dann wäre der große Baum nur ein toter Riese, wie eine Zirbe, die der Blitz getroffen hat. Es ist der Ast der *Beter*.

Er reicht vom Schweigen des Karmel bis zu den Meditationen junger Menschen, vom Wirken der Gebetskreise bis zum Kinderkreuzweg, von den Rosenkränzen in den alten Händen bis zum Chorgebet der Klöster, vom Priester, der zum Brevier greift, bis zur Wächterin vor dem Tabernakel, vom murmelnden Beten der Tausenden, die auf Wallfahrt gehen, bis zur Stille der Einkehrtage und Exerzitien. Zu diesem Ast gehören das Stammeln der Verzweifelten und der Jubel der Festmessen. Zu ihm gehören das Werk des Künstlers und das Jauchzen der Geigen.

Wie die grünen Blätter eines Baumes die Sonnenenergie verwandeln, so holen die Beter für den ganzen Baum das Strömen der Gnade und das Walten des Geistes vom Himmel. Der Ast der Beter hat alle Kirchenkrisen, Glaubenskrisen und Gesellschaftskrisen überstanden. Und an diesem Ast hat in der Kirche immer der Frühling begonnen …

Darum kann ich Gott nur bitten, dass er diesen Ast in Innsbrucks Kirche erhalte und entfalte. Vor aller Aktion nach außen muss immer die Wende nach innen da sein.

Die Rast unter dem Baum geht zu Ende. Ich will es bei diesen sieben großen Ästen bewenden lassen. Wenn man sich ein wenig Zeit nimmt, in die große Baumkrone hineinzusinnen, kommt man darauf, dass in einer Diözese so vielfältiges Leben ist, so viel Freude und so viel Sorge, so viel Gewachsenes und so viel Bedrohtes, dass man vom Wissen um die eigene Unzulänglichkeit des Dienstes an diesem Baum überwältigt wird.

Und es kommt eine große Dankbarkeit in mir auf gegenüber den vielen Händen, die sich da regen, und die vielen Herzen, auf die man bauen darf. Es überwältigt mich die Dankbarkeit gegenüber meinen Mitbrüdern im Priesteramt und im Dienst des Diakons, die so treu am Werke sind, und gegenüber den vielen Laien, die in so schwierigen Zeiten wie diesen zu dieser unserer Kirche stehen. Und darum stehe ich mit der Hoffnung auf, dass das Wort des Psalmisten auch für meine Kirche in Innsbruck gilt:

„Sie gleicht dem Baum,
gepflanzt an Wasserbächen,
der seine Früchte bringt zu seiner Zeit
und dessen Laub niemals verwelkt ..." *(Ps 1)*

Die Volksfrömmigkeit –
Kostbarkeit oder Gefahr?

INNSBRUCK (1989)

Wenn man in Tirol beginnt, über die konkrete Kirche des Landes im Gebirge nachzudenken, über ihre Schätze und Chancen, über ihre Risiken und Gefahren, kommt man an diesem Thema nicht vorbei. Auch im Jahre 1989, in dem wir unser 25-jähriges Diözesanjubiläum begehen, begegnet es mir überall, in allen Kreisen, an allen Orten, im Blumenschmuck am Wegkreuz und in den liebevoll renovierten Kreuzwegstationen, im erst neu entstandenen Martinsumzug der Kinder wie in der uralten Gebetswache vor dem Heiligen Grab, in den naiven Votivtafeln am Wallfahrtsort und in den Körben für die Kräuterweihe am 15. August …

Was ist eigentlich die „Volksfrömmigkeit“? Das ist gar nicht so leicht und präzise zu beantworten, auch wenn wir ungefähr wissen, was gemeint ist. Sie ist eine Symbiose von Gläubigkeit und Brauchtum, sie ist eine Erweiterung der großen Liturgie der Kirche und des Erlösungsmysteriums hinein ins Leben, in den Alltag der Menschen, in Geste und Farbe, in Bild und Symbol, in Formel und Brauch. Wenn ich die große, tragende Liturgie der Kirche mit einem herrlichen Park vergleichen wollte, in dem alle Wege dem einen Tempel des großen Geheimnisses in der Mitte zustreben, in gemessener, gewachsener und hie und da (manchmal fast zu sehr) geregelter Schönheit, dann ist die Volksfrömmigkeit ein Bauerngarten, wo Suppengemüse, Gewürzkräuter und Herbstblumen ein etwas chaotisches, aber herzhaftes Ensemble bilden, das Duft und Farbe ausströmt, aber auch eine geheime Neigung zur Verwilderung hat.

Ich glaube, dass es Volksfrömmigkeit immer wieder geben muss. Auch zur Zeit Jesu war sie da, und der Herr scheint sie in vielem toleriert zu haben. Einmal muss sie im christlichen Leben wohl deshalb da sein, weil es weite Räume des Lebens gibt, die nun die zentrale christliche Liturgie (die heilige Messe, der Wortgottesdienst und die Karwochenliturgie) nicht ohne weiteres mit sichtbaren Zeichen des Heils erfüllt. Wobei man allerdings gleich bemerken muss, dass immer dann, wenn die Liturgie der Kirche sich entfremdet und nicht mehr verstanden wird, die Volksfrömmigkeit zu wuchern beginnt. Dieses Phänomen hat z. B. die Zeit vor der Reformation gekennzeichnet.

Ich glaube aber auch, dass die Volksfrömmigkeit manchmal so etwas wie ein gewisses Korrektiv sein kann, das das Gemüt in der Kirche gegen eine Überintellektualisierung, Überreflexion und Überproblematisierung anmeldet. Von daher ist es verständlich, dass im Schatten der Aufklärung im 18. Jahrhundert die Volksfrömmigkeit wiederum ins Kraut schoss, aber zum Teil eben als durchaus berechtigtes Anliegen des verachteten Gemüts. Beide Entwicklungen, die vor der Reformation und die in der kühlen Luft der Aufklärung, sollten uns bis zum heutigen Tage zu denken geben. Denn es gibt sie immer wieder, die Entfremdung vom Zentralen des Christentums und die Vernachlässigung des Gemüts. Und es wäre immer zu wünschen, dass die große Theologie und die große Liturgie und die Volksfrömmigkeit aufeinander zugehen, und dass die Letztere nicht der Ersatz der Ersteren wird.

So haben also viele Formen der Volksfrömmigkeit durchaus ihre Berechtigung, und zwar nicht nur im Sinne einer rückwärtsgewandten Brauchtumspflege. Sie schafft so etwas wie gläubige Kultur, mit den Kapellen und Kreuzwegstationen, den Bildern an den Häusern und dem Bittgang über die Flur, in den Segnungen von Fahrzeug und Vieh, Wohnung und Schule, in den Zügen der Beter zu den heiligen Orten, im Andenken, das man mit nach Hause nimmt, mit dem Kreuzlein, das man dem Kind um den Hals hängt. Auch in unserer so nüchternen Zeit ist

Volksfrömmigkeit entstanden. Ich erinnere nur daran, dass in meiner Kindheit am Heiligen Abend die Friedhöfe alle im tiefsten Dunkel lagen. Nach dem Krieg begann man, Kerzen für die Gefallenen in die Fenster zu stellen, dann wanderten die Lichter auf die Gräber, und heute ist der Friedhof ein einziges großes Lichtermeer, und wenn man bedenkt, dass die Kirche in der zweiten Weihnachtsmesse das Thema „Lux et Origo" feiert, Licht und Ursprung der Welt, dann hat diese Volksfrömmigkeit der erleuchteten Gottesacker einen tiefen Hintergrund im christlichen Glauben.

Viele Formen der Volksfrömmigkeit sind außerordentlich wichtig für Gemeinschafts- und Gemeindebildung. Das gilt für Familie und Pfarre, Jugendgruppe oder Altersheim. Man mag an den Martinszug der Kinder, die Bergfeuer junger Menschen, die Wallfahrt der Familie oder das Herbergsuchen denken – fast alle Formen der Volksfrömmigkeit schließen einen Weg zum andern hin ein. Deshalb gehört gesunde Volksfrömmigkeit und ihre Pflege, ja ihre schöpferische Weiterentwicklung auch zum Bild einer modernen Großstadtpfarre.

Diese so liebenswürdigen und sinnenhaften Verankerungen des Glaubens scheinen mir in einer Zeit wie der unseren besonders wichtig, da ja der immer deutlicher heraufdämmernde Priestermangel eine Einschränkung liturgischer Vollzüge wie der heiligen Messe notwendigerweise nach sich zieht.

Fehlentwicklungen

Aber der so freundliche Bauerngarten der Volksfrömmigkeit zeigt auch Neigung zum Wuchern, und man muss ein wenig auf der Hut sein. Vielleicht darf ich kurz andeuten, in welche Richtung die Fehlentwicklungen der Volksfrömmigkeit durch die Jahrhunderte bis zum heutigen Tag gegangen sind.

Es gibt die uralte Versuchung zur *Magie*. Magie, die so alt wie die Religion in der Menschheitsgeschichte zu sein scheint, will die Gottheit mit bestimmten Praktiken zwingen. Es geht nicht um das tiefreligiöse Vertrauen, sondern um das Beherrschen von Tricks, die Segen bringen und Fluch abwehren. Bestimmte Riten, bestimmte Gebete, bestimmte Wiederholungen werden ganz sicher „nützen“. Wenn man's falsch macht, nützt es nichts. Wenn man dieses Gebet nicht sagt oder diese Wallfahrt nicht mitmacht, ist die Mutter Gottes „beleidigt“. Die Welt wird mit Dämonen und bösen Geistern erfüllt, gegen die eben ganz bestimmte Frömmigkeitsformen „helfen“. Man sage nicht, das alles habe es nur im Mittelalter gegeben. Die tiefsten Ängste des Menschen sind zeitlos, zeitlos ist auch der untaugliche Versuch, sich davon zu befreien, und zeitlos ist das Bestreben, diese Bedürfnisse finanziell auszunützen. Auch heute gehen Leute um, die mit geheimen Rezepten die Geldtaschen für sich öffnen. Und das geheime Rezept hat etwas besonders Bestechendes. Das schlichte Vertrauen auf den gütigen Gott reicht bei weitem nicht aus. Darum wuchern in der Kirche Bewegungen mit geheimen und geheimsten Offenbarungen, die sich mit Vorliebe auf naive Fromme stürzen, und ich weiß, warum ich diesen Taschendieben im Volke Gottes entgegentrete. Es ist eine magische Entartung von Volksfrömmigkeit, wenn bei irgendeiner Unterlassung oder vernünftigen Änderung in der Kirche in den religiösen Vollzügen sofort auf daraus entstehende Flüche und böse Folgen hingewiesen wird. So hat zum Beispiel eine sich sehr fromm gebärdende Broschüre ein Autobusunglück in Zirl und den Dammbruch bei Stava[1] in Trient der Rache des Anderl von Rinn[2] zugeschoben. Bei solchen Vorstellungen wandert der christliche Glaube zurück in die dämonenerfüllten Urwälder des Steinzeitmenschen, dessen Religiosität wesentlich von der Besänftigung und Lähmung böser Geister geprägt war. Volksfrömmigkeit kann auch heidnisch werden.

Eine zweite Gefahr der Volksfrömmigkeit ist die *Wucherung des Nebensächlichen*. Auch diese Gefahr ist nicht ohne Aktualität. Unwichtiges wird zur Hauptsache hochgespielt und somit das Wesen des Christen-

---

1 Am 19. Juli 1985 brach bei Tesero im Fleimstal ein Damm, der eine Flutwelle auslöste und zahlreiche Menschen tötete (Anm. d. Hg.).

2 Auf die Problematik des Anderl-von-Rinn-Kultes geht der Autor in einem eigenen Beitrag ein (Anm. d. Hg.).

tums verdunkelt. Irgendein Heiliger nimmt eine Rolle ein, die nur dem Welterlöser zukommt. Eine im Detail auf ihre Echtheit kaum überprüfbare Privatoffenbarung wird wichtiger als das Wort Gottes. Eine Segensformel gilt mehr als das Mysterium der Eucharistie, ein Weihwassertropfen wird wichtiger als die Frömmigkeit des Herzens.

Es gibt also dieses Wuchern in Richtung Primitivisierung, Veräußerlichung, Magie. Das muss man wissen, und darum braucht der bunte Bauerngarten das Jäten, sonst werden bald einmal die Brennnesseln ins Kraut schießen.

Zum Schluss möchte ich auf drei Formen der Volksfrömmigkeit hinweisen, die bei uns aktuell und lebendig sind, und die gleichzeitig einen tiefen Bezug zu den zentralen Wahrheiten der Heilsbotschaft haben.

Da ist einmal die *Wallfahrt*. Sie drückt das hoffende Unterwegs-Sein des Christen aus, das mühsame Wandern und das doch Vertrauen-Können. Der Blick vom Georgenberg hinunter in die stundenlange Lichterschlange durch Wald und Schlucht offenbart eine der schönsten Formen von Volksfrömmigkeit.

Und dann gehört hierher die *Krippe*. Sie stellt das Mysterium der Menschwerdung in das Leben der Familie, in die heilige Zeit, in eine säkularisierte Welt. Und sie hat in unserer Zeit einen nie erwarteten Aufschwung genommen.

Und zum Dritten muss ich in Tirol die *Herz-Jesu-Verehrung* nennen. Sie führt – wenn sie richtig geübt wird und nicht nur an Äußerlichkeiten hängen bleibt – hinein in das innerste Wesen des erlösenden Gottes, „dessen Herzens Sinnen von Geschlecht zu Geschlecht geht, ihre Seelen dem Tod zu entreißen und sie im Hunger zu nähren …"[3]

Er soll und muss also weiterblühen, der Bauerngarten der Volksfrömmigkeit, auch in neuen Formen, aber man darf nicht auf das Unkraut vergessen, und dass die wuchernden Stauden den Blick auf das Eigentliche des christlichen Glaubens nicht verstellen dürfen.

---

3 Eröffnungsvers der Herz-Jesu-Messe (Anm. d. Hg.).

Geleise in die Zukunft
der Heimatkirche

PRIESTERTAGUNG
BRIXEN (1992)

Vor einiger Zeit ist in Österreich eine Befragung durchgeführt worden (Europäische Wertestudie), in die einige Tausend Katholiken einbezogen waren. Man hat diese Leute gefragt, was sie mit dem Begriff Kirche alles verbinden. Dazu bot man ihnen eine Reihe von Kombinationen an. Auf die Kombination „Kirche – Zukunft" haben ganze drei Prozent bekannt, dass sie diese Begriffe miteinander verbinden würden. Ich bin mit allen Statistiken, die das Innere des Menschen betreffen, immer sehr vorsichtig gewesen. Aber zum Nachdenken bringt es einen doch, dass heute mit dem Begriff „Kirche" Zukunft kaum verbunden wird. Unter Papst Johannes XXIII. war Kirche eindeutig mit Zukunft verbunden. Heute ist es anders. Das mag verschiedene Gründe haben. Ein Grund ist sicher, dass an den Steuerrädern und Kommandostellen der Kirche durchwegs ältere Herren tätig sind. Da ist es verständlich, dass der Blick eher zurückgewendet ist. Das gehört irgendwie zum Altwerden dazu. Man unterliegt auch der Gefahr einer Vergangenheitsverklärung. Gesundbleiben und Altwerden ist nicht nur ein biologischer Vorgang, sondern ist auch wesentlich bestimmt von einer geistigen Einstellung. Es gibt jugendliche Greise und greise Jugendliche. Ich weiß, dass hier eine ganze Reihe jugendliche Greise sind. In meiner Diözese sterben wenige am Pensionsschock. Das hat auch Vorteile.

Mir sind von früher her Werke von Futurologen bekannt. Futurologie ist eine sehr vielseitige Wissenschaft. Man kann aber viel weniger voraussagen, als man gemeinhin meint. Man kann wohl technische Dinge voraussagen, die Ressourcen der Erde berechnen, Bevölkerungspyramiden erstellen und auch herausarbeiten, was für soziale Probleme darin liegen. Aber schon bei der Wirtschaft wird man ganz vorsichtig. Wie oft müssen doch wirtschaftliche Daten korrigiert werden. Man kann in Italien und auch in Österreich mit relativ gesicherten Verhältnissen doch nicht alles voraussagen. Die Wissenschaft von der Zukunft ist sehr zurückhaltend, besonders in Bezug auf die Vorhersage geistiger Entwicklungen. In diesem Bereich kann man fast nichts voraussagen. Hier ist alles viel unsicherer als die Wettervorhersage. Die in den letzten Jahrzehnten erfolgten Veränderungen in der Kirche hätten wir nie voraussehen können.

Aber diese Zurückhaltung gegenüber allen Aussagen über die Zukunft heißt nicht, dass wir nicht nach vorne schauen können. Wir haben eine Zukunft und wir haben eine Verantwortung für das Morgen. Die Frage für das Morgen, die wir heute zu beantworten haben, heißt: Was will der Herr, was will Christus, was ist der Wille Gottes? Manche stürzen sich zur Beantwortung dieser Fragen auf Privatoffenbarungen aller Art. Ich habe keine, und ich werde dem lieben Gott auch nicht böse sein, dass ich keine habe.

Was bleibt uns zur Erforschung des Willens Gottes? Es bleibt uns erstens sein Wort und das Dogma, das die Offenbarung – sein Wort – zu fassen versucht hat, damit es nicht verloren geht. Das Zweite ist die Situation. Auch durch die Situation spricht Gott zu mir. Schließlich unterliegt alles der Vorsehung.

Im Licht des Wortes Gottes gibt es auch Traditionen, gewachsene Dinge, die kein Mensch so ohne weiteres über Bord schmeißt, von denen man aber sagen kann, sie sind gewachsene Dinge. Sie waren sehr oft eine Antwort auf eine Situation, die anders war als die unsrige. Da gilt es abzuwägen, was anders geworden ist, wo heute die Gewichte liegen. Die Situation ist in der Welt nicht überall gleich. Selbst in Nord- und Südtirol gibt es unterschiedliche Voraussetzungen. Anderswo sind die Unterschiede noch größer.

Da gibt es nur die Bitte an den Heiligen Geist, dass er uns befähigt, das Richtige zu finden. Der Geist hat aber grundsätzlich beschlossen, zu wehen und zu fließen, wo er *will*. Er fließt nicht nur aus den Röhren der Autorität. Er lässt sich nicht fassen, wie man Quellen fasst, und dann durch Rohre leiten.

Da ist es notwendig, dass man in der Kirche kreisende Antennen hat, die alles auffangen, was sich rührt. Ohne kreisende Antennen kann man die Kirche nicht in die Zukunft steuern. Raketen zur Abwehr genügen nicht. Wenn man die Kirchengeschichte anschaut, sind geistige Erneuerungen immer von unten gekommen, nicht von oben. Es gibt keine Zukunft, wenn das Schöpferische kein Recht mehr hat. Darum sehe ich manchmal eine Gefahr, wenn Autorität überbetont wird. Wir wissen, dass in einer autoritär geführten Schulklasse vom Lehrer her das Kreative stirbt. Es braucht eine gewisse Atmosphäre menschlicher Zuwendung und menschlichen Zutrauens, damit Schöpferisches blühen kann. Wenn die Kirche überstark zentral geleitet und dirigiert wird, besteht Gefahr, dass das Schöpferische zu kurz kommt. In Sowjetrussland hat sich gezeigt, dass nur dort, wo Initiative da war, Neues geschaffen wurde. Die Privatgärten haben das Volk ernährt.

Selbstverständlich ist uns allen klar, dass Ämter in der Kirche sein müssen. Ich bin selber eines, und so groß ist der Unterschied zwischen Pfarrer und Bischof auch nicht. Jeder von uns hat nur ein bestimmtes Maß an Begabung, andere Begabungen fehlen einem. Es gibt Bereiche, wo einem die Erfahrungen fehlen, die Einbeziehung der ganzen Kirche ist darum eine Notwendigkeit. Schöpferisches Denken kann nicht im Verwaltungswege besorgt werden, aber ohne schöpferisches Denken gibt es keine Zukunft. Die Ämter sind wichtig. Wir wissen aber, dass sie manchmal schlafen. Und wenn sie schlafen, schlafen sie traumlos. Wer an die Zukunft denkt, kann neben dem Glauben an das Ewige, dem Gespür für das Gewachsene und die gegenwärtige Realität, neben der Treue zur Tradition und zum gesunden Hausverstand nicht ganz auf Träume verzichten. Vielleicht haben die Leute den Eindruck, dass wir etwas traumlos leben.

Die sechs Geleise in die Zukunft

Ich lade Sie ein, mit mir auf den Bahnhof der Kirche zu gehen, wo die Züge in die Zukunft zusammengestellt werden. Auf dem Bahnhof der Kirche kommen viele Züge an, manche auch mit Verspätung. Aber viele fahren auch ab, ab in die Zukunft. Was gibt es auf diesem Bahnhof für Geleise in die Zukunft der Heimatkirche, hoffnungsvolle Geleise in die Zukunft?

Geleise in die Tiefe

Das erste Geleise ist das Geleise in die Tiefe. Wir haben sicher eine Kirche mit einer gewissen Krise. Aber wann hat es schon eine Kirche ohne Krise gegeben? Unsere Kirche braucht eine Wende nach innen. Selbst in den größten Verfallszeiten der Kirche, im 15. Jahrhundert, waren Geleise da, die in die Zukunft gelegt wurden. Die Nachfolge Christi wie andere spirituelle Bewegungen waren ganz gewiss Geleise in die Zukunft. Karl Rahner hat gesagt, die Kirche der Zukunft muss eine mystische Kirche sein, oder sie wird weitgehend nicht sein. Die Kirche braucht Unterflurtrassen, in die Tiefe verlegte Geleise. Auf diesen Geleisen fahren die Züge ganz still und unsichtbar, aber auf lange Sicht wirksam. Solche Geleise sind: Bibel, Schriftlesung; die Zentren der Ordenstradition, die alten Orden, so wie sie gewachsen, bis zum Karmel, werden bedeutsam bleiben. Dazu gehören auch Wallfahrten, schlichte einfache Wallfahrten. Das sind Unterflurtrassen der Kirche, unabdingbare tragende Geleise in die Zukunft.

Geleise in die Weite

Als Zweites möchte ich die Geleise in die Weite nennen, in die geistige und in die pastorale Weite. Da müssen wir Züge mit Aussichtswagen zusammenstellen. Für die Zukunft braucht die Kirche Menschen mit Horizont, sonst werden wir abgestellt, wie eine Sekte. Wir müssen auf den Hauptstrecken bleiben, uns nicht auf Nebengeleise abdrängen lassen. Das können wir aber nur, wenn wir Menschen mit Horizont, mit geistiger Weite haben. Es braucht eine wache und wachsame Auseinandersetzung mit dieser Welt, in der wir leben. In einer Welt, die alle zehn Jahre ihr Wissen verdoppelt, brauchen wir Menschen mit Horizont, mit Kenntnissen und Kompetenz. Wir können selbst nicht alles wissen, müssen aber eine große Offenheit gegenüber allem bewahren. Die Kirche braucht geistig wache Leute in allen Bereichen. Wir brauchen darum in der Kirche einen Zug, der in Richtung eines Bildungsstandes fährt. Wir brauchen eine gute Theologie und dabei eine Unterscheidung zwischen dem, was wesentlich ist, und dem, was unwesentlich ist.

Wir brauchen Geleise in eine pastorale Welt, weil heute viele, viele Menschen auf dem Weg sind. Die Schäflein weiden nicht mehr in der grünen Mulde. Viele sind am Rande, viele am Wege. Es ist nicht alles in das Schema der praktizierenden Katholiken einzuordnen. Eine Frage ist die Zulassung zu den Sakramenten von wiederverheirateten Geschiedenen. Es sind oft gute Leute. Die Statistik gibt nicht die geistige Situation unserer Leute wieder.

Vergessen wir nicht auf die Zusammenstellung von Zügen pastoraler Weite. Wir müssen schauen, dass wir den Leuten nicht unnötigerweise das Einsteigen in die Züge erschweren oder verweigern. Wir müssen in der Seelsorge auch Leute ansprechen, die nicht zu den treuen Sonntagsgottesdienstbesuchern zählen. Der Schafhirte auf der Alm hat die Schafe während der Alpungszeit einige Male gesalzt, damit sie nicht ganz wild werden. Wir werden auch mit ähnlichen Formen und ähnlichem Erfolg in der Pastoral zufrieden sein müssen (Saisonchristen), einige Begegnungen und etwas „Salz", wonach sie Verlangen haben, damit sie nicht ganz „wild" werden.

Geleise in die Geborgenheit

Auf dem Bahnhof der Kirche der Gegenwart müssen Geleise in die Geborgenheit angeboten werden. Christentum besteht gewiss nicht nur in Streicheleinheiten. Es gibt aber eine unausrottbare Sehnsucht des Menschen nach Geborgenheit. Ich glaube, dass dieses Angebot an Geborgenheit zutiefst dem entspricht, was der Herr gesagt hat, aber in der Kirche von heute zu wenig gepflegt wird. Wir sind unzählige Male in den

Beichtstühlen gesessen. Was hat es da für Fixierungen gegeben. Für zahlreiche ganz brave Christen ist die Todsünde der normale Zustand gewesen, aus dem sie vielleicht zu Ostern, Portiunkula, Allerheiligen, Weihnachten herausgekommen sind. Wir haben die Züge in die Geborgenheit blockiert.

Züge in die Geborgenheit sind deshalb so wichtig, weil die Menschen von heute in einer entbergenden Welt leben. Schauen Sie die Kinder an, die aus zerbrochenen Ehen kommen. Schauen Sie die Städte an mit ihrer Dichte und ihrer Hast. In diesem Vielerlei gibt es eine Entbergung durch Vermassung und Isolation. Je mehr die Zusammenballung der Menschen erfolgt, umso mehr gibt es Isolation, die Entbergung ist, mangelnde Geborgenheit. Dann gibt es Entbergung durch ständige Überproblematisierung. Wenn der Glaube immer nur ein Problem ist, dann geht einem das auf die Nerven. Es gibt dann Entbergung durch optische Kaskaden und Lärm, durch mangelndes Wertebewusstsein. Werte bieten Geborgenheit. Verfall der Werte nimmt dem Menschen die Heimat. Dann gibt es die Entbergung durch praktischen Gottesverlust. Makaber und symbolisch zugleich ist es, dass das Urbild der Geborgenheit durch Kultur und Theologie herauf der Mutterschoß ist. Dies ist der gefährlichste Ort heute. Nicht in Kroatien, nicht im Zweiten Weltkrieg, nicht in Somalia starben und sterben die meisten Menschen, sondern im Mutterschoß. Deshalb muss die Kirche auf dem Bahnhof der Gegenwart Züge in die Geborgenheit anbieten. „Schalom"[4] drückt diese Geborgenheit aus. Wir kennen aus dem Alten und Neuen Testament das hebräische Wort: „Rächäm". Wir übersetzen es mit Gnade. „Denn ewig währet seine Huld." Dieses Wort begleitet uns durch die ganze Offenbarung hindurch. Damit ist alles ausgedrückt, was aus liebender Zuneigung Gottes für den Menschen da ist. „Rächäm" bedeutet Mutterschoß. Ein mütterliches Element ist zum Ausdruck der Liebe Gottes geworden. Der Sprache nachzuforschen, führt zum Kern.

Schreiben wir uns aus der Schrift heraus, wie oft Christus als der Bergende auftritt. „Kommet alle zu mir, die ihr mühselig und beladen

---

4 Hebr. Friede (Anm. d. Hg.).

seid …" Dieses Wesentliche des Bergenden müssen wir betonen. Wir dürfen aber auch das menschlich Bergende nicht vergessen. Bergende Bezüge wie Wiederholung gehören zum Menschen. Wenn es jedes Mal anders wird, wird der Mensch verunsichert. Es gibt viele Formen des Bergenden, aber jeder weiß, dass der Mensch, damit er sich geborgen fühlt, gewisse bleibende Formeln braucht. Sie sollen einfach sein, nicht theologisch überladen. Das Glaubensbekenntnis, das Vaterunser, das Ave Maria sind solche Formeln. Dies darf zwar nicht übertrieben werden. Nehmen Sie einem Tier den Rhythmus, den es hat. Wenn man dem Wild mit einem Zaun den Wechsel verändert, reagiert es aggressiv. Manche Tiere sterben.

Das Kind braucht bergende Vollzüge, die bleiben müssen. Das heißt nicht, wir bleiben die Alten. „Singt dem Herrn ein neues Lied" habe ich vergangene Woche hier im Priesterseminar gesagt. Es braucht aber auch die bergende Weise, die das alte Weiblein vor 70 Jahren gehört hat. Es braucht Dinge, die den Leuten vertraut sind: die bergende Formel, das bergende Bild, die bergende Musik. Die Heilige Schrift hat, Gott sei Dank, sich mehr mit Bildern befasst als mit Begriffen.

Ich bin überzeugt, dass der Zug in die Geborgenheit voll wird. Nur wenn der Mensch ein gewisses Maß an Geborgenheit hat, kann er auch Mut entwickeln, hinausgehen, aufeinander zugehen. Es ist wie beim Eisklettern. Ich kann eine Extremität nur bewegen, wenn die drei anderen Extremitäten an der Wand kleben. Das ist im Spirituellen ganz gleich. Nur der Mensch, der eine innere Beheimatung hat, kann etwas wagen. Papst Johannes XXIII. hatte eine tiefe traditionelle Frömmigkeit und einen Mut, der nicht nachvollziehbar ist.

Geleise ins neue Kirchenbewusstsein

Ein weiteres Geleise in die Zukunft ist das neue Kirchenbewusstsein. Dieses neue Bewusstsein heißt: Die Kirche sind wir. Zum Teil ist es schon vorhanden. In der traditionellen Sprechweise verstand und versteht man unter Kirche vielfach nur Papst, Bischöfe, Geistliche, die höheren Etagen. Die anderen sind nur katholisch. Das geistert heute noch herum. Es ist zu bedauern, wenn die Hierarchie überbetont wird. Aber der Unterbau des Geleises, „Die Kirche sind wir", ist da. Denken Sie an die Pfarrgemeinderäte, Erstkommunionhelfer, Firmhelfer usw. Es gibt den Mangel an Priesterberufen. Ich frage mich oft, warum lässt der Herrgott das zu?

Die Kirche sind wir alle und nicht nur eine Gruppe. Die Laien übernehmen viele Aufgaben. Was da an Verantwortung in den Pfarreien vom Bibel- bis zum Liturgiekreis, von der Caritasgruppe bis zum Arbeitskreis für Altenarbeit wahrgenommen wird, ist fast nicht aufzuzählen. Freilich, auf dem Bahnhof der Kirche kommen viele Züge auch mit Verspätung an. Das neue Kirchenbewusstsein „Die Kirche sind wir" gibt Hoffnung.

Geleise der Hilfsbereitschaft

Auf dem Geleise der Hilfsbereitschaft ist am Bahnhof der Kirche etwas los. Da brausen die EC- und die IC-Züge in alle Welt hinaus, so wie noch nie. Wie ist doch in den letzten Jahren die Hilfsbereitschaft gestiegen. Da ist Unterbau und Wagenmaterial nicht alt. Der Staat schließt sich heute der Caritas an. Die Staaten verfügen nicht über Bodenmaterial, ganz abgesehen davon, dass der Staat oben vielerorts mit Lumpen besetzt ist. Wir kennen viel Bedrückendes in der Kirche. Doch am Bahnhof der Kirche ist etwas los, vor allem auf dem Geleise der Hilfsbereitschaft. Da rauschen die Züge nach Jugoslawien, nach Somalia, nach Bangladesch und Peru. Da dürfen wir uns wohl an das Wort der Schrift erinnern: „Die Liebe deckt eine Menge Sünden zu." Die Hilfe, die geleistet wird, ist nicht nur ein Löcherstopfen. Man denkt ganz ernstlich und fest nach, wie man den Menschen in diesen Ländern das Leben in Zukunft möglich machen kann. Eine Kuh für Peru, lautete das Sammelwort. „Ich spendiere allein eine Kuh", sagte ein Bauer aus dem Zillertal, „aber sie muss Tirol heißen."

Geleise des Mutes und des Vertrauens

Als letztes Geleise in die Zukunft möchte ich das Geleise des Mutes und des Vertrauens nennen. Zukunft ist kein so eindeutig berechenbares Ding. Da braucht es auch das Geleise des geistigen und kirchlichen Wagens. Nur mit Lärmen allein wird der Zug in die Zukunft nicht abfahren. Ich hoffe, dass es in der Kirche wieder etwas mehr Mut und Vertrauen gibt. Wenn wir alles tun, um aus dem Wort Gottes und der Liturgie etwas halbwegs Vernünftiges zu machen, dann können wir uns darauf verlassen, dass uns die Gnade Gottes begleitet.

Es stehen in der Kirche viele Fragen an. Das Erste ist die Frage: Was will Gott? Gott will, dass alle Menschen gerettet werden. Dies ist ein fundamentales Dogma. Der Heilswille Gottes ist das Erste und alles andere Menschliche das Zweite.

Wir brauchen in der Kirche Loks, die über die Grenzen fahren. Paulus ist über die Grenzen des Judentums gefahren. Menschen in der Kirche haben oft Schallmauern durchbrochen. Sie haben dies vermocht, weil sie ein unbegrenztes Vertrauen in Gott hatten.

Es gibt also eine Reihe Geleise in die Zukunft der Heimatkirche, die bereits mehr oder weniger stark befahren werden und Hoffnung und Zuversicht vermitteln.

Gedanken zum Dienst der Kirche in der Welt von Arbeit und Wirtschaft

Tagung

Salzburg (1992)

Ich bin kein Fachmann in der komplizierten Welt des Sozialen und des Ökonomischen. Ich ahne nur, was man wissen müsste, damit man einer wäre. Ich bin von meiner Lebensgeschichte her Seelsorger, Religionslehrer, Jugendseelsorger und Beichtvater gewesen. Ich kann mich nicht für etwas ausgeben, was ich nicht bin.

Andererseits wäre natürlich auch zu fragen, ob es unbedingt zum bischöflichen Amt gehört, in allem und jedem ein Fachmann zu sein, vorab in allen Bereichen des Weltdienstes der Kirche, wie hier, wo es um die Verwirklichung der frohen Botschaft in der Welt von Arbeit und Wirtschaft geht. Hier gibt es viele Details, für die ich beim besten Willen nicht kompetent bin. Ich möchte auch nicht behaupten, dass sozusagen Bischöfe die denkenden Organe in der Kirche sein sollten, deren Ideen dann die Laien auszuführen hätten. Das widerspräche zutiefst einem Kirchenbild, in dem ein abgestimmtes und wogendes Ineinander von Geist und Gabenverteilung, von Amt und Charisma gilt. Darum war ich ja um den Sozialhirtenbrief der österreichischen Bischöfe so froh, weil hier in einer beispielhaften Art diesem lebendigen Kirchenbild Rechnung getragen wurde.

Aufgaben eines Bischofs

Was kann ich nun als eine legitime Aufgabe des Bischofs in solchen Bereichen wie dem, der hier zu Debatte steht, sehen?

Das eine, was der Bischof wohl leisten soll, ist so eine Art *Wachdienst* vor der Schatzkammer des Glaubens. Er muss dafür Sorge tragen, dass von dieser Substanz der Botschaft nichts verloren geht, gestohlen oder unterschlagen wird. Aber ich sehe in diesem Kreis keineswegs schwerwiegende Häresien wuchern. Hier scheint mir nur notwendig, dass man immer wieder auf die Wurzeln unserer christlichen Existenz zurückkommt, weil diese Tiefen von den Auseinandersetzungen des Alltags leicht überdeckt und überspielt werden.

Und eine andere Aufgabe des Bischofs im Bereich der Verkündigung ist sicher im Wort „Bischof" angedeutet. „Episkopos" heißt griechisch doch „der, der darüber hinschaut", und ich lege das in besonderer Weise dafür aus, dass die kirchengeschichtliche Stunde immer dort schlägt, wo die ewige Botschaft und die Ströme der Zeit ineinanderfließen. Und da braucht es vielleicht doch so etwas wie einen „Dienst der Übersicht", ein weitgespanntes *Hineinhorchen in ebendiese Ströme der Zeit*, in ihre trüben Defizite und ihre klaren Chancen und Hoffnungen, und auch in die Veränderungen, die heute in den Menschen und Gesellschaften schneller vor sich gehen als in vergangenen Jahrhunderten. Natürlich müssen wir diese Wachheit der Zeit gegenüber allen üben, ja ich bin in meinem Dienst auf viele, viele angewiesen, die da mithelfen zu erhellen, was sich so geändert hat in Bedürfnissen und Sehnsüchten des Einzelnen, in den Erwartungen und Haltungen in der Gesellschaft, an den soziologischen Daten und an den technischen und ökonomischen Entwicklungen. Vielleicht darf und soll der Bischof aus dem Überblick heraus diesen Dienst versuchen, den ihm nun einmal sein Amt heute präsentiert. Ich hielte das für sehr wichtig in der Kirche von heute, und es belastet mich, wenn in unserer Kirche diese Wachheit und nachdenklich-fromme Offenheit verschwindet.

Vielleicht darf ein immerhin alter Bischof auch noch ein Drittes einbringen: *ein Stück Erfahrung*. Erfahrung aus Tausenden von Briefen und

Gesprächen, aus dem Besuch von Hunderten von Pfarrgemeinderäten und Gremien, aus unzähligen Kontakten mit allen Arten und Gruppierungen beruflicher und weltanschaulicher Prägung, aus vielen tausend Beichten, aus der Geschichte seelsorglicher und organisatorischer Initiativen, aus ihrem Gelingen und Scheitern, und aus einer großen Literatur.

Aus allem zusammen ergibt sich ein Dienst der Ermutigung, der – so Gott will – nicht in Illusionen, sondern in jener Wahrheit gründet, die frei macht.

Das musste ich vorausschickend bedenken, damit Sie, liebe Schwestern und Brüder, wissen, wie ich meine Rolle hier verstanden wissen wollte.

Anruf aus der Offenbarung

Gerade wenn man ein so schwieriges Feld christlicher Initiative vor sich hat, ist es wichtig, sich mit den in der Heiligen Schrift vorgezeichneten Grundlinien des Heilswirkens vertraut zu machen.

Und ich möchte dies vor allem hinsichtlich einer Spannung tun, die immer wieder, bei jedem Dienst des Christen an dieser Welt auftritt und die vielleicht beim sozialen Engagement ganz besonders ausgeprägt sein kann, wie die Geschichte beweist. Ich meine die Spannung zwischen *horizontal* und *vertikal*, zwischen Glaubenstiefe und gesellschaftlichem Einsatz, zwischen Formung der Überzeugung und Engagement und sozialpolitischem Alltag, zwischen Meditation und Aktion.

Vertikales

Es gibt in der Kirche entsprechend der Verschiedenheit der Aufgaben, Herausforderungen und Geistesgaben verschiedene *Akzentuierungen* von horizontal und vertikal, und es muss sie immer geben. So braucht jede Zeit, auch die unsere, den *spirituellen Akzent*, das Mühen um persönliche Tiefe, das Ergreifen der ewigen Hoffnung, der unendlichen Motivation und des tröstenden Geheimnisses. Jeder Karmel, jede charismatische Gruppe, jeder meditative Fotoband verfolgt diesen Akzent. Natürlich heißt das nicht, dass Christen mit diesem Akzent sozial desinteressiert sein müssten. Die frommen Frauen im Karmel wissen über Sandlerschicksale oft besser Bescheid als so mancher Sozialbürokrat. Aber gerade eine Zeit wie die unsere schreit nach dieser vertikalen Linie. Ich werde noch in einem anderen Zusammenhang darauf zurückkommen.

Horizontales

Und dann gibt es den anderen Akzent, nach dem die Situation unserer Welt auch schreit, den Akzent, den Sie in besonderer Weise zu verwirklichen suchen: das konkrete *Sich-Kümmern um die Gestalt der Welt*, um die Wahrung familiengerechter Löhne und Freizeitordnungen, um die Chancen der Frauen in der Arbeitswelt und die Asylgesetzgebung, um ein menschliches Betriebsklima und die Eindämmung des Nur-Ökonomischen, um das Fingerlegen auf das Unrecht und die Lücken der sozialen Sicherheit, um die Erhaltung eines Gesprächsklimas ohne Rückgriff auf Klassenkampf-Mentalitäten, um die Situation der Dritten und ehemaligen Zweiten Welt. … Aber auch dieses Engagement kann und muss verbunden sein mit dem Gang in die Stille, mit dem Lesen der Schrift, und zwar der ganzen, nicht nur jener Stellen, die man für das Sozialengagement auswerten kann. Auch beim Dienst an der Welt wissen wir uns auf die Quellen des Heils hin verwiesen.

Extremes

Und neben diesen sinnvollen und durchaus berechtigten Akzentuierungen gibt es natürlich auch die Entartung in die Extreme, eine Entartung, die sich gegenseitig hinaufgeschaukelt hat und an der heutigen, leider nicht von der Mitte geprägten Situation der Kirche nicht unschuldig ist.

Da gibt es den frömmelnden Christen, der sich in das Schneckenhaus seiner Individualität zurückzieht, in sein Privatissimum einer heute oft recht krausen Religiosität, die sich eben von der echten Mystik unterscheidet. Da spielen nicht selten Privatoffenbarungen und Visionen aller Art, Bücher aus verdächtigen Verlagen, Drohbotschaften und süße Zwiegespräche, aus denen irgendeine fromme Seele verbindliche Weisungen für andere formuliert, eine bestürzend wichtige Rolle. Da befasst man sich mit liturgischen oder anderen nebensächlichen Details mit einer Hingabe, die anderer Dinge würdig wäre. Im moralischen Bereich bewegt man sich zum überwältigenden Teil nur mit persönlichen Problemen ohne Sinn für eine positive Weltverantwortung. Die beschränkt sich auf einen ausgeprägten „Böse-Welt-Komplex", und dieser wiederum äußert sich in aggressiven Klageliedern. Von dieser Extremrichtung her werden sozial engagierte Christen schnell einmal als „links" eingestuft, und in Brasilien geht das ganz schnell.

Es ist überflüssig zu bemerken, dass diese Art christlicher Selbstverwirklichung mit der Sache Christi so viel zu tun hat wie die Mozartkugel mit Mozart: süßer Kram in Silberpapier …

Und dann gibt es natürlich auch das andere Extrem: den von frommen Anwandlungen unbeschwerten Sozialaktivisten. Er übt sich in Aktionen, nie in Kontemplationen, in Protesten, aber nicht im Gebet, in Öffentlichkeitserklärungen, aber nie in Ergriffenheiten. Es ist noch nicht so lange her, dass ich in meiner Eigenschaft als Caritasbischof der Auffassung entgegentreten musste, eine Berufstätigkeit im Rahmen der Caritas habe mit der Zugehörigkeit zur Kirche und zum Stehen im Glauben überhaupt nichts zu tun … Bei solchen Einstellungen kann es dann ohne weiteres sein, dass man Aktionsprogramme entwirft, die chemisch rein von jedem religiösen Gedanken sind, dass man beim Impressum nachschaut, ob es nicht aus Kuba oder Peking stammt. Und wenn schon ein Gottesdienst gefeiert wird, dann ertönt sogar noch beim Kommunionausteilen ein Song gegen Abfangjäger …

Auch das ist extrem und eine Verfälschung des berechtigten Anliegens. Und in Parallele zur Mozartkugel möchte ich bemerken, dass diese Form christlichen Weltdienstes mit dem innersten Anliegen des Welterlösers so viel zu tun hat wie eine Silvesterknallerei mit den Feuern von Pfingsten …

Bei den Propheten

Die Vertikale und die Horizontale müssen trotz berechtigter Akzentuierungen vereint bleiben, und ich weiß mich in diesem Punkte sicher mit Ihnen eins. Aber zur Vertiefung dieser Zusammenschau der beiden großen Stoßrichtungen des Christentums schauen wir noch einmal hinein in die Offenbarung, und zwar dorthin, wo *beides* großartig vorgezeichnet ist – im Engagement der *Propheten.*

Nathan spricht in den Nächten mit dem Herrn, aber er liest auch David die Leviten wegen seines asozialen Verbrechens. Elias betet im Schweigen des Berges, aber er tritt auch gegen die kalte, brutale Enteignung des Freibauern Nabot auf. Amos spricht von Gott, der die Finsternis zum Frührot verwandelt, aber er fährt rücksichtslos ab mit einem Kult, der nur noch asoziale Einstellungen fromm tarnt: „Fahrt ab mit euren Festen, euren Weihrauch kann ich nicht riechen, euer Harfengeklimper nicht mehr hören (vgl. Am 5,21ff) ... Wie Wasser flute das Recht, die Gerechtigkeit wie ein nie versiegender Bach ..." (vgl. Am 5,24). Und so geht es weiter bei Hosea und Jesaia und den anderen. Es steht immer nebeneinander und miteinander verflochten – das „Heilig, heilig, heilig" und die wache Gesellschaftskritik.

In der Schrift ist horizontal-vertikal von Anfang an vereint und unlösbar, auch theologisch unlösbar miteinander verbunden. Gottesdienst ist ohne Weltdienst nicht möglich, Frömmigkeit nicht ohne Engagement für den anderen.

Am Beginn der Arbeiterbewegung, unter Msgr. Joseph Cardijn, gab es übrigens einen Begriff, der diese Einheit in einem Schlagwort zum Ausdruck brachte: „témoignage chrétien", christliches Zeugnis. Das ist weder bloßes privates Frommsein noch bloß humane Aktion. Der Begriff ist zeitlos aktuell.

Anrufe aus der Situation der Zeit

Nach diesem Blick auf die Offenbarung, der uns in unserer grundsätzlichen Linie bestätigen und bestärken soll, erlaube ich mir nun noch einige Bemerkungen, die mehr vom Blick auf die Strömungen der Zeit und die Gesamterfahrungen des Lebens der Kirche geprägt sind. Das eine oder andere wird vielleicht Widerspruch erregen und der weiteren Klärung bedürfen, aber ich stelle diese Bemerkungen ja nicht wie „Dogmen" in den Raum, wohl aber als meine persönlichen Überzeugungen, die von vielen Quellen her gespeist sind.

Wer heute Menschen für das soziale Apostolat ansprechen will, muss zunächst Hilfe beim Gewinnen inneren Halts bieten

Dieser Appell kommt aus einem Bündel von Erfahrung und Zeitanalyse, aus den Berichten der Jugendseelsorge, aus einer Fülle einschlägiger Literatur, aus weitgespannten Interessensuntersuchungen, aus Erfahrungen psychologischer und tiefenpsychologischer Art, aus der Klage der Zeit, aus den ins Auge springenden Defiziten. Seelsorgeberichte und Psychotherapeuten besagen das Gleiche: Der Mensch von heute sehnt sich nach dem tröstenden Geheimnis, weiß sich verunsichert, bedrängt und entwurzelt, will Herz begegnen und Halt spüren. Das ergibt sich fast zwangsläufig aus der Situation unserer Zeit, der anonymen Massen- und Machtzusammenballungen, der Informationsflut, den Verwirrspielen des Pluralismus. Fundamentalistische Strömungen aller Art machen ja mit dieser Unsicherheit des Menschen das große Geschäft. Wenn man diese Realität nicht beachtet, wird man vom Leben bestraft. Ich muss die älteren Semester unter uns darauf hinweisen, dass damals, in der Gründerzeit der Arbeiterbewegung, der Akzent doch etwas anders war. Man konnte sich auf mehr selbstverständliche religiöse Substanz bei Aktivisten stützen.

Heute genügt es also nicht, nur irgendwelche „Aktionsgemeinschaften" für dies und jenes ins Leben zu rufen. Wenn man die existenziellen Bedürfnisse nicht trifft, werden Sozialinitiativen zu Generalstäben ohne Heer.

Wer Menschen für das soziale Engagement gewinnen will, muss auf die Entfaltung sozialen Fühlens achten

Im angloamerikanischen Raum gibt es ganze Bibliotheken über die Frage der *Empathie*, des Einfühlungsvermögens in den anderen. Alle Untersuchungen bestätigen: Je mehr das Leben zivilisiert und urbanisiert wird, umso mehr schwindet diese Fähigkeit. Vom Tod des Gefühls als einer Todsünde der Zivilisation hat schon Konrad Lorenz gesprochen. Je anonymer die Welt wird, je vermasster und gedrängter der Mensch lebt, umso mehr erfolgt die Konzentration auf sich selbst, ganz nach der Melodie „alle denken an sich, nur ich allein denk an mich …". Die soziale Verantwortung überträgt man den anderen, die dafür da sind, die sich amtlich darum kümmern sollen. Ich vermute, dass die Arbeit in KAJ und KAB heute sehr oft dieser Blockade, diesem Desinteresse und diesem Abschieben von Verantwortung begegnet.

Die Pflege des *Fühlens* ist also ein Gebot der Stunde, und sie ist deshalb so wichtig, weil letztlich – nach den Erkenntnissen der Gesamtbetrachtung einer Humanpsychologie – der Mensch halt doch aus seinen grundlegenden Gefühlen und Gestimmtheiten heraus lebt. Diese Welt des Fühlens ist bei nicht wenigen auch von der Kindheit her geschädigt. Und das soziale Engagement muss aus einer tiefen *Echtheit* kommen (wie man sie bei der Persönlichkeit Joseph Cardijns zweifellos erlebt hat) und darf nie so etwas wie eine neurotische Selbstbestätigung sein.

Die Schule des sozialen Fühlens muss übrigens positiv geprägt sein. Mit dem dauernden Ausmalen von Schreckensbildern und Horrorvisionen, mit überzogener Gesellschaftskritik schafft man das nicht.

Um einem bloßen Theoretisieren zu entgehen, muss man den Mut zur modellhaften Aktion haben

Wahrscheinlich leite ich damit bei Ihnen nur Wasser auf die Mühlen, die schon laufen. Vielleicht hole ich diesen Punkt nur deshalb herein, weil er in vielen Bereichen der Kirche wirklich Geltung hat. Sie kennen ja den Witz von der Vision einer Kirche, in der hundert Experten zu ei-

Langer Graben – Hall in Tirol

ner Großtagung zusammentreten, um zu beschließen, was die letzten drei Aktiven tun sollen. … In der Urkirche haben sie die Probleme mit der „Glossolalie" gehabt, dem wirren „Zungenreden" derer, die sich für Geistergriffene gehalten haben. Wir haben heute mehr die Schwierigkeiten mit der „Polylalie", dem Vielgerede, den nicht enden wollenden Gesprächen, Kreisen, Tagungen, „runden Tischen", Klubs, Konferenzen und Synoden, auf denen Berge besprochen und nicht selten Mäuse geboren werden. In einer so geschwätzigen Epoche braucht es auch das schlichte Tun. Und manchmal wäre es gut, erst zu reden, wenn man etwas getan *hat*. Ich misstraue auch den allzu großartigen kirchlichen Parolen, wie „Christianisierung Europas", „Verchristlichung der Gesellschaft" usw. Reden wir doch lieber von einem „christlichen Beitrag", den wir zu einer menschlicheren Welt leisten wollen, und von glaubwürdigen und zeitgemäßen Formen der Verkündigung, und tun wir hie und da etwas.

„Modellhaft" bedeutet auch eine realistische Beschränkung mit dem Blick auf unsere Möglichkeiten. Es ist bei uns im sozialen Feld sicher ähnlich wie im Feld der internationalen Hilfe. Wir können nicht die Probleme ganzer Staaten in der Dritten Welt lösen. Aber da und dort können wir zeigen, wie man den Lebensstandard einer Region durch gezielte Aktionen heben kann.

Wenn man die Gesellschaft
da und dort positiv verändern will, braucht es
die sorgfältige Schulung Einzelner

Dafür muss ich schon deshalb plädieren, weil ich das z. B. in diesen Bereichen nicht habe. Nun erscheint mir aber die Wirklichkeit von Wirtschaft, Sozialem, Ökologischem, Weltweitem und Regionalem, Menschenbild und Politischem so komplex, dass ich mir ausrechnen kann, wie viel Sachverstand dazugehört, auch nur einigermaßen die Dinge überschauen und positive Lösungen finden zu können. In diese Schulung muss sicher viel hineinreichen. Sie muss die religiöse Verdünnung genauso vermeiden wie das Abgleiten in die Utopie. Utopien können in der Weltgeschichte schon auch eine Funktion haben, meist eher eine geistig-literarische, auf der anderen Seite ist utopisches Denken im Sozialbereich unter Umständen daran schuld, dass man kirchlichen Kreisen blauäugige Sozialromantik vorwirft. Mit bloßen Idealvorstellungen oder nicht realisierbaren Träumen kann man kaum an eine sachliche Arbeit gehen, auch die bloße Schärfung des kritischen Blicks ist zu wenig. Eine zukunfsträchtige Schulung wird die Auseinandersetzung und den Dialog mit anderen Gedankenbahnen suchen müssen, damit man gewisse Grundkonsense erreicht. Die Schulung im realistischen Detail muss aber auch unbedingt die unendliche Motivation einschließen, aus der heraus wir allein als Christen wirken können.

Zu unserem Dienst gehört auch das Wort in die Öffentlichkeit

Das ist sicher eine wichtige Aufgabe im gesellschaftlichen Engagement der Kirche. Und es ist keine leichte Aufgabe. Und sie wird und wurde nicht immer in sehr glücklicher Weise gelöst. Über die Schwierigkeit dieser Art des Wirkens weiß ich aus ureigenster Erfahrung. In vielen Fällen soll dieses Wort in die Öffentlichkeit *rasch* erfolgen. Eine schnelllebige Zeit erfordert sehr oft schnelle Reaktionen. Und trotzdem muss das Wort in die Öffentlichkeit von einigen Grundsätzen geprägt sein, wenn es nicht der berühmte Schuss werden soll, der nach hinten losgeht.

Darf ich diese Eigenschaften mit folgenden Worten charakterisieren:

* *dosiert*, d. h. dass man diese Form von Appell nicht zu oft machen sollte. Einen Bischof bedrängt man unter Umständen jede Woche zweimal, sein prophetisches Amt in dieser Weise zu realisieren. Aber die Häufung grundlegender Aussagen steigert keineswegs das Interesse

* *überlegt*, d. h. dass man trotz drängender Zeit auf die Sachrichtigkeit größten Wert legt. Wenn ich ein Wort zu einer gefährlichen Abtreibungspille sage, dann werde ich den Text mit führenden Gynäkologen besprechen, auch wenn er nur zehn Zeilen umfasst. Und diese Zeit muss ich mir nehmen und wenn's die halbe Nacht kostet. Das allzu flinke Aufspringen auf einen fahrenden Zug, mit einer Menge

hinten nachgeschickter Berichtigungen bringt nichts. Die Äußerung muss Sacheinwänden, die zu erwarten sind, begegnen können.

✳ *abgestimmt,* d. h. wenn im Namen einer Organisation oder gar der Kirche etwas gesagt wird, dann muss ich sicher sein, dass in meinen Kreisen eine gewisse Solidarität dahintersteht. Ich kann als Caritasbischof nicht etwas zur Flüchtlingsfrage sagen, wenn eine ganze Reihe von Caritasdirektoren sich außerstande sieht, meinen Worten zuzustimmen. Der Effekt ist höchstens Peinlichkeit. Wenn man von einem Sekretariat zu einer gesellschaftlichen Frage Stellung nimmt, z. B. zu der gar nicht einfachen Frage des Bundesheeres oder ähnlicher Probleme, und die offizielle Äußerung findet nicht einmal die Zustimmung der eigenen schütteren Reihen, dann wird eine derartige Aussage blitzschnell zum Nichts relativiert, und man begibt sich selbst in den Raum der Bedeutungslosigkeit.

✳ *gut formuliert,* d. h. sprachlich gut formuliert, so wie eben ein Plakat zugleich Aufmerksamkeit wecken, instruktiv und gewinnend sein muss. Das ist wiederum nicht sehr einfach. Aber wir müssen in der Kirche beim großen gesellschaftlichen Wettbewerb um die langweiligste Aussage nicht immer um einen Spitzenplatz raufen.

Wer im Alltag der Gesellschaft wirklich etwas verändern will, muss im Rahmen der Demokratie in die Institutionen einsteigen

Es könnte sein, dass mir hier nicht jeder zustimmt. Ich bin ein überzeugter Verfechter der Distanz der Kirche, der Seelsorge, des Seelsorgers und seiner unmittelbaren Mitarbeiter von der Parteipolitik. Aber gleichzeitig müssen gerade aus den sozialen Organisationen der Kirche Menschen kommen, die dann in Betriebsräte, Gemeinderäte, Gewerkschaft und Arbeiterkammer einsteigen. Natürlich ist das dann ein ernüchternder Einstieg aus der Loge des Idealen auf die Bühne des Möglichen, jene Welt, in der es nie ganz bejahte Lösungen gibt, die man nicht bekritteln könnte, sondern eben immer wieder den Kompromiss. Aber auch auf diesem Feld gibt es die Chance der Redlichkeit, wenn sie auch oft einen schmerzlichen Weg hat. Aber für das katholische soziale

Engagement genügt es nicht, sozusagen am Straßenrand des Lebens von Zeit zu Zeit ein Transparent mit starker Aussage hochzuhalten. Eine katholische Sozialbewegung muss Menschen, eben gut geschulte Menschen, in die Arena schicken und dazu ermuntern und ermutigen. Die sorgfältig und manchmal kokett gepflegte „Politikmüdigkeit" junger Menschen ist letztlich eine Absage an einen christlichen Weltdienst in unserer nun einmal – Gott sei Dank – demokratischen Gesellschaft. Die braucht zwar auch außerparlamentarische Initiativen, wenn sie aber *nur* mehr aus solchen besteht, wird sie zum Chaos der Egoismen.

Wenn Mitglieder unserer Bewegungen in diesen Bereichen tätig sind, werden sie auch mit dafür sorgen, dass wir auf dem Boden bleiben und nicht in den Sog utopischer Zielsetzungen geraten. Ein Bischof braucht auch Pfarrer, die handfest im konkreten Betrieb stehen, damit er nicht auf seinem Thron in rosarote Kirchenbilder entschwebt.

Wir müssen positiv gepolt sein

Das möchte ich zum Schluss noch sagen. Es scheint mir wichtiger als der eine oder andere Appell. Sie werden manche Dinge, die ich jetzt anklingen habe lassen, vielleicht schärfer und differenzierter sehen. Aber hier möchte ich um der christlichen Grundhaltung wegen insistieren: In einer Zeit einer nicht ganz leichten inneren Situation der Kirche, eines schleichenden Frustes und Erscheinungen der Resignation, in einer Zeit, in der es in der Gesellschaft, in der Politik, im Bereich von Medien und Literatur so etwas wie eine „Lust am Negativen" gibt, muss man als Christ einen anderen Ton hineinbringen, sonst sind wir reif zum Verschwinden.

Wer sich bemüht, den Willen Gottes aus seinem Wort und den Zeichen der Zeit zu erkennen, der kann doch getrost ans Werk gehen. Und zwar mit einer Motivation, die aus dem Ewigen kommt, und einer Diktion, die selbst in der harten Kritik noch einen Hauch von Liebe birgt, die eben auch aus dem Ewigen kommt, und mit dem Vertrauen, dass man von Christus begleitet ist, mit der Hoffnung, dass grundsätzlich nichts umsonst ist, und mit der realistischen Erwartung, dass heute in vielen Menschen unheimlich viel guter Wille da ist und dass gegen alle erkannten Defizite auch immer wieder Gegentrends auftreten, in die man einsteigen und die man verstärken kann. Wir können und müssen als Christen *positiv gepolt* sein, das gilt auch dann, wenn wir im sozialen Engagement da und dort gegen Missstände auftreten müssen. Wir müssen Salz der Erde sein, aber bitte nicht jammernde, anklagende, keifende und fanatische Salzsäure. Nicht die humorlose Verbissenheit darf uns kennzeichnen, sondern das heimliche Urvertrauen. Das ist „témoignage chrétien", christliches Zeugnis.

Natur und Heimat

An den Beginn dieses Kapitels sei ein Text aus dem Buch der Weisheit gestellt: „Du schonst alles, weil es dein Eigentum ist, Herr, du Freund des Lebens. Denn in allem ist dein unvergänglicher Geist." (Weish 11,26–12,1)

Immer wieder wurde Reinhold Stecher auch zu säkularen Anlässen und Feierlichkeiten eingeladen, die Festrede zu halten. Dabei hat er seine Zuhörer in deren Lebenswelt abgeholt und Tiefendimensionen unseres Daseins erhellt.

Auch wenn „Tirol braucht Fenster" als schriftlicher Beitrag für die 50. Jubiläumsnummer der Tiroler Kulturzeitschrift „Das Fenster" verfasst wurde, ist er ein beeindruckendes und tiefsinniges Gedankenspiel mit dem Bild des Fensters; es folgen Jubiläumsansprachen zu „100 Jahre Tourismus in Tirol" und „150 Jahre Oesterreichischer Alpenverein"; „Wasser – Schatz der Zukunft" und „Forstexkursion in die Bibel", die fast wie ein Hohes Lied auf Natur und Heimat klingen. Wie ein Wünschelrutengänger hat Reinhold Stecher Natur und Heimat abgewandert, um die unterirdischen Ströme ewigen Lebens in das Hier und Heute seiner Zuhörer einfließen zu lassen.

Tirol braucht Fenster

50 Jahre Tiroler Kulturzeitschrift „Das Fenster"
Innsbruck (1991)

Die Wahl des Namens „Das Fenster" für eine Kulturzeitschrift ist mir immer schon wie ein sprachlicher Wurf vorgekommen, zu dem man gratulieren muss. „Fenster" ist ein Wort, das die Gedanken kreisen lässt. Vor und hinter Fenstern und durch Fenster hindurch bewegt sich viel. Die alten Germanen hatten für „Fenster" das Wort „Augentor" (ahd. augatora) oder „Windtor" (woher das englische „window" stammt). Durch die Fenster wandern die Blicke, weht das Leben.

So mag es erlaubt sein, zum Jubiläum dieser Zeitschrift mit dem Bild des Fensters zu spielen, mit den vielen Fenstern, die Tirol hat oder haben sollte, Tore für die Augen des Herzens und den Windhauch des Geistes, seien es nun Scheiben, durch die die Sonne funkelt, oder Läden, die man vor dem Wetter schließt. Es sind viele Arten von Fenstern im Lauf der Jahrhunderte in unserem Land gewachsen, und hinter jedem ist auch ein wenig Tiefsinn verborgen, angefangen von der kleinen Luke, durch die man hinauslugt, oder gar der Schießscharte, durch man misstrauisch auf den Fremden oder das Fremde äugt. Im Allgemeinen sind sie größer geworden, die Fenster in den Häusern der Menschen, und man könnte das als gutes Omen für die Fenster des Geistes nehmen.

Grüßende Blumenfenster

Aber ich möchte doch bei den kleinen Fenstern beginnen, die zwar aus der Zeit stammen, in der Glas noch teuer war und Wärme im Winter das Wichtigste, und die darum nicht ganz den Prinzipien moderner Wohnkultur entsprechen. Aber die zu klein geratenen Augen in den alten Mauer- oder Holzwänden bekommen mit den leuchtenden Pelargonien und Hängenelken so lachende Wimpern, dass sie sozusagen ein tausendfaches, freundliches „Grüß Gott" übers Land rufen. Die Blumenfenster Tirols könnte man als Symbol einer gewissen Herzlichkeit verstehen, von der man nur wünschen muss, dass sie nicht stirbt. Die Fassaden gewaltiger Bettenburgen können das niemals ausstrahlen. Man weiß, dass besagte Blumenkästen an den Fenstern von innen heraus gepflegt werden müssen – die damit beschäftigten Hausfrauen wissen ein Lied davon zu singen. Und so muss auch jene Herzlichkeit, die Gäste hierzulande erwarten, von innen heraus gepflegt werden. Man kann es im Lande des hochprofessionellen Tourismus nicht oft genug sagen, dass das Gelingen eines Dienstes am Menschen nie nur die Sache perfekten Managements sein kann, sondern eben wiederum einer gewissen menschlich-gelösten Atmosphäre bei den Beherbergern und ihren Mitarbeitern. Man kann die Atmosphäre der Herzlichkeit nicht herbeischauspielern. Sie muss von innen kommen, wie die Pflege der Pelargonien.

Aber die kleinen Fenster, die sich hinter den farbigen Buschen verstecken, lassen mich noch nicht aus. Sie sagen nicht nur ein herzliches Grüß Gott, sie pfeifen sozusagen in charmant-unbekümmerter Weise noch eine andere Parole übers Land. Sie können zwar nicht Englisch, sondern nur Zillertalerisch, Stubaierisch oder Defreggerisch, aber die Parole, die sie verkünden, ist nun einmal in Englisch über die Welt gezogen und hinein in die anthropologische und politische Literatur gewandert, und so schreib ich sie in dieser Sprache nieder: *Small is beautiful.*

Diese Erkenntnis ist kein spätromantisches Seelenrülpserchen. Das Humanum stirbt heute nicht so sehr an der Verkümmerung, sondern an den Wucherungen. Das Leben wird von Karzinomen der Maßlosigkeit befallen: dem Traum vom grenzenlosen Wachstum, den Zusammenballungen gewaltiger Wirtschaftsmächte, der Megalomanie der Pläne, der Einebnung gewachsener Besonderheiten, der Degeneration der Abendlandsidee zum Supermarktkonzept. Bei aller Notwendigkeit gewisser Zusammenschlüsse und ihrer friedenserhaltenden Bedeutung bleibt doch das Grundgesetz, dass funktionierendes menschliches Leben und Zusammenleben eine geheime Verbindung zu überschaubaren Größenordnungen hat. Und deshalb hat die fröhliche Hymne der kleinen Fenster vom Glück des Begrenztseins ihre Aktualität: *Klein ist schön*. Die Rangordnung der Staaten der Welt nach Lebensqualität sagt übrigens in nüchterner Form genau dasselbe. Wenn die Bürotürme und Schaltzentralen derer, die in allem das Sagen haben wollen, noch so imposant in den Himmel wachsen und die Mammutkonzerte der Macht intonieren, das Lied „Tirol isch lei oans, isch a Landl, a kloans" müsste sich dagegen behaupten, und zwar nicht aus folkloristischer Sentimentalität, sondern aus der nüchternen Erkenntnis humaner Lebensgesetze.

Die kleinen Blumenfenster sind wirklich mehr als ein Fotomotiv, wir brauchen sie als Botschaft.

Erker der Wachheit

Seit eh und je waren Fenster auch Ausdruck des Bedürfnisses, das Leben einzufangen, die Isolation zu überwinden, an der Außenwelt teilzunehmen und aus der allzu engen Behausung auszubrechen. Darum haben sich in die Straßen unserer Städte die Erker vorgeschoben, und es ist eigentlich großartig, was für hübsche Formen diese kleinen Vorburgen der Neugier im Lauf der Zeit entwickelt haben: köstliche Mischungen aus Offenheit und Zurückhaltung, Nähe und Distanz, Informationsbedürfnis und Eigenleben. Was der Erker für die Lebendigkeit eines Straßenbildes bedeutet, das erfasst jeder, der von der Herzog-Friedrich-Straße in Innsbruck in irgendeine Vorstadtavenue neueren Datums mit Laufmeter-Architektur überwechselt.

Der Erker steht für jenes Phänomen, mit dem aller geistiger Aufstieg des Menschen beginnt: der Neugierde und dem Staunen für die lebendige Offenheit zum Sein hin – wie wir es als immer neues Wunder beim allmählichen geistigen Erwachen jedes Kindes erleben. Eigentlich müsste es das Ziel jeder Bildung sein, den jungen Menschen in diesen Erker des Interessiertseins, der Wachheit und des Wissenwollens zu führen. Es kann nicht darum gehen, nur Daten zu vermitteln. Und immer wieder – das darf man einem alten Lehrer glauben – bleiben wir bei unserem Bildungsstreben in den langweiligen, dunklen Wendeltreppen abfragbaren Wissens stehen und kommen mit den Betreuten nicht zum Erker. Und dabei gibt es kein schöneres Erlebnis, als festzustellen, wie ein junger Mensch von sich aus das Interesse, das geistige Engagiertsein, die Freude am Schauen, Forschen und Weiten des Horizontes gewinnt. Sicher braucht es auch ein mühsam zu erwerbendes Wissen. Aber die höchste Fähigkeit, die zu vermitteln wäre, bestünde darin, den Bogen des Geistes zu spannen. Das haben Österreichs Rektoren der Universitäten schon vor vielen Jahren gesagt. Stattdessen dreht man aber alle Hähne der so genannten Allgemeinbildung voll auf, und wie beim schlampigen Biereinschenken im Wirtshaus ist dann mehr Schaum als Flüssigkeit im Krug, und wenn der junge Mensch dann am Schluss das anschaut, was am Ende bleibt, kommt er drauf, dass das gar nicht sein Bier ist …

Tirol braucht die Erker schöpferischer Neugierde und jene Art von Pädagogen, die ihre Zöglinge motivierend bis in diese Erker führen. Darum wünsche ich mir in allen Bildungsstraßen des Landes, für Kinder, Jugendliche und Erwachsene viele, viele Erker, die aus den Fassaden der Plattheit herausragen. Und ganz besonders wünsche ich mir dies für jene Straßen, die zur Universität führen. Fenster dieser Art sind für das Geistesleben eines Landes unabdingbar.

Gläserne Wände

Diese Art von Fenstern hat uns das moderne Bauen gebracht: gläserne Fronten, die das Dasein durchsichtiger machen. Noch nie konnte die Baukunst so viel Licht einfangen, so viel Blick auf Landschaft freimachen, so viele Durchblicke auf Straße und Alltag gewähren und so viel Durchsichtigkeit nach innen erlauben. Man kann das in den Foyers von Banken bewundern, in Geschäftshallen, in den Fluchten von Chefetagen … Gläserne Wände sind nicht so sehr beim Werk des kleinen Häuslbauers zu finden.

Tirol braucht auch die gläsernen Wände.

Ich meine damit die Durchsichtigkeit des Öffentlichen. Die Glaswände zwischen Verantwortungsträgern und dem Mann auf der Straße, die Transparenz demokratischer Vorgänge, die Verbindung von Verantwortung und Realität. Bis in die Kirche herein kann diese Blickverbindung verloren gehen.

Manchmal vielleicht einfach durch die Neigung zur Exklusivität der Mächtigen, zum Unter-sich-Sein im Stockwerk der Erhabenheit, zum Spiel mit Plänen, die nicht mehr an den Sorgen der kleinen Leute gemessen werden.

Es gibt auch noch andere Gefahren, die die gläsernen Wände mit dem Blick auf die Wirklichkeit durch undurchsichtige Mauern ersetzen. Es gibt Formen eines überzogenen Lebensstils, die eine echte Anteilnahme am Leben des einfachen Menschen verunmöglichen. Wer gewöhnt ist, für einen Abend so viel auszugeben, wie eine Rentnerin für zwei Monate verbrauchen darf, der sieht sie in Wirklichkeit nicht mehr – weder die Rentnerin noch die Frau des kleinen Beamten, die sich mit einem Kinderwagen und zwei weiteren Knirpsen durch die Geschäfte quält, noch den Strafentlassenen, der kein Zimmer findet. Die gläsernen Wände sind einfach notwendig für das soziale Feeling, für die Sensibilität in Richtung der sozial Schwachen. Darum braucht Tirol überall gläserne Wände, wo Verantwortung sitzt.

Und umgekehrt braucht es in einer funktionierenden Demokratie auch den Durchblick auf die Vorgänge rund um das öffentliche Wohl von außen her. Das Wort des alten Cato, der einmal gesagt haben soll, dass der „Homo politicus" in gläsernen Häusern logieren können müsste, gilt immer noch für jedes funktionierende Gemeinwesen. Und wenn es, anders als irgendwo in unserem Land, seit einem Menschenalter keinen großen Skandal dunkler Geschäfte von Verantwortungsträgern gegeben hat, dann unterstreicht das nur die Bedeutung der gläsernen Wände. Sie gehören zur unabdingbaren Architektur einer modernen Demokratie in unserem Land.

Gardinen und Vorhänge

Auch sie gehören zum Fenster. Wenn die Gardinen und Vorhänge meines Zimmers einmal zufällig in der Wäsche sind, fühle ich mich ausgesprochen unbehaust, obwohl ich den Blick auf Stadtturm und Serles liebe. Das Fenster ist nicht nur das Tor zum Draußen, manchmal muss es auch der Schutz vor dem Draußen sein. Und das ist kein Widerspruch zur eben erhobenen Forderung nach der gläsernen Durchsichtigkeit im öffentlichen Bereich. Das Bedürfnis nach Wahrung von Privatsphäre, Nische, Geborgenheit und Beheimatung gehört auch zu den Sehnsüchten einer an sich fensterfreudigen Welt.

Es ist schon eine Reihe von Jahren her, dass ein Buch mit dem Titel „Verlust der Intimität" erschienen ist. Namhafte Wissenschaftler haben auf die Bedeutung der „Gardinen" im Dasein hingewiesen, die vom Datenschutz bis zur Entwicklung eines gesunden Schamgefühls reichen. Wer diese Gardinen der Intimität in der Waschmaschine eines pseudo-aufklärerischen Gehabes, einer hemmungslosen Enthüllungsmanie oder eines fehlgesteuerten Sensationsjournalismus zerkocht und zerfasern lässt, hat dem Humanum einen Bärendienst geleistet. So wie das blanke Fenster gehört auch die bergende Gardine zu einem menschenwürdigen Leben. Natürlich wird die Verteidigung schützender Räume von manchen Menschen als Geschäftsstörung empfunden, und man erklärt die Beseitigung zarter Gewebe im zwischenmenschlichen Bereich schlicht als Fortschritt. Aber es waren seriöse Kenner der menschlichen Seele, die in unsere indiskrete Epoche hinein diese „Gardinenpredigt" im wahrsten Sinn des Wortes gehalten haben.

Wer wissen will, was die Wahrung des familiären Intimraums in einem Fremdenverkehrsland für *Kinder* bedeutet, dem wären als Lektüre die Briefe jener Südtiroler Kinder zu empfehlen, die in unbeholfener, aber erschütternder Weise den Verlust jenes Reduits beklagen, das sie zu Gunsten eines alles durchdringenden Tourismus im Hause verloren haben.

Hinter dem Bild der Gardinen, die unser Land an den Fenstern seiner Wohnungen braucht, steht also viel. Alle rücksichtslos enthemmenden, exhibitionistischen Tendenzen unserer Zeit sind Abbau des Humanum. Welcher Besitzer von Kostbarkeiten wirft schon die Etuis in den Abfalleimer? Das Eintreten für die Gardine hat mit falscher Prüderie oder einem Plädoyer für Schein und Fassade natürlich nichts zu tun. Wohl aber mit einer Kultur des Gefühls. Und darum wünsche ich mir für die Fenster Tirols auch die passenden Gardinen.

Lärmschutzfenster

Es wird mir nichts anderes übrigbleiben, als sie eines Tages bei mir einbauen zu lassen. Ich teile nämlich als Anrainer einer Tag und Nacht befahrenen städtischen Hauptverkehrsstraße das zweifelhafte Glück mancher meiner Landsleute, einen ständigen Kampf gegen Abgas und Lärm führen zu müssen. Früher hat es genügt, bei herannahenden Hochwettern die Läden zu schließen. Aber gegen die Tornados des heutigen Verkehrs helfen die nichts. Das Fenster, das an sich der Lüftung und der Öffnung nach außen dient, erhält also im Zuge unserer zivilisatorischen Entwicklung eine weitere Dimension, die von einer bedrückenden Symbolik ist: Man muss es schließen und schalldicht machen können.

Tirol braucht Lärmschutzfenster.

Nicht nur da und dort an einem Haus oder einem Schlafzimmerfenster – es braucht die entsprechenden Einbauten auch an den großen Grenzfenstern des Landes, an denen in kriegerischen Zeiten raumsperrende Festungen erbaut wurden. In einem Europa, in dem man nach wie vor mehr an den Gashebeln des Ökonomischen interessiert ist als an den Filtern des Ökologischen, ist das einfach notwendig. Es müssten ja keine dräuenden Festungen an den Einfallstoren des Landes sein, es würden wahrscheinlich marktwirtschaftliche Regelungen genügen, nach denen man das bezahlen muss, was man an Schaden anrichtet. Und wenn dann der Transport von Alteisen, das möglichst frisch von Deutschland nach Italien kommen muss, so teuer wird wie ein Goldtransport, dann wird man sich in einer beweglichen Wirtschaft sicher etwas einfallen lassen. Und dann kommt vielleicht wieder eine Zeit, in der man in Tirol einige Lärmschutzfenster abbauen kann. Aber vorläufig brauchen wir sie.

Auch das Lärmschutzfenster könnte als Symbol für unsere Zeit gelten und regt zum Nachdenken an. Die Notwendigkeit solcher Fenster und ähnlicher Einrichtungen ist doch so etwas wie ein Menetekel, das darauf hinweist, wie sehr unsere Welt in Unordnung geraten ist …

Blauer Himmel hinter Gittern

Nicht alle Fensterformen, die es in unserem Land gibt, kann man ästhetisch-gefällig symbolisieren. Ich weiß um eine Fensterform, durch die ich monatelang geschaut habe, und die mir unvergesslicher geblieben ist als so manches prächtige Panoramafenster in einem Gipfelrestaurant: das kleine vergitterte Fenster einer Gefängniszelle. Aber ich möchte nicht so sehr bei seiner beklemmenden Kleinheit und dem abweisenden Gitter und der Unerreichbarkeit hoch über der Pritsche stehenbleiben, sondern bei dem blauen Stück Himmel hinter dem schwarzen Schmiedeeisen, an dem hie und da eine verlorene Wolke vorbeigezogen ist.

Für viele Menschen in unserem Land gibt es die seelische Situation der Gefängniszelle, der Isolation, des Sich-eingesperrt-Fühlens, der schmerzlichen Begrenztheit, des Nichtausbrechen-Könnens. Psychotherapeuten, Ärzte, Sozialhelfer, Seelsorger und Eheberater wissen davon ein Lied zu singen. Die Epoche der größten äußeren Freiheit in unserer Gesellschaft hat keineswegs die höchste innere Freiheit mitgebracht. Viele leben hinter den Gitterfenstern ihrer Belastungen, die nicht so einfach zu erreichen und zu durchsägen sind. Und das Gefühl, beengt, behindert, vereinsamt und bedrückt zu sein, geistert durch viele Seelen. Und gerade in diesen Bereichen ist das Helfenkönnen nicht so perfektioniert wie etwa in jenen Leiden, die unsere hochentwickelte Chirurgie lindern und beseitigen kann. Die Operation an den Gitterstäben der Seele erweist sich oft als noch schwieriger als an Hüftgelenken und Karzinomen.

Sie sind also da, die Gitterfenster.

Ich will nicht sagen, dass wir sie unbedingt brauchen. Zumindest haben wir nicht diesen Eindruck. (Vielleicht brauchen wir sie manchmal als heilsame Erfahrung aller Grenzen des Machbaren.)

Aber was wir brauchen, das ist das kleine, blaue Stück Himmel hinter den dunklen Gittern der „conditio humana", der Situation der Armseligkeit, diesen kleinen blauen Fleck, zu dem ich wie viele andere Einzelhäftlinge wochenlang hinaufgestarrt habe. Und hie und da die weiße Wolke, die vorüberzieht, das uralte Sinnbild göttlicher Gegenwart. Sie macht das Gitterfenster zur Luke der Hoffnung, so wie jene Luke, durch die Noah in der Arche die Taube fliegen ließ.

Das möchte ich all denen wünschen, die hinter den kleineren oder größeren Gittern der Freudlosigkeit sitzen: dass für jeden ein Stück heiteres Blau sichtbar wird, zu dem das Herz durch die Gitter hindurch ins Grenzenlos-Tröstliche fliegen kann – und die weiße Wolke, die eine Freiheit verheißt, jenseits aller Kerkergitter dieser Welt.

Das Bogenfenster

Unter den Burgruinen Südtirols, die in ihrer ursprünglichen Bausubstanz erhalten geblieben sind, zeigt die von Boymont, hoch über St. Pauls, eine Besonderheit. Das oberste Stockwerk des Bergfrieds zeigt ein großes, die ganze Breite des Turms überspannendes Bogenfenster. Schon der Burgenkenner Propst Weingartner hat darauf hingewiesen, dass dies bei einer Burg des 13. Jahrhunderts eine Seltenheit sei und andere Sehnsüchte verrate als nur das Bedürfnis nach Sicherheit und Repräsentanz. Vom Bogenfenster von Boymont geht der Blick weit übers Land, über die Weinberge bis zum Latemar, den Rosengarten und die blauen Fassanerberge.

Abend im Etschtal – Wehrburg bei Prissian

Tirol braucht Menschen mit Bogenfenstern, die im obersten Stockwerk des Seelenturms sich öffnen und Horizonte erschließen. Mit dem Bogenfenster ist die Fähigkeit gemeint, sinnstiftende Werte zu erfassen, die wie blaue Bergketten das Dasein umfangen. Es ist ein Glück für ein Land, wenn es möglichst viele Menschen mit Bogenfenstern der Seele hat, die über die Fähigkeit verfügen, das Vordergründig-Alltägliche zu übersteigen und Visionen zu haben, und zwar in allen Ständen und Berufen, in allen Bildungsbereichen und Aufgaben des Lebens. Die Bogenfenster haben keine bestimmte Schulbildung zur Voraussetzung, sie haben mehr mit Werterfassen als mit Wissen zu tun. Ich habe sehr, sehr viele einfache Menschen mit dem Bogenfenster kennengelernt. Aber eines stimmt – um beim Vergleich der Burg zu bleiben –, Bogenfenster haben immer etwas mit Adel zu tun, nämlich mit dem Adel der Seele.

Es ist heute gar nicht leicht, diese Bogenfenster auszubrechen. Wenn man die Welt nur durch Autoscheiben betrachtet, die Schaufenster des Konsums oder die flimmernde Scheibe im Zimmer, dann kommt man schwer zur weiten Sicht der Dinge. Zum Bogenfenster muss man über die schmalen Treppen des Zeitlassens und des Schweigens emporsteigen. Und man muss versuchen, auf dem Weg nach oben den Ballast der schnellen Urteile und Vorurteile abzulegen, und manchmal wohl auch ein Stück von sich selbst.

Und es wird wohl immer besondere Menschen brauchen, die zum Bogenfenster weisen: Künstler, Dichter, Weise und Fromme im wahren Sinne des Wortes.

Das große Halbrund im siebenhundertjährigen Turm von Boymont blickt übers Land wie ein steingewordenes Gedicht von Goethe:

„Zum Sehen geboren, zum Schauen bestellt –
dem Turme verschworen gefällt mir die Welt ..."

Das leuchtende Glas

Nun bleibt mir noch eine Art von Fenstern. Während ich hier schreibe, habe ich sie noch ganz frisch in der Erinnerung. Vor wenigen Tagen war ich in den nordfranzösischen Kathedralen. In den schlanken, dunklen Räumen, die sich nach oben verlieren, zwischen den Pfeilerbündeln sind sie aufgeflammt: die farbigen Kirchenfenster, durch die die Sonne buntes Leben um uralte Altäre und auf den Steinboden malte. Der Botschaft dieser Fenster, seien sie aus dem Mittelalter oder von Marc Chagall, kann man sich nicht entziehen.

Wir brauchen Fenster, durch die das Mysterium schimmert. Wir brauchen das befreiende Geheimnis, das in irgendeiner Weise für uns transparent und erfahrbar wird, glaubwürdig und erhellend. Das Mysterium des erlösenden Gottes kann in sich von uns nicht erfasst werden – wie eben das direkte Licht der Sonne blendet. Man kann nicht sagen, dass wir heute eine besonders glaubensstarke Zeit durchleben. Aber in diesem Punkte ist unsere Zeit eher transzendenzbewusster geworden. Es ist eigentlich allen klar, dass wir Menschen an sich vom Unsagbaren nie so wissen können, wie wir von tausend Dingen dieser Welt wissen.

Alles, was wir vom großen Geheimnis erfassen können, strahlt durch die leuchtenden Fenster der Botschaft. Und wie dieses Strahlen im Letzten nicht von uns kommt, sondern von drüben her, strahlt es immer noch, auch wenn Patina und Schmutz und Schuld der Jahrhunderte auf diesen wunderbaren Fenstern liegen. Wenn wir nur das Licht unserer menschlichen Ratio einschalten, leuchten diese Fenster nicht. Wenn es Nacht wird, nützt das elektrische Licht in den Domen nichts: Die Fenster bleiben dunkel. Sie beziehen ihr Leuchten allein von der Sonne.

Das ist die letzte Art von Fenstern, die ich meinem Heimatland wünsche.

Prof. Peter Prandstetter hat in Heiligkreuz bei Hall Fenster des Mysteriums für unsere Zeit geschaffen, darunter eines mit dem Motiv des brennenden Dornbuschs. Die Aussage solcher Fenster erschließt sich nicht so schnell wie irgendein frommes Abziehbildchen. Aber mit dem brennenden Dornbusch ist das Geheimnis der Geheimnisse schlechthin getroffen. Aus ihm tönte der Ruf: „Ich bin der, der für euch da ist." Damit beginnt jene Symphonie der Liebe, die im Herzen des Erlösers ihren Höhepunkt erreicht.

Tirol braucht Fenster, die nicht nur der Neugierde dienen, der Information, dem Kontakt oder der Kontrolle, dem Schutz oder den großen Übersichten: Es braucht Fenster für den Glauben.

So hat unser Land viele Fenster nötig, Fenster der verschiedensten Art. Es braucht auch Fenster wie diese Zeitschrift, die den Blick öffnet für das Schöne und die Literatur, die Geschichte und die Gegenwart, das Kritische und das Beschauliche, und die uns vor allem daran erinnern will, dass ein fensterloses Dasein kein menschliches sein kann.

Und wenn ich nun die kleine Meditation über die Fenster der Heimat verlasse, möchte ich in der Art des weisen Kohelet im Alten Testament sagen:

> „Alles hat seine Zeit.
> Das Öffnen und das Schließen,
> das Schauen und das Sich-Schützen,
> das Teilhaben und das Verborgenbleiben,
> die Neugierde und der Trost,
> der große Horizont und die kleine Welt,
> die Zeit und die Ewigkeit ..."
>
> (vgl. Koh 3,1–8)

Durch das Gastland
geht ein Erwachen

100 Jahre Tourismus in Tirol
Innsbruck (1989)

Es ist ein weiter Bogen der Berührung von Kirche und Tourismus in Tirol, der sich da vom knorrigen Gletscherpfarrer Franz Senn, der vor hundert Jahren die Not der Hochtäler sah, bis zu mir her spannt, an dieses Rednerpult, bis zum Seelsorger, der sich dieser weitverzweigten und das ganze Leben des Landes durchdringenden Wirklichkeit gegenübersieht. Ich weiß, dass ich als Bischof in tausend Detailfragen des Tourismus inkompetent bin. Aber ich kann mich nicht davon absentieren, dort mitzudenken, miterfreut oder mitbesorgt zu sein, wo diese gesellschaftliche Realität die fundamentalen Fragen des menschlichen Daseins und des menschlichen Ethos berührt.

Und da sehe ich heute Aufbrüche in unserem Gastland Tirol, denen ich mich sozusagen beigesellen möchte, begleitend, verstärkend, zustimmend, motivierend, werbend, betend und segnend, wie es meines Amtes ist.

Es geht ein *dreifaches Erwachen* durch das Land, durch die Kreise der Verantwortlichen, aber auch durch die Menschen auf der Straße, durch Konferenzen, Tage der Besinnung und Reflexion in den Ballungszentren der Gastlichkeit.

Das Erwachen für die Schöpfung

Das erste Erwachen betrifft ein neues Verhältnis zur *Schöpfung*. Ich beginne mit einer Binsenwahrheit: Die wahre Erholung des überzivilisierten Menschen wird immer wieder an die Begegnung mit der Natur gebunden sein, an das Eintauchen in primäre, ursprüngliche Welt, mit Landschaft und Himmel, Wasser und Sonne, Fels und Wald, Bach und Blume … Kein Geringerer als der große Schweizer Biologe und Anthropologe Adolf Portmann hat schon vor Jahren geschrieben, dass die Möglichkeit der Begegnung mit der primären Natur einer der entscheidenden Vorgänge für die Wahrung des Humanen in einer zukünftigen Welt sein wird. Mit dieser Aussage ist der Stellenwert der Natur in einem der wichtigsten europäischen Erholungsräume wie dem unseren definiert. Es geht nicht nur um den Aspekt der Ressourcen, um den Haushalt mit den vorhandenen Gütern, die man nicht vermehren kann, es geht auch um die fundamentale Grundlage des Sich-erholen-Könnens für morgen und übermorgen.

Und darum kann man nur begrüßen, wenn durch unser Land ein Erwachen für das Reich und den Reichtum der Natur geht. Dieses „Erwachen", das hier gemeint ist, ist ein Aufwachen aus illusionistischen Träumen in eine herbe Wirklichkeit hinein. Auch die Christen haben in diesen Tagen den Schöpfungsbericht neu in die Hand genommen, um ihn ein wenig genauer zu lesen: „Und Gott gab dem Menschen den Garten Eden, auf dass er ihn bebaue und *behüte* …" Das letzte Wort haben wir nämlich immer überlesen.

Halt!

Im Bewusstsein vieler Menschen taucht heute unsichtbar bei vielen Gelegenheiten und Orten, Überlegungen und Planungen eine weiße Hand auf, die uns wie das Lawinenwarnzeichen ein „Halt!" zuruft.

Dieses „Halt!" taucht auf, und es *muss* auftauchen.

So etwa dort, wo manche meinen, ausgewiesene Ruhegebiete seien besonders appetitliche, reservierte Leckerbissen der Heimat, von denen man Jahr für Jahr ein Stück herunterknabbern kann.

Dieses „Halt!" steigt vor stillen Feuchtbiotopen und Lärchenbeständen auf, vor baumumsäumten Wiesen und den bei uns so begrenzten Flachwäldern. Auch wenn hier manche Widerspruch anmelden werden – es geht nicht an, dass hier ungehemmt für das private Vergnügen betuchter Minderheiten Hektar um Hektar kostbarer Erholungslandschaft ausgegrenzt wird und der Gast von morgen an Maschenzäunen vorbeischleichen darf. Wir werden uns das nicht leisten können, weil wir in dieser Hinsicht nicht reich an Raum sind. Vergessen wir nicht, dass anderswo mit der totalen Privatisierung von Seeufern der schönste Bergsee zum „Lago di Bonzo" wurde.

Die weiße Hand mit dem „Halt!" muss überall bewusst werden, wo man vom immer kleiner werdenden Wurstzipfel Natur immer größere Scheiben für sich und seinen Gebrauch haben möchte.

Das „Halt!" muss in den Gewissen sichtbar werden, wenn man sich zwar mit Sprechblasen zum Naturschutz bekennt, aber damit grundsätzlich immer Gebiete jenseits der eigenen Gemeindegrenze, jenseits der eigenen Interessen, jenseits des ungefährdeten eigenen Profits meint.

Wir brauchen dieses „Halt!", *weil* wir das Gastland sind, und weil überall in der Welt der überzogene Anspruch und das ihm folgende ungebremste Profitdenken die mächtigsten Zerstörungskräfte der Erde sind. Gott hat uns mit Tirol wirklich ein Paradies anvertraut, mit wenig Platz zum Wohnen und Bebauen, aber voller Schönheit, mit wunderbarem Quellwasser und anderen Kostbarkeiten, die europaweit schon Seltenheitswert bekommen. Aber wir müssen zu diesem im Gewissen des ganzen Volkes auftauchenden „Halt!" Ja sagen, dann haben wir auch zu etwas anderem ein heiliges Recht.

Wir dürfen und müssen das warnende „Halt!" auch über die Grenzen zeigen, in der schwierigen Frage des Alpentransits. Die Maßnahmen, die gesetzt werden, sind keine übermütige Schikane. Sie sind – auch nach allen Regeln christlicher Verantwortung – ein Akt der *Notwehr*. Die Lehre der Kirche hat immer das Recht zur Notwehr festgehalten, vorab der friedlichen. Das Gastland Tirol *ist* in der Situation der Notwehr, nicht nur für seine Bewohner, sondern für Millionen von

Gästen, die – nebenbei bemerkt – auch Wähler in jenen Ländern sind, aus denen uns Drohtöne erreichen. Das Gastland Tirol sollte seine Gäste als heimliche Verbündete ansprechen, bei der Rettung eines Juwels in den Bergen, das ihnen aus vielen schönen Stunden vertraut ist, und in dem sie noch viele schöne Stunden verbringen wollen. Und was das zukünftige, mächtige Europa betrifft, so kann ich auch vom Standpunkt einer christlichen Weltverantwortung gegenüber der so knapp werdenden Schöpfung nur hoffen, dass man es mit einem etwas größeren Aufwand an Weisheit regiert, als sich augenblicklich abzeichnet.

Das Erwachen für den arbeitenden Menschen

Das zweite erfreuliche Erwachen, das immer öfter in unserem Land festzustellen ist, kreist um den *Menschen* – um den Menschen, der in den Tourismus hineingebunden ist, als Mitarbeiter und Angestellter, als Wirt und Koch und Kellnerin, Portier und Stubenmädchen.

Die Berufsarbeit im Tourismus ist menschlich belastend. Es ist eine konzentrierte, saisonhektische, sehr oft Tag und Nacht vertauschende, immer auf den Wunsch des anderen hin gepolte Arbeit. Hinter dem Relax des Sich-Erholenden steht nun einmal der Stress des anderen, hinter der Kulisse der Speisekarten, der sauberen Zimmer, der überquellenden Angebote, des blitzenden Geschirrs und des Blumenschmucks. Vielfach sind es fluktuierende Arbeitskräfte, die da ihren Dienst tun, und nicht selten sind sie am Ort mehr „Fremde" als die „Fremden", die sie bedienen. In den kleinen Betrieben droht die Gästelawine oft in Küche und Kühlschrank, Stube und Kinderzimmer hinein zu überborden und jenen familiären Intimraum aufzulösen, der nun einmal so notwendig für Lebensqualität ist und eine so wichtige Voraussetzung für echte Gastfreundlichkeit ist. Es ist ja so, dass der im Tourismus dienende Mensch immer ein einziges „Willkommen" ausstrahlen soll, und dass beim Ganzen das Herz und die Herzlichkeit nicht verlorengehen soll, jene Herzlichkeit, die vielleicht doch die „Spezialität des Hauses" bleiben soll, inmitten aller Angebote unseres Landes.

Darum ist es so zu begrüßen, dass es nunmehr ein Erwachen hinsichtlich der Konditionen des Mitarbeiters im Tourismus gibt, dass man zu verstehen beginnt, wie sehr ein menschlich so beanspruchender Beruf auch eine Basis verlangt, ein Reduit, einen Raum der Behaglichkeit, ein Zu-Hause-Sein, ein Privat-sein-Dürfen, die Möglichkeit, die ferne Familie nachkommen zu lassen, einen Rückhalt an Geborgenheit zu haben. Man kann sich nur freuen, wenn heute Überlegungen und Initiativen zum Bau von Wohnungen beginnen. Ich bin überzeugt, dass im Wege einer Umwegrentabilität, die sich nicht so sehr in Zahlen, wohl aber in Atmosphäre ausdrückt, solche Initiativen ein Plus für den Tourismus bringen werden, und dass dann das Lächeln für den Gast nicht zur erstarrten Maske wird, die Höflichkeit kein Getue ohne Herz, und der Betrieb kein freudloser Stress.

Das Erwachen für den Gast

Ein drittes Erwachen kreist um den *Gast*. Mir scheint, dass man heute geneigt ist, das Angebot für den Erholungsuchenden auf immer breiterer Palette zu servieren, aus der Erkenntnis heraus, dass für viele Menschen, vielleicht besonders im Sommergästeverkehr, das Gesamtmenschliche angesprochen werden sollte. Das pausenlose Seilbahn-Rauf/Piste-Runter, die Dusche, der Drink und die Patschentour zum Fernseher kann man überall haben. Beim Urlaub in Tirol darf auch noch anderes mitschwingen. Wir laden nicht in entsiedelte Alpentäler ein, in die das Kapital ein paar monströse, langweilige Hotels hineingestellt hat. Bei uns dürfen andere Töne mitschwingen, und wir wissen, dass sie bei vielen erwartet werden und auch ankommen: intensiveres Sich-zu-hause-Fühlen, Erschließen von Landschaft und Lebensraum, Kultur und Geschichte, von kreativen Möglichkeiten. Es gibt heute ein weltweit spürbares Bedürfnis an Tiefendimension, was immer der Einzelne darunter meinen mag, Suche nach dem Hintergründigen, dem Sinngebenden, dem Zu-sich-Kommen. Es gibt bei vielen Gästen dieses Bedürfnis nach einem Atemholen, das über das Biologische hinausgeht. Und im

Der Umbalbach im Virgental, Osttirol

Zuge dieses Erwachens für die gesamtmenschliche Dimension im Tourismus möchte ich auf die Bedeutung des religiösen Angebots zu sprechen kommen. Verstehen Sie mich recht, ich stehe nicht in der Versuchung, über das religiöse Leben großartige, triumphale Feststellungen zu machen, aber ich darf in aller Bescheidenheit sagen, wenn wir am Eingang unserer Kapellen und Kirchen, der so ansprechenden, gemüthaften und gepflegten Heiligtümer Tirols, für die Gäste, die da zum kurzen Besuch oder zum Gottesdienst eintreten, eine Zählschranke hätten wie bei den Liften, dann könnten wir mit eindrucksvollen Zahlen aufwarten, mit Zahlen, die zum Beispiel durchaus berechtigen, im Hotel in unaufdringlicher Weise einen Prospekt zur sakralen Kultur aufzulegen, eine Gottesdiensteinladung oder ein Neues Testament in der katholisch-evangelischen Einheitsübersetzung. Sicher werden manche damit nichts anzufangen wissen, aber das macht ja nichts. Wir bieten die Sauna ja auch denen an, die nicht schwitzen wollen, und die Weinkarte dem, der nur Mineralwasser verlangt.

Dieses Erwachen für den Urlaub mit Tiefendimension könnte ein Wegzeichen in eine humanere Welt sein.

Die genannten Aufbrüche kann ich nur begrüßen:
* als Tiroler, der dieses Land nun in allen seinen Winkeln, Tälern und Höhen kennt, und der es bis heute für ein atemberaubendes Stück Welt hält;
* als Christ, der alles Aufblühen von Weltverantwortung in Richtung einer humanen Zukunft nur begrüßen kann,
* und als Bischof einer der wahrscheinlich fremdenverkehrsintensivsten Diözesen der Welt, der nur heimlich die Hand zum Segen über dieses dreifache Erwachen heben kann.

Ein Bergblumenstrauß
der Dankbarkeit

150 Jahre Oesterreichischer Alpenverein
Wien (2012)

Im Laufe meines langen Lebens ist bei mir oft das Gefühl der Dankbarkeit gegenüber dem Oesterreichischen Alpenverein aufgestiegen. Aber ich habe nie gedacht, dass mir einmal die Gelegenheit geboten würde, in einem so festlichen Rahmen diesen Dank zum Ausdruck zu bringen. Ich hoffe, liebe Bergfreunde, dass Sie spüren, dass dieser Dank keine Formalität ist, sondern aus dem Herzen kommt.

Der Dank an die meist Unbedankten

Mein erster Dank geht an die Stillen im Lande. Ich meine hier die ungenannten, unbekannten, anonymen Mitglieder im Hintergrund, die meist ehrenamtlich den großen Verein aufrechterhalten. Ich denke also an die Funktionäre in den vielen Ortsgruppen, die Angebote und Programm vorbereiten, ich nenne hier Hüttenverantwortliche, die sich mit den Sorgen einer vereinseigenen Schutzhütte herumschlagen, ich vergesse auch nicht die Engagierten, die sich regional oder lokal zu Wort melden, wenn wieder einmal ein Stück Natur dem allzu hochentwickelten Erwerbssinn unnötig zum Opfer zu fallen droht. Ich erinnere an die Idealisten, die im Frühjahr die Steige ausbessern, die Markierungen erneuern, da und dort einen Flurschaden oder Lawinenschaden beseitigen oder einen Kletter-steig überprüfen. Ich denke an die, die sich die Führung von Jugendgrup-pen antun und damit Verantwortungen übernehmen, die alles andere als selbstverständlich sind. Mein erster Dank geht also an diese meist verbor-gene, unersetzliche, geheime Logistik unseres Bergvergnügens.

Der Dank für ehrlichen Umgang mit der Geschichte

Mein zweiter Dank mag manchen etwas merkwürdig vorkommen, aber er hängt damit zusammen, dass meine Erinnerungen eben die Hälfte der 150 Jahre umfassen. Ich danke den Verantwortlichen des Alpenver-eins, dass sie in der Vorbereitung dieses Jubiläums an den dunklen Sei-ten der Geschichte nicht vorbeigegangen sind. Jede menschliche Ge-meinschaft, die lange in der Geschichte steht, hat solche Schattentäler. Und so gab es auch im Alpenverein eine Epoche, in der das Edelweiß braune Rostflecken bekommen hat. Ich bin dankbar, dass man in Veröf-fentlichungen diese dunklen Seiten nicht verdrängt hat. Man muss diese Dinge sehen und aufräumen, so wie man auch den Müll auf vielfre-quentierten Bergspitzen einsammeln muss und Stacheldrahtreste und Blindgänger in den Dolomiten. Ich danke dem Alpenverein für den un-geschminkten Rückblick.

Aber in diesem Zusammenhang erlauben Sie mir bitte einen kleinen Seitensprung in einer Festrede. Aber es geht um einen großen Mann des Oesterreichischen Alpenvereins. In den Dreißigerjahren des vergange-nen Jahrhunderts hatte ich am Gymnasium in Innsbruck einen Turn-lehrer. Wir hatten ihn recht gern. Irgendwie war er damals auch in der staatlichen Jugendorganisation tätig, die für uns nicht sehr viel bedeute-te. Mit dem März 1938 wurde unser Turnlehrer sofort aus dem Schul-dienst entlassen. Er hat keine einzige Stunde mehr gehalten. Wir haben schon gefürchtet, dass er zu den vielen Hundert Verhafteten zählte, die es damals in Innsbruck gab. Aber er wurde von der deutschen Wehr-macht übernommen. Der Grund lag wohl darin, dass er einer der höchstausgezeichneten Kaiserschützenoffiziere des Ersten Weltkriegs war. Mein Turnlehrer hieß *Martin Busch*. Nach dem Krieg wurde er sofort wieder in den Schuldienst eingestellt und zum Fachinspektor für Leibeserziehung an den Höheren Schulen Tirols bestellt. Im Alpenverein übernahm er die heikle Aufgabe der treuhänderischen Verwaltung der Hütten des Deutschen Alpenvereins, die ja zunächst als „deutsches Eigentum" gefährdet waren. Ich bin mit meinem alten Turnlehrer immer freundschaftlich verbunden geblieben. Er war kein Nazi, wie von flotten Zeitkritikern behauptet wurde. Er gehört zu den großen Männern und Frauen des Alpenvereins, die dem Edelweiß den alten Glanz zurückgegeben haben. Und die Samoarhütte im Ötztal wurde ganz zu Recht in Martin-Busch-Hütte umgetauft. Ich habe das Gefühl, dass diese Rehabilitierung in dieser festlichen Stunde angebracht ist.

Der Dank für den Dienst an der Jugend

Mein dritter Dank an den Alpenverein liegt mir besonders am Herzen. Als ich Bischof wurde, hatte ich in meinem Keller 600 Meter Bergseile, 30 Eispickel und Helme, Steigeisen und Schneegamaschen, Brust- und Sitzgeschirre, 200 Karabiner, Eisschrauben und Felshaken, Kletterhämmer und Stirnlampen – ein ganzes Arsenal. Und an diesem Arsenal hing die Erinnerung an viele, viele Alpinkurse im Fels und Eis mit jungen Menschen.

Und deshalb hat mein dritter Dank auch einen „Sitz im Leben", wie man das in der Literaturgeschichte sagt. Ich danke dem Alpenverein, dass er hilft, jungen Menschen die Berge zu erschließen. Ich bin nämlich aus Erfahrung davon überzeugt, dass Jugend rauschhafte Erlebnisse braucht. Und wenn sie keinen Zugang zu edlen Räuschen bekommt, dann wird sie für die weniger edlen Räusche, die die Gesellschaft anbietet, anfälliger.

Die Berge halten edle Räusche bereit. Der Aufstieg in der Mondnacht durch den Eisbruch hinein in den ersten Morgenschimmer über den Gletscherfeldern – das ist ein Rausch. Und so ist es auch mit einer luftigen Gratkletterei in der Morgensonne. Und auch die fröhliche Gipfelrunde ist ein Rausch, so wie die Abfahrt über den Firn.

Und wenn man am Abend vor der Hütte sitzt und droben die Gipfel verglühen, auf denen man gewesen ist, und rundherum das Konzert der Gletscherbäche aus dem Dunkel zu hören ist – das ist auch ein Rausch, ein leiser Rausch. Ein großer Erzieher, Baden-Powell, der Gründer der Pfadfinder, hat einmal gesagt: Wenn man einem jungen Menschen nichts anderes vermittelt hätte als schöne, tiefe Erlebnisse – dann hätte man ihm schon sehr viel fürs Leben geschenkt. Ich danke dem Alpenverein für den Dienst am jungen Menschen. Wer in die Großartigkeit der Bergwelt eingetaucht ist, der braucht weder Droge noch Komasaufen, um der Langeweile zu entkommen. Und wer in der alpinen Leistung ein gesundes Selbstgefühl erworben hat, der braucht weder die Rücksichtslosigkeit der Raserei noch den Machtrausch der Gewalt zur Ehrenrettung seines Ego.

Ich danke dem Alpenverein, dass er in der Jugendarbeit gleichzeitig die Erziehung zu Kameradschaft, Verantwortungsbewusstsein und Sicherheitsdenken fördert, und damit den Sinn für objektive Gefahren und Einsicht für subjektive Grenzen. Wenn ich eine Bitte gegen einen gewissen Zeittrend anmerken darf: Die Berge sollten für den Menschen mehr sein als Hochleistungsstrecke und überdimensionales Turngerät.

Der Dank für den Dienst an der Gesellschaft

Mein vierter Dank an den Alpenverein gründet in einem weiten Horizont. Ich denke hier an die Rolle, die der Oesterreichische Alpenverein und ähnliche Organisationen mit verwandten Grundsätzen im großen Zusammenhang der Gesellschaft spielen. Ich weiß, dass man mit großen Worten behutsam sein muss – aber ich wage von der epochalen Bedeutung des Vereins zu sprechen.

Vor Jahren habe ich bei dem großen Schweizer Biologen und Anthropologen Adolf Portmann ein bemerkenswertes, fast prophetisches Wort gelesen. Portmann hatte eine über das positive Wissenssammeln hinausgehende ehrfurchtsvolle Vision des Lebendigen, der Natur, des Naturerlebnisses und seiner Bedeutung für den modernen Menschen.

Er war der Überzeugung, dass es für die Zukunft eine der wichtigsten Aufgaben sein müsse, den überzivilisierten, in seiner selbstgebauten Second-Hand-Welt gefangenen Menschen immer wieder zur Begegnung mit der ursprünglichen Natur zu bringen. Es ist doch ganz richtig gesehen: Die Welt von Beton und Glas und müheloser Knopfdrucktechnik und Plastik und huschenden Bildern, die in zerfetzter Hast angeboten werden und kein Schauen mehr erlauben, und die künstlich übersteigerten Sensationen und Sturzfluten vielfach belangloser Informationen, die an sich ja großartige Zauberwelt blitzschneller Information und Kommunikation – das alles birgt doch neben dem Fortschritt und der Entfaltung menschlicher Tüchtigkeit auch Gefahren für das Humanum. Der Soziologe Karl Steinbuch hat auf diese Gefahren in seinem Buch über den „maßlos informierten Menschen" gewarnt, und heute müssen namhafte Hirnforscher auf drohende Schäden aufmerksam machen. Der „Way of Life" des modernen Menschen der hochzivilisierten Länder schreit nach Ausgleich – im Sinne Portmanns. In die Berge gehen ist nicht nur ein wenig Frischluft, Fitnesserwerb oder Felsakrobatik oder ein romantischer Anfall – das kann es alles auch sein. Es ist eine andere Welt des Erlebens, ein anderer Rhythmus, der mich ergreift, wenn ich die Welt beim Wandern in langsam vorbeigleitenden Bildern sehe, wenn ich bei einem Bergbach raste, wenn ich auf anstrengenden Serpentinenwegen gesund müde werde, wenn ich, am Ziel angelangt, den Tiefenblick vor mir habe. Und damit, dass der Alpenverein zu dieser Art der Welterfahrung motiviert und ermuntert, leistet er einen wichtigen Dienst am Humanum. Und bei der Mitgliedszahl des Alpenvereins ist dieses Unternehmen – zusammen mit ähnlichen Vereinigungen – ein gesellschaftlich bedeutender Faktor. Und dafür möchte ich Dank sagen, für diese Breitenwirkung im Sinne des Anliegens Portmanns.

Mein letzter Dank geht in die Tiefe

Verstehen Sie mich bitte recht. Dieser Dank ist nicht nur die fromme Pflichtübung eines Altbischofs, der hier zufällig zu Wort kommt. Hinter diesem Dank stehen Tausende von Briefen, die ich bekommen und beantwortet habe – generationsüberschreitende, berufsstandübergreifende, Sprachgrenzen durchbrechende, Konfessionsgrenzen überschreitende Briefe. Dazu kommen Begegnungen auf Wanderwegen und Hüttenbänken und manchmal vor Bergkreuzen, um die sich Menschen zu einer Bergmesse versammelt haben – und auch das waren Tausende. Wie soll ich es ausdrücken? Ich spreche hier den Dank der vielen aus, *deren Herz in den Bergen Flügel bekommt.*

Die Bergwelt wirft der Natur den Mantel ehrfurchtgebietender Majestät um. Und sie breitet den Teppich der Stille aus, auf dem das große Staunen Einzug halten kann. Der unermüdliche Wasserfall und die ragende Wand stimmen beide eine erhabene Melodie an, die alle menschliche Arroganz, Blasiertheit und Überheblichkeit verstummen lässt. In einer wenig begangenen Rinne habe ich einmal einen Bergkristall gefunden. Unwillkürlich hält man inne, wenn man bedenkt, dass diese wunderbaren Blumen im Inneren der Berge Jahrmillionen zum Erblühen brauchen. Ich weiß, dass man sich heute oft schwertut, zum Glauben zu kommen. Aber die Berge führen doch fast jeden auf den „Pfad der Nachdenklichkeit", wie die Mongolen einen besonders einsamen Karawanenweg nennen. Und ist es nicht so, dass man im Erlebnis des Bergs das erfährt, was Psychologen das *Geschenkerlebnis des Daseins* genannt haben? Und Beschenktsein drängt zum Dank. Und Dank will eine Adresse, Dank ist ein Du-Impuls. Ich kann beim besten Willen nicht physikalischen, chemischen oder biologischen Prozessen danken. Ich kann überhaupt keinem Es danken, weder einer Materie noch einer Evolution noch einem Universum noch einem Zufall noch einer Milliarde von Zufällen. Ich kann nicht einmal dem unglaublich komplizierten Lebensgeheimnis einer Bergblume danken, die sich vor mir im Winde wiegt. Das alles kann ich bewundern, danken kann ich nur dem großen Du. Und so gibt es in den Bergen Wege zum Schöpfer. Dabei sind die Berge keine wortreichen, aufdringlichen, lästigen Sektenprediger. Sie bieten die Botschaft vom Schöpfer in vornehmer Verhaltenheit an. Aber nicht umsonst sind rund um den Erdball heilige Berge entstanden.

Ich weiß, dass diese Erfahrung viele Tausende bewegt – und in deren Namen spreche ich hier dem Alpenverein Dank aus, weil seine Zielsetzung, Menschen in die Berge zu bringen, vielen auch diese Dimension erschließt.

Und damit bin ich zu Ende gekommen. Der kleine Bergblumenstrauß für den jubilierenden Oesterreichischen Alpenverein ist gewunden:

* eine duftende, aber unscheinbare Edelraute für die vielen Engagierten im Hintergrund, die den Verein erhalten,
* ein blankes Edelweiß den Verantwortungsträgern für die Nebelauflösung in der Vergangenheit, den guten Geist und den Einsatz für die Schöpfung,
* Almrausch und Alpenrose für den Dienst an jungen Menschen und den vielen, denen der Verein zur Naturbegegnung verhilft,
* und schließlich einen vielblütigen, goldenen Plateniglstand als Zeichen des Dankes für alle, deren Herz in den Bergen Flügel bekommt;
* und jetzt noch ein paar nicht welkende, grüne Zirbenzweige rundherum als Zeichen dafür, dass der Oesterreichische Alpenverein nie welken und weiter wirken und dienen soll, von Generation zu Generation.

Wasser – Schatz der Zukunft

SYMPOSIUM
SALZBURG (2004)

Wenn ich zu dieser Tagung als Nichtfachmann einen kleinen Vorspann halten soll, dann kann ich es nur mit ein paar Gongschlägen tun, von denen ich hoffe, dass sie Geltung haben und dass ihr Klang etwas tiefer geht als eine rein sachlich-empirisch-biologisch-ökonomische Auseinandersetzung mit dem Thema H_2O. Ich wage diese drei Gongschläge.

Wasser schätzen!

Vor einiger Zeit bin ich mit ausländischen Studenten vor dem Stuibenfall im Ötztal gestanden, einer jener gewaltigen Kaskaden der Heimat, die noch ungenutzt zu Tal donnern. Als wir wieder aufbrechen wollten, konnte sich ein junger Mann von dem Anblick nicht trennen. Ein einheimischer Bauer aus dem Ötztal, der auch dabei war, sagte kopfschüttelnd: „Was hat er denn? Dös Wasser muaß ja åba!" Nun, der Student aus Arabien hat gesagt, er müsse immer darüber nachdenken, was diese Wasserfülle in seiner Heimat bedeuten würde … Leben für Tausende … Diese kleine Episode offenbart ein wenig, weshalb wir in Tirol und Österreich Gefahr laufen, das Wasser nicht für einen Schatz zu halten, sondern für eine Tag und Nacht ununterbrochen rinnende Selbstverständlichkeit. Wir leben im Überfluss. Und Überfluss macht gleichgültig und undankbar. Ich kann in meiner Wohnung sieben Hähne aufdrehen –

und aus jedem rinnt Quellwasser mit dem Keimwert null. Ja, vor vielen Jahrzehnten, wie ich in den Sümpfen Russlands war, wo das Wasser immer einen leicht fauligen Geschmack hatte, der selbst noch durch das zu spüren war, was man bei den Soldaten Kaffee zu nennen pflegte – ja, damals habe ich mir geschworen, dass ich an keiner Quelle vorbeigehen werde, wenn ich noch einmal nach Hause komme. Aber der Wohlstand und der Reichtum machen gedankenlos – und die Undankbarkeit ist das Laster der Gedankenlosen.

Dabei war's ja auch in unserer Heimat nicht überall so. Im oberen Vinschgau, der Heimat meines Vaters, wird nordseitig alles seit Jahrhunderten künstlich bewässert. Als Kinder saßen wir um vier Uhr früh beim uralten Wasserwaal, und während der erste Schimmer über die Eiswände des Ortlers kam, horchten wir auf die Turmuhr im Tal und Schlag vier Uhr durften wir die Bretter umstellen, damit das Wasser in die eigene Wiese rann. Diese Wasserläufe entlang der Hänge waren heilig. Jeder Missbrauch galt als Verbrechen. Wasser war eben Wachstum, Futter, Ernte, Milch, Leben.

Ehrfurcht

Aber damit man Wasser schätzt, das heißt für einen Schatz hält, braucht es mehr als nur ein Abschätzen im materiellen Sinn. Kostbare Dinge verwahren wir nicht sorglos. Man steckt keine echte Perlenkette in einen Plastiksack und die Brillantohrringe nicht in die Hosenknopfschachtel. Kostbarkeiten legt man in ein Etui. Auch die großen Kostbarkeiten der Schöpfung müssen in einem Etui geborgen bleiben. In einer materialistisch denkenden Zeit geht dieses Etui sehr leicht verloren. Dieses Etui ist die *Ehrfurcht*.

Sie ist nicht gerade eine Tugend unserer Zeit. Denn bei „Ehrfurcht" schwingt mehr mit als nur rationaler Umgang, technische Sorgfalt und Berücksichtigung der Nachhaltigkeit einer guten Sache. Bei „Ehrfurcht" klingt die Dimension des Geheimnisvollen und Heiligen an. Wasser verdient Ehrfurcht. Es ist das Erste, was von der Schöpfung in der Schrift genannt wird: Gen 1,2: „Gottes Geist schwebte über den Wassern …" Und so plätschert und gurgelt und rauscht der Lobgesang der Quellen

Piburger See im Ötztal

und Brunnen, der Bäche und Ströme, der Seen und des Meeres, des Regens und des Taus und der Bäume, die am Uferrand stehen und nie welken, durch alle Lieder der Bibel wie auch der heiligen Schriften der Völker, und immer ist das Wasser Symbol für Größeres, Tieferes, Fundamentaleres, Beglückenderes.

Wasser schützen!

Der zweite Gongschlag hat einen warnenden, alarmierenden Ton: *Wasser schützen!*

Wenn Gott in der Symbolsprache der Schrift dem Menschen den Garten Eden gab, „auf dass er ihn bebaue und behüte", dann steht es außer Zweifel, dass wir mit dem Bebauen sehr tüchtig waren. Nun liegt die Betonung immer mehr auf dem Behüten. Das gilt auch vom Schatz des Wassers. Man muss sagen, dass da in den vergangenen Jahrzehnten der Sinn für verantwortungsbewussten Umgang zweifellos gestiegen ist. Da wird auf Quellschutzgebiete streng geachtet, mit der bedenkenlos in den Boden verstreuten Chemie ist man vorsichtiger geworden, die wilden Deponien verschwinden, Schäden durch diesbezügliche Altlasten werden mit großem Aufwand bereinigt, die leichtsinnige Vergiftung von Wasserläufen wird folgenschwer, das Netz der Klärwerke wird dichter und effizientere Ringleitungen schenken österreichischen Seen Trinkwasserqualität, Bäche können nicht mehr bedenkenlos verwertet werden, Großkraftwerke wurden viel umweltschonender gebaut als früher, Kanalisationen werden bis zu Seilbahnbergstationen und Schutzhütten gebaut. Und die Wasserwacht ist ehrenamtlich und unermüdlich unterwegs. Nein, es wäre ungerecht, wenn man diese Leistungen nicht anerkennen wollte. Aber es geht in der Zukunft noch um einen anderen Schutz.

Wildtiere, die in der Wüste oder Steppe leben, wittern das Wasser kilometerweit. Es gibt hochzivilisierte zweibeinige Wesen, die zwar nicht das Wasser wittern, wohl aber das Geschäft mit dem Wasser. Sie heben die vergoldeten Nasen in den Wind der Zeit und erschnuppern im Wasser das große Geschäft von morgen. Ich habe mir von Eingeweihten sagen lassen, dass Ölmagnaten bereits intensiv nach Wasser schnuppern, weil das Wasser das Öl überleben wird.

Es ist sicher notwendig, unser Wasser vor jener Art von Spekulation zu schützen, die nicht den geringsten Bezug zum Allgemeinwohl hat und nur von Profit und fetten Aktien träumt. Auch die heiligen Wasser an den Berghängen des Vinschgaus waren immer Gemeineigentum, das in der Kontrolle der Gewählten und der alten Rechte blieb.

Wasser schenken!

Und nun noch ein dritter Gongschlag, der im Dreiklang am hellsten klingt. Vielleicht greift er ein wenig über das Thema des Symposiums hinaus, das wohl nicht unmittelbar als Aktionskomitee gedacht ist. Aber wir dürfen den Ton dieses Gongschlags nicht überhören: *Wasser schenken!*

Es kann nicht dabei bleiben, dass wir das Thema Wasser bewusst seinsmäßig aktivieren, biologisch, naturwissenschaftlich, wirtschaftlich, ästhetisch und literarisch reflektieren und beleuchten. Wasser ist ein so fundamentaler menschlicher Grundwert, dass wir, die im Reichtum Lebenden, uns jenen zuwenden müssten, die an Wassernot leiden. Erschließung von Wasser ist wahrscheinlich eine der nachhaltigsten Formen von Entwicklungshilfe.

Es war für mich erschütternd, wie ich bei einem Besuch einer weitverstreuten Gemeinde Albaniens, für die ich mithilfe vieler guter Menschen eine Kirche gebaut hatte, dann beim Besuch der armseligen Weiler und Gehöfte die Brunnen und das Wasser gesehen habe, das nicht einmal den Namen einer Brühe verdiente. Ich bin ganz deprimiert nach Hause geflogen. Es hat mich nicht mehr losgelassen, und mithilfe vieler großzügiger Menschen, die meine Bücher gekauft und Bilder gegen Spenden erworben haben, ist es dann nach einigen Jahren gelungen. Wie bei der Einweihung nach 15 Kilometer Wasserleitung bestes Quellwasser aus fünf Hähnen drei Meter weit hinausgespritzt ist – das war nicht nur ein Volksfest, es war einer der schönsten Momente meines Ruhestandes, fast möchte ich mit Goethes Faust sagen: „Augenblick, verweile, du bist so schön!" 5000 Menschen, die ein ordentliches Wasser haben, werden der Versuchung, in ein neues Elend übers Meer zu fliehen, leichter widerstehen. Und es werden gesündere Menschen da wohnen und es besteht eher die Hoffnung, dass sich ein Betrieb ansiedelt.

Wasser schenken trifft in vielen dieser Länder nur auf eine Schwierigkeit: Über aller menschlichen Not in der Welt kreisen die Geldgier-Geier, lauern die Hyänen der Kriminalität. Die Hilfe muss an denen vorbei unmittelbar zu den Menschen geleitet werden. Das kann nur geschehen mithilfe von Organisationen, die das Gütesiegel haben und ihre Gelder offenlegen. Aber man muss den Schleichweg entdecken – vorbei an korrupten Regierungen, Institutionen und Beamten. Wenn das gelingt – der Geldaufwand zum „Wasser schenken" ist gar nicht einmal so groß – vor allem nicht, wenn man an die Milliarden denkt, die täglich als Spekulationskapital über die Erde schwappen. Mir ist von Albanien noch etwas übriggeblieben. Davon bekommt jetzt eine Armensiedlung in Brasilien einen Tiefbrunnen.

Das „Wasser schenken" müsste die soziale Seite des Themas „Wasser, Schatz der Zukunft" sein. Und wer da sagt, das sind doch alles nur Tropfen auf den heißen Stein – nun, der Schöpfer schenkt uns das Wasser tropfenweise im Regen, und Gottes Sohn hat gesagt: „Wer einem anderen einen Becher Wasser reicht, wird seinen Lohn erhalten."

Wasser schätzen, Wasser schützen, Wasser schenken – man könnte den Dreiklang des Gongs auch zusammenfassen in die Worte Ehrfurcht, Verantwortungsbewusstsein und Hilfsbereitschaft.

Forstexkursion
in die Bibel

150 Jahre Tiroler Forstverein
Innsbruck (2004)

Ihre Welt, die Welt der Sorge um den grünen Mantel der Heimat, die Welt der Wälder und Bäume, hat doch verborgene Verbindungen zu meiner Welt.

Und so erlaube ich mir, Sie zu einer Forstexkursion zu entführen. Sie wird nicht lange dauern. Aber es wird eine sehr weite Reise sein, eine Reise zurück in die Jahrtausende, in eine fremde Sprach- und Vorstellungswelt.

Ich lade Sie zu einer Forstexkursion ins Buch der Bücher ein, in die Bild- und Symbolwelt der Genesis. Sie ist Ihnen natürlich irgendwie bekannt, wenigstens aus fernen Kindertagen, in denen Sie einmal im Religionsunterricht von der Erschaffung der Welt gehört oder gelesen haben. Vielleicht sind Ihnen diese Schilderungen des Sechstagewerkes auch mit einem Flair des Kindermärchens in der Erinnerung hängengeblieben, das man nun einmal so, wie es da steht, nicht ganz ernst nehmen kann. Aber es ist kein Märchen, es ist auch keine Historie. Man steht hier vor den Worten eines begnadeten Dichters, vor frommer altorientalischer Poesie, die eben nur mit Bildern, Symbolen und Geschichten zeitlose Wahrheiten aussprechen konnte, die wir moderne Menschen mit abstrakten, dürren Worten wiedergeben, wobei uns allerdings manchmal viel an verborgenen Tiefen verloren geht.

Was mit „Paradies" gemeint ist

Unsere Forstexkursion beginnt im einschlägigen Milieu. So lesen wir bei Gen 2,8f:

„Gott setzte den Menschen in einen Garten,
in dem er allerlei Bäume hervorwachsen ließ ..."

Es war ein großes Missverständnis, wenn manche Gelehrte diesen Garten Eden, persisch „paradeisos", Paradies genannt, irgendwo auf der Landkarte gesucht haben; dieses Stück Wald ist nicht geografisch, sondern literarisch-symbolisch auszumachen. „Eden" heißt hebräisch „Glück". In allen altorientalischen Literaturen ist ein Garten mit Bäumen der Inbegriff der Seligkeit. Man muss ja daran denken, dass es sich hier um eine Weltgegend handelt, in der ein Großteil der Landschaft aus kargen Steppen und wasserlosen Wüsten besteht. Darum preist der orientalische Poet die Gärten der Semiramis über die Gärten des Hohen Liedes der Liebe bis zu den Liedern des persischen Dichters Hafis. Schon 1500 Jahre vor Christus wird in ägyptischen Bildern der Garten als Symbol glücklichen Lebens im Jenseits dargestellt. Und einmal wird das große Wort fallen, das zum sterbenden Verbrecher gesprochen wird: „Heute noch wirst du bei mir im Paradeisos, im Paradies, im ewigen Garten Eden sein ..." (Lk 23,43). Wenn also Gott den Menschen in der Genesis in einen Garten setzt, dann heißt das in unserer Sprache: Gott wollte und will, dass der Mensch glücklich sei ...

Und ist es nicht so, dass wir immer noch einen *Hauch des Paradieses* spüren, wenn wir durch unsere Wälder wandern? Beim Vogelgesang am Morgen, beim Rauschen des Föhns in den Kronen, wenn sich die Sonnenstrahlen durch die Stämme und Äste tasten – und am Abend, wenn die Rehe in die Lichtung treten? Wie viele Menschen träumen von einer Villa am Waldrand! Auch uns modernen Menschen ist das Gefühl des Wohlbefindens geblieben, wenn wir in den Wald eintauchen, obwohl unsere Welt ja alles andere als eine Idylle ist. Aber bis zum heutigen Tag sollten wir unter dem grünen Blätterdach, den hohen Fichtenstämmen und den Lärchenwiesen die geflüsterte Botschaft hören: „Ich wollte und will, dass ihr Menschen glücklich seid und auf das Glück zuwandert …"

Das ist der tiefere Sinn des Gartens Eden, des Paradieses.

Bebauen und Behüten

Und wir bleiben bei unserer Exkursion weiter im forstlichen Areal Gottes und lesen bei Gen 2,15:

> *„Gott nahm den Menschen und setzte ihn in den Garten Eden, damit er ihn bebaue und behüte."*

Beim Wort *bebauen* dürfen wir Sie, die Verantwortlichen und Tätigen im Wald, sich besonders angesprochen fühlen. Beim hier verwendeten griechischen Wort „ergazomai" (hebr. „abad") dürfen Sie ruhig Axtschläge und Motorsägen, das Surren der Materialseilbahnen und den Lärm von Schubraupen heraushören, die einen notwendigen Forstweg bauen. Wir bleiben damit im Sinn der Sprache der Schrift, denn ich habe das Wort „ergazomai" tatsächlich an einer anderen, auch fast 3000 Jahre alten Stelle des Alten Testaments gefunden, im 2. Buch der Chronik. Und da heißt es wörtlich „Bäume fällen" und „Holzbearbeiten". Der grüne Garten ist uns also nicht nur vom Schöpfer zum Lustwandeln geschenkt, sondern auch zu Nutzung und Arbeit, Aufgabe und Verantwortung. Das ist die zeitlose Wahrheit des Ausdrucks „Bebauen".

Aber im Laufe der letzten Jahrzehnte ist das zweite Wort zu einer besonderen Aktualität erwacht: *behüten* (gr. „phylassein", hebr. „schamar"). Denn nun ist allerorten die Gefährdung des Waldes durch den Menschen selbst aufgetaucht. Und damit wird „behüten" zum Schwergewicht im Rahmen des göttlichen Appells. Sie dürfen hier alles heraushören, was an Initiativen des Natur- und Artenschutzes, an Erhaltung des Schutzwaldes und der großen Lungen tropischer Regenwälder über die Erde geht. Aber ich möchte versuchen, Ihnen ganz im Sinne des sprachlichen Befundes dieses alten Textes einen etwas tieferen Klang dieses „Behütens" zu erschließen. Der hier verwendete Ausdruck heißt nämlich eindeutig *ehrfürchtig behüten.* Er beschreibt den Umgang mit Kostbarkeiten, ehrwürdigen Dingen und heiligen Traditionen.

Und damit sind wir wiederum mitten in einem höchst aktuellen Problem. Es gibt nämlich ein „Behüten", das ein nüchternes, rational begründetes Aufpassen ist, wie die Bewachung eines Banktresors oder eben die Erkenntnis, dass die Ressourcen der Erde für nachfolgende Generationen auch noch reichen müssen und dass daher eine Pflicht zur Schadensbegrenzung schon aus wirtschaftlichen Erwägungen heraus geboten ist. So weit, so gut. Aber damit ist das „Behüten" der Genesis noch nicht getroffen.

Kostbares bewahrt man in einem Etui

Wir Menschen bewahren doch Perlenketten, Juwelen und antike Broschen nicht in Plastiksäcken oder Zigarrenschachteln auf, sondern eben im schonenden, schützenden Etui. Der Mensch braucht nun für alles Wertvolle, Kostbare, für alles Hochzuschätzende Etuis, das heißt im Gemüt tief verankerte Haltungen, die Werte schützen. Ein solches Etui ist zum Beispiel die Wahrung der Intimität. Dieses Etui wird in der Informationsgesellschaft oft weggeworfen. Ein anderes Etui ist ein gesundes Schamgefühl. Denn nur wenn sich jemand nicht mehr schämt, andere zu betrügen, ist der moralische Sinkflug eingeleitet. Das Etui, das hier in der Genesis angesprochen ist, ist das der Ehrfurcht. Es ist überall dasselbe. Der raffinierteste technische Höhenflug der medizinischen Wissenschaft nützt nicht viel, wenn das Etui der Ehrfurcht vor der Würde des Menschen fehlt. Wir brauchen dieses Etui für vieles in der Welt, vor allem auch für den Umgang mit der Natur.

Zu meinem Buch über die Berge hat mir einmal ein Ingenieur ein kritisches Wort geschrieben: „Was wollen Sie mit diesen schönen Aussagen über die Berge? Die Berge sind doch nichts anderes als zufällig zusammengekommene Steinhaufen …?"

Waldweg

Ich habe ihm geantwortet: „Natürlich sind sie das auch. Aber wenn man das Dasein so vordergründig materialistisch betrachtet, wird die Welt doch sehr arm. So betrachtet, sind Sie und ich nichts anderes als ein paar Liter Wasser mit ein paar biochemischen Verbindungen und Elementen, die übrigens ziemlich billig zu beschaffen wären. Aber wir sind doch beide viel mehr – nämlich Menschen – und in diesem Wort liegt so viel nicht einfach Messbares und Wägbares. Und wenn Sie, um ein anderes Beispiel zu wählen, Ihrer Frau einen Kuss geben, dann ist dies doch nicht nur ein physikalischer Vorgang mit einem gewissen Flüssigkeitsaustausch, oder, tirolerisch formuliert, das Zusammenklappen zweier Menschenpappen, sondern eben ein Signal, ein Ausdruck der Liebe und Verbundenheit. Es gibt unzählige Seiten der Realität, die nicht messbar sind.“

In der Erfahrung der Ehrfurcht vor dem Lebendigen repräsentiert sich der Wald eben nicht nur als so und so viele Meter Nutzholz, und ein Wasserfall ist nicht nur H_2O mit einer bestimmten Fallgeschwindigkeit und einem zu errechnenden Energieangebot. Beim „ehrfürchtigen Behüten“ der Genesis schwingt etwas mit von Geschenk und Schönheit in allen Dingen. Und weil sich unsere Zeit im Wegwerfen von Etuis so geübt hat, wird dieses „ehrfürchtige Behüten“ der Schöpfungsgeschichte so aktuell.

Gottes einschränkendes Forstgesetz

Und nun kommen wir bei unserer biblischen Forstexkursion in ein schwieriges Revier, zu Verbotstafeln, die irgendwie unverständlich sind. Hier werden die Forstgesetze Gottes wirklich zunächst rätselhaft. Da heißt es doch in Gen 2,16f:

> „Von allen Bäumen des Gartens dürft ihr essen. Aber vom
> Baum der Erkenntnis des Guten und Bösen dürft ihr nicht essen.
> Wenn ihr davon esst, müsst ihr sterben.“

Was soll das heißen? Was soll dieses Begehungsverbot in Gottes Baumbestand bedeuten? Zunächst scheint schon eines unlogisch: Wenn der Mensch erst weiß, was gut und böse ist, wenn er gegessen hat, dann kann das Essen selbst ja nicht böse sein. Ein Kind, das nicht weiß, was gut und was böse ist, kann ja auch nicht sündigen. Und weiters: Was soll schon böse daran sein, dass man Gut und Böse unterscheiden kann? Gehört das nicht zur Entfaltung des menschlichen Gewissens und der menschlichen Persönlichkeit? Müssen wir nicht in jeder Erziehung das im Auge behalten?

Das Rätsel dieser Stelle ist wiederum nur mit dem Blick auf altorientalische Literatur zu lösen.

„Erkennen, was gut und böse ist", heißt im alten Orient und der semitischen Sprachwelt immer „Oberster Richter sein", das heißt „Gott sein" (wir sprechen ja auch heute noch von einem richterlichen Erkenntnis). Das zunächst so unverständliche Verbot, vom Baum der Erkenntnis des Guten und Bösen zu essen, heißt also in unserer modernen Sprache: „Mensch, du hast den Garten der Welt, du sollst darin glücklich sein, du darfst ihn bebauen und musst ihn behüten. Aber eines darfst du nicht: Du darfst dich nicht zu Gott machen. Du bist nicht der Herr der Welt. Hüte dich vor Hybris und selbstherrlicher Arroganz, die sich über jedes Gebot hinwegsetzt. Das wäre dein Untergang. Denn *Ich* bin der Schöpfer des Seins, der Herr der Geschichte und der Schicksale und der Urgrund des Heils, nicht *du*!"

Das also ist Gottes einschränkendes Forstgesetz. Und wieder kann man dieser uralten Aussage die Aktualität nicht absprechen. Was uns Menschen zutiefst bedroht, ist die Hybris, die Selbstüberschätzung, die Vergötzung des eigenen Ego und das damit verbundene Überfahren anderer, das Verdrängen Gottes, der Rausch der Macht und die Arroganz der Macher.

Übrigens bestätigt die Heilige Schrift selbst diese Auslegung. In Gen 3,4 sagt die Schlange zu den Menschen:

„Keineswegs werdet ihr sterben: Wenn ihr von diesem Baum esst, werdet ihr sein wie Gott, der Gutes und Böses erkennt."

Ein berühmter deutscher Tiefenpsychologe hat einmal zu mir gesagt, er wisse keine Stelle der Weltliteratur, die das Böse treffender zum Ausdruck bringt als diese Stelle der Genesis. Das bedeutet das göttliche Baumverbot.

Und damit brechen wir die biblische Forstexkursion ab. Sie sehen, dass Baum und Garten, Wald und Grün eine Tiefendimension haben, die auch ein Licht auf Ihre so wichtige Berufsarbeit wirft und sie adelt.

Die „ethischen" Schutzwälder

Wir finden uns beide bei den Bäumen wieder, der Forstfachmann und der Altbischof. Und wenn Sie heute Nachmittag sich noch mit dem schwierigen Thema des Bann- und Schutzwaldes unterhalten, das entscheidend für das Leben in unseren Tälern ist und sie vor Verwüstung und Zerstörung durch Muren und Lawinen bewahrt, dann treffen wir uns wieder. Mir geht es auch um die Lawinenstriche und Murbrüche unserer Zeit. Denn mit den ethischen Schutzwäldern der Gesellschaft ist man ja ziemlich sorglos umgegangen. Mit den Motorsägen moderner Kommunikation sind sie munter in die Steilhänge gezogen – die Tabubrecher und Moralverächter, die Gemütszerstörer und Brutalitätspropagandisten – und haben die Bannwälder abgeholzt. Und Aufforsten dauert nun einmal viel länger als kahl schlagen. Auch darin treffen wir uns mit unseren Erfahrungen. Und wenn Sie die Überalterung der Schutzwälder beklagen – ich habe ähnliche Probleme, wenn ich auf das Durchschnittsalter des Klerus schaue. Und Ihnen wir es so gehen wie mir, dass manche, die es angeht, die Gefahr nicht begreifen.

Damit möchte ich Sie aus dieser Exkursion entlassen. Vielleicht mit einer Erinnerung an den Garten des Glücks – und dass es Gott gut mit uns meint. Vielleicht bewahren Sie etwas von der hohen Aktualität des Bebauens und des Behütens und dem Etui der Ehrfurcht, das wir gegenüber der Natur brauchen – ausgepolstert mit dem Samt eines kultivierten Gemüts und der Heimatliebe. Und möglicherweise fällt Ihnen auch bei Gelegenheit ein, was Gott mit seinem strengen Forstschutzgesetz rund um den Baum der Erkenntnis gemeint hat. Ich bin überzeugt, dass Ihnen Ihr wunderbarer Beruf hilft, die tieferen Dimensionen des menschlichen Lebens besser zu verstehen.

Christsein in der Welt von heute

Die Zeit, da Christsein von der Wiege bis zum Grabe von Tradition und Brauchtum bestimmt war, ist längst vorbei. Christsein in der Welt von heute ist ein andauerndes Suchen und ein Ringen um eine zeitgerechte Gestalt des Glaubens. Papst Paul VI. hat mit Nachdruck darauf hingewiesen, dass es dabei nicht nur um den innerkirchlichen Dialog, sondern auch um den Dialog mit der Welt gehe. In diesem Sinn hat Reinhold Stecher dem Dialog mit Natur- und Geisteswissenschaften und ganz besonders mit den Humanwissenschaften große Bedeutung zugemessen. Daher ist er auch als Bischof in die Arena der geistigen Auseinandersetzungen gestiegen und hat um ein christliches Menschenbild für heute gerungen. In den Denkanstößen zur christlichen Erwachsenenbildung geht es um den Rahmen einer zeitgerechten Glaubensvermittlung, in den Gedanken zu Dichtung und Glaube um das wache Hören, was der Dichter dem Glaubenden für sein Christsein zu sagen hat.

Gläubiges Herz und forschender Geist

Über das Christsein und die wissenschaftliche Forschung

Universität Innsbruck (1990)

Wie sollen wir die beiden Dinge zusammenordnen – gläubiges Herz und forschender Geist? Stehen hinter diesen beiden tragenden Zentren des Lebens nicht große Fragezeichen? Oder nur ein ganz unbekümmertes, unbeschwertes Rufzeichen? Oder nur ein schwerer, eindeutiger Trennungsstrich? Soll man beides einfach auseinanderhalten, so nach einer Art Stockwerktheorie, in der der Religiosität eine Wohnung im Kellergeschoss der Emotion und des Irrationalen zugewiesen wird und der kühle Geist der Wissenschaft in die oberen Stockwerke einzieht?

Ich will versuchen, die aufsteigenden Gedanken, Überlegungen und Bedenken etwas zu ordnen und klarzustellen, wie man wohl als katholischer Christ über die Spannung denken kann, die nun einmal über den beiden genannten Begriffen liegt. Ich möchte das in einer Art „Brainstorming" tun, weil eine gründliche Befassung ja nicht in die Dimensionen einer abendlichen Besinnung passt.

Grundsätzliches

Ein mutiges Ja

Wenn wir bedenken,

* dass im Licht des Glaubens alles Sein in Gott wurzelt und nur in ihm besteht,
* und dass das Erfassen der Wahrheit im Letzten eben doch eine annähernde Übereinstimmung des Denkens mit dem Sein ist,
* und dass dieses Streben nach immer tieferem Erkennen ein Urtrieb des Menschen ist, der eben – anders als alle sonstige Kreatur auf Erden – als *fragendes* Wesen geboren wird,
* und dass unser Wahrheitserkennen immer weiter drängt, weil es gleichzeitig ja immer beschränkt ist und darum vor immer neuen Türen steht, die aufgemacht werden wollen,
* und dass klareres Wissen und gründlicheres Erfassen der Wirklichkeit immer auch die Chance zu besseren Lösungen menschlicher Probleme bringen kann, einen Beitrag zur Minderung des Leids und zu einer gerechteren Welt,
* und dass die Weitung des Horizonts und die tiefere Einsicht auch einen Zuwachs an Persönlichkeit und menschlicher Erfüllung bringt,
* und dass der Glaube selbst durch Forschen und Reflektieren reifer, überzeugungstiefer, immuner gegen Irrtum und glaubwürdiger in seiner Weitergabe werden kann,
* und dass der erschaffende Gott dem erlösenden nicht widersprechen kann,
* und dass darum so genannte Widersprüche zwischen Glaube und wissenschaftlicher Forschung immer nur eine Fehlerquelle haben können: unsere Missverständnisse, Defizite und Beschränktheiten als Glaubende und Wissende,

wenn wir das alles bedenken, dann können wir als gläubige Menschen zum Abenteuer der Forschung nur ein grundsätzliches *Ja* sagen.

Und ich muss gleich hinzufügen: Eine Kirche, die den Glauben durch die dynamischste Epoche der Weltgeschichte tragen soll, *muss* zum forschenden Geist dieses Ja sagen. Wenn sie sich aus irgendeinem Grund davor fürchtet und es zurücknimmt, schert sie aus dem Strom der Zeit aus und dümpelt mit ihrem Schiff in toten Seitenarmen der Geschichte, im Getto. Manchmal ist die Bootsreise durch den Kanon der Weltgeschichte eben eine Wildwasserfahrt, bei der man selbst etwas Wasser im Boot riskieren muss.

Ein hohes Verantwortungsbewusstsein

Wenn wir uns aber nun weiter vor Augen halten,

✳ dass Naturwissenschaft nur sagen kann, was ist, aber nie, was sein soll (nach Einstein),

✳ und dass menschliches Wissen ohne Ethos in verhängnisvoller Weise missbraucht werden kann,

✳ dass unzählige Male Forschung, Wissenszuwachs nur als Wasser auf die Mühlen von Macht und Vorteil gewertet werden,

✳ dass die nur „wissenschaftliche" Sicht im Sinne eines Positivismus nur eine Reduktion von Wirklichkeit bringen und durchaus auch einen Abbau des Humanen bringen kann,

✳ dass manche Erkenntnisse, die in falsche Hände geraten, zur Zerstörung der Welt, der Irreführung der Gesellschaft und der Ausbeutung des Menschen benützt werden,

✳ dass im heutigen Tempo des Erkenntnisfortschritts sich das Wissen der Menschheit innerhalb von zehn Jahren verdoppelt,

✳ und dass die Lösungen der großen Menschheitsfragen, der Entfaltung und des Überlebens, immer komplizierter werden und immer genauere Einblicke in die Wirklichkeit erfordern,

✳ und immer mehr Kooperation und Fachwissen,

✳ und dass bei der Macht, die der Mensch durch den siegreichen Griff auf die Schöpfung im Aufschwung der Naturwissenschaft und Technik erworben hat, eben dieser Griff auch immer folgenschwerer und katastrophenträchtiger werden kann, wenn wir das alles bedenken, dann können wir als gläubige Menschen das *Ja* zur Forschung nur aussprechen, wenn sie mit großem *Verantwortungsbewusstsein* gepaart ist.

Und da besteht nun kein Zweifel, dass die wissenschaftlich-technischen Möglichkeiten, die wir entwickelt haben, vom Ethos eines verantwortungsvollen, wertenden, wägenden und liebenden Herzens keineswegs überall eingeholt sind. Wir haben schwere Defizite. Irgendwo fährt der Wagen der Menschheit mit dem Tiger im Tank und dem Esel am Steuer. Es ist aber bemerkenswert, wie gerade heute durch wissenschaftliche Tagungen aller Art der Ruf nach ethischer Fundierung hörbar wird.

In tiefer Demut

Und wenn uns weiterhin klar wird,

* dass unser Wissen, auch das Glaubenswissen, Stückwerk ist und dass unzählige Erkenntnisse revidierbar sind,
* dass nur sehr Vordergründiges einigermaßen exakt, Hintergründig-Lebenstragendes aber nur in einer Wolke konvergierender Wahrscheinlichkeiten erfasst werden kann, wie es der große Newman formuliert hat,
* dass also die Sicherheit einer ethischen Wahrheit viel, viel mühsamer zu erwerben ist als die einer einfachen Rechnung,
* und dass der Mensch in hohem Maße nicht nur ein Wissender und im Wissen Wachsender, sondern auch ein Irrender und in hohem Maße Vergessender, ein geistiges Mängelwesen ist, um mit Arnold Gehlen zu sprechen,
* dass wir also nicht nur Homo sapiens, sondern auch Homo errans und obliviscens sind, also nicht nur weise, sondern auch irrend und vergesslich sind,
* und dass wir trotz aller Gescheitheit immer wieder zu Reduktionismen und Simplifikationen neigen,

und wenn wir uns vor allem vor Augen halten,

* dass alles Wissen der Menschheit, auch der heutigen mit den unablässig speichernden Computern, nur eine winzige Insel im Ozean

des nie Wissbaren und unergründlichen Mysteriums ist, eine winzige Koralleninsel, deren Riffe die fleißigen Tierchen der Forscher zwar immer wieder hinausschieben, die aber eben doch nur ein lächerliches Atoll bleibt,

wenn wir das alles erwägen, dann können wir als gläubige Menschen unser verantwortungsbewusstes *Ja* zur Forschung nur *in tiefer Demut sagen*.

Nur mit diesem Dreiklang im Herzen – dem *mutigen Ja*, dem *hohen Verantwortungsbewusstsein* und *der tiefen Demut* – kann ich als Gläubiger in das Reich der Labore und Mikroskope, der Kernforschung und der biologischen Stationen, der historischen Detailsuche und der großen kompilatorischen Werke, der Versuchsstätten der Energiegewinnung und der verschiedenen Einstiegsschächte in die Tiefen der menschlichen Psyche und in die heilige Theologie eintreten.

Konfliktfelder

Es wäre unredlich, wenn wir uns an Konflikten zwischen Glaube und Forschung vorbeischwindeln würden. Sie sind ein Faktum, und zwar schon in der Vergangenheit.

Ich gehe zunächst von der Tatsache aus, dass eine – scheinbar gesicherte – Erkenntnis des forschenden Geistes einer – scheinbar klaren – Wahrheit der Offenbarung oder feierlich formulierten Wahrheit eines Dogmas widerspricht. Das ist der Ernstfall im eigentlichen Sinn. Denn wenn der Widerspruch eine Aussage betrifft, die zwar das authentische, aber nicht feierliche Lehramt des Papstes oder des Konzils, also das so genannte „magisterium ordinarium" gemacht hat, liegen die Dinge ja etwas anders.

Im ersten Fall gibt es nur zwei Möglichkeiten, und sie haben sich immer wieder als bedenkenswert herausgestellt und man sollte daraus Vorsicht lernen. Entweder wurde in der Kirche eine Aussage der Schrift oder der eigentliche Inhalt eines Dogmas nicht richtig verstanden, oder man hat auf der anderen Seite im ersten Rausch der Entdeckung Erkenntnisse verabsolutiert, die später doch modifiziert werden mussten, oder es liegt beides vor, und der ganze Streit ist jenem mühsamen Prozess des Lernens durch Irrtum zuzuordnen, dem aller Fortschritt nach dem Willen des weisen Herrn der Welt untergeordnet ist, vermutlich zu dem Zwecke, dass wir Demut lernen, eine Tugend, die von den Schreibtischen der Forscher eben bis in die stillen Räume der Glaubenskongregation gebraucht wird. Auch in einer unfehlbaren Kirche gibt es sehr viel Fehlbarkeit.

Der Schöpfungsbericht

Wenn ich dazu ein Beispiel erwähnen darf, das ich in meinem Leben selbst noch als Problematik mitbekommen habe, so betrifft das zweifellos das Verständnis des *Schöpfungsberichtes*.

Was sagen diese Erzählungen der Genesis, die wir von Kindheit an gehört haben, die auf der einen Seite eine faszinierende Schlichtheit und Farbigkeit besitzen, auf der anderen beim immer mehr Bescheid wissenden Menschen des 20. Jahrhunderts ein wachsendes Unbehagen ausgelöst haben, nicht nur beim Naturwissenschaftler, sondern bei einfachen Müttern und bei den Kindern in der Volksschule? Fundamentalisten bleiben bei den sechs Tagen der Weltentstehung. Solcher „Glaube" nimmt Abschied vom Hausverstand, und wir wissen, was für verheerende Wirkungen die Trennung von Glaube und Wissenschaft in der Neuzeit mit dem Fall Galileo Galilei gehabt hat, der durch derartige Fundamentalismen verursacht wurde (wenn auch Galilei vor allem wegen seiner Lehre von der Materie gefährlich erschien).

Die Lösung des Genesisproblems lag sicher in der literarischen Erforschung, in der Feststellung des literarischen Genus und der übrigens einfach großartigen Bild- und Symbolsprache des Alten Orients. Erst dann konnten die Exegeten aufhören, verzweifelt an der Rippe des Adam herumzunagen, was sie während meines Studiums noch getan haben. Die Wende brachte die Enzyklika „Divino afflante Spiritu" von Pius XII. Vieles wurde damit überflüssig, was fromme Gemüter bis dorthin zu kämpferischem Auftreten bewogen hatte: Man denke nur an die Aufregung über Darwin. Nur einer blieb damals gelassen: der englische Theologe und Kardinal John Henry Newman, der gewittert hat, dass Darwin in manchem Recht hatte. Auch die Empörung von Frauenrechtlerinnen, die die inkriminierende Abstammung aus der Rippe des Mannes nicht akzeptieren wollten, war hinfällig. Wenn man den Schlüssel kennt, kann man großartige Erkenntnisse über die Grundbefindlichkeit des Menschen zu Gott, sein Verhältnis zur Schöpfung, sein Wesen als Mann und Frau, seine Berufung und seine Brüchigkeit ablesen. Der Schöpfungsbericht der Heiligen Schrift stellt alle Mythen der Hochkulturen in den Schatten.

Das alles konnte also dadurch bereinigt werden, dass der erleuchtete Glaube Ja zur Forschung sagte. Selbst im Heiligsten des Heiligen, in der Heiligen Schrift, muss ich Ja zur nüchternen Forschung sagen, sonst wird sie sehr rasch eine Fundgrube für Fanatiker und ein Traumbuch für Phantasten und eine ständige Quelle völlig unnötiger Glaubensschwierigkeiten. Selbst etwas so Kostbares wie die Schrift ist in ihrer Gestalt und Überlieferung der Fehlerhaftigkeit und Fragwürdigkeit des Menschen ausgesetzt und war nie sicher vor Verfälschungen, die wiederum nur durch Forschung revidiert werden konnten.

Übersetzungen können irren

Vielleicht darf ich hier ein kleines Erlebnis beisteuern, das ich in meiner Studienzeit hatte. Ich habe damals mehrere Jahre im alttestamentlichen Seminar der Theologischen Fakultät zu Innsbruck gearbeitet, mit wenig fachlichen Voraussetzungen, aber mit jenem ungebrochenen Forschungsdrang, den man nur haben kann, wenn man nicht weiß, was man alles wissen müsste. Und da ich zwei Jahre lang der einzige Teilnehmer eines Spezialseminars war und deshalb ziemlich oft drankam, gab mir der Professor als Lehrlingsarbeit einen Psalm zur Übersetzung und textkritischen Untersuchung. Es war der Gewitterpsalm 29, und in ihm kam die Stelle vor:

„Der Herr zerschmettert die Zedern (des Libanon),
und bringt die Hirschkühe zum Gebären …"

An dieser Stelle hat sich mein literarisches Empfinden gesträubt, das doch schon ein wenig an der Dichtkunst des Alten Orients geschult war. Der Gedankengang passte so gar nicht zu den immer im Parallelismus geformten Versen des unbekannten Poeten. Er wirkte absurd, selbst beim Breviergebet habe ich über diese Hirschkühe angewidert darüber gemurmelt. Ich bin nun also auf die Pirsch gegangen und habe die Spuren der Rotwilddamen verfolgt. Ich habe unzählige Übersetzungen eingesehen, aber sie brachten ihre Kälbchen in allen Sprachen zur Welt, in Lateinisch und Griechisch, in Hebräisch und Aramäisch, in Arabisch und Syrisch, in Englisch und Französisch, in Spanisch und Italienisch – die Hirschkühe waren nicht auszurotten. Die Humanisten der Renaissancezeit haben sie genauso gebetet wie die Mönche des Mittelalters, und der heilige Hieronymus hat sich im ersten Jahrtausend über die Viecher genauso gewundert, die da bei Blitz und Hagel Mutterfreuden erwarteten, wie die gelehrten Erklärer und Kommentatoren der Heiligen Schrift, die mit gerunzelter Stirn das Phänomen durch die Jahrhunderte umstanden und ihren ganzen Witz aufwandten, um der Sache beizukommen. Es müsse sich, so sagten sie, um einen Fall so genannter naiver Naturbetrachtung gehandelt haben. Wahrscheinlich hätten die Menschen des Altertums angenommen, dass das Wild während Gewittern besonders gerne Junge warf ... Es wurde unheimlich viel Scharfsinn und Rationalisierungskunst rund um dieses altorientalische Jägerlatein, will sagen Jägerhebräisch, verwendet.

Ich habe nun, mehr spielerisch als verbissen-bohrend, den Vers mit den Hirschkühen noch einmal in Hebräisch aufgeschrieben, aber so, wie man es damals schrieb, ohne Wortabstände und ohne Vokale, einfach eine Zeile einzelner hebräischer Buchstaben. Und wie es der Zufall will, habe ich eine einzige kleinwinzige Veränderung vorgenommen: Ich habe bei einem Jod, dem kleinsten Buchstaben (den ja auch Christus als solchen erwähnt) den Haarstrich zwei Millimeter nach unten verlängert, und so wurde ein „Waw" draus. Und nun habe ich die Buchstaben in neuer Wortkombination zusammen gelesen – und siehe da, auf einmal hieß der Satz:

Gewitterstimmung über dem Rosskogel in den Stubaier Alpen

„Der Herr zerschmettert die Zedern,
entwurzelt die Bäume …"

Das klang. Ich bin aufgeregt zu meinem Professor gelaufen, ganz in der Verfassung des berühmten Huhns. Er – ein hervorragender Fachmann in alten Sprachen – war beeindruckt. Er hat selbst mit mir noch einmal alle Bibelübersetzungen der Erde angeschaut. Ganze Rudel von Hirschkühen sind an uns vorübergezogen. Und da – eine eben in den USA herausgekommene Übersetzung hatte *meine* Version. Ein anderer hatte die Hirschkühe wissenschaftlich bereits mit Blattschuss erlegt. Nach dieser etwas enttäuschenden Wendung habe ich mich dann von der Textkritik ab- und der Seelsorge zugewandt, wo einem bekanntlich niemand Hirschkühe vor der Nase wegschießen kann, wenn man sie schon im Zielfernrohr hat. Aber seitdem berauschen sich also die Psalmbeter an den Gewitterbildern von rauschenden Bäumen und brechenden Ästen und werden nicht mehr durch kreißende Hirschkühe verwirrt.

Das kleine Erlebnis hat mir eigentlich doch fürs ganze Leben etwas gebracht. Die Frömmigkeit darf den Hausverstand nie ins Ausgedinge schicken, und auch in langwährenden Traditionen kann Irriges stecken. Und der Versuch, gegen solches anzugehen, ist absolut kein arroganter Rationalismus, sondern letztlich ein Dienst an der ewigen Wahrheit. Ich wüsste auch heute da und dort heilige Kühe, die ungebührlich lange in der Kirchengeschichte herumgrasen und manchmal mehr Schaden anrichten als der alttestamentliche Wildbestand auf dem Libanon und die für den wissenschaftlichen Blattschuss reif wären.

Mir hat ein sehr frommer, aber sehr nüchterner Exeget gesagt, wie ich mit dem wissenschaftlichen Arbeiten begann: „Merken Sie sich – haben Sie nie *zu viel* Respekt vor dem, was Menschen geschrieben haben …"

Natürlich kann der forschende Geist auch irren. Natürlich kann er das Kind mit dem Bad ausschütten, auch das göttliche Kind – aber so oft man sich in der Kirche dem forschenden Geist ängstlich entzogen hat, musste man dies mit schweren Zinsen bezahlen. Und darum ist eine autoritäre Blockierung des Forschens gefährlich. Natürlich ist ein Konflikt Wissenschaft/Lehramt auch innerkirchlich mit Behutsamkeit zu behandeln, auch wenn es sich um das nicht unfehlbare Lehramt handelt, und es ist nicht so, dass immer und überall die Wissenschaft Recht behalten hat. Und es ist durchaus unter Umständen geboten, um der Fraglichkeit der eigenen Positionen willen etwas Zurückhaltung mit der öffentlichen Pauke zu halten. Andererseits gibt es auch Grenzen ehrfürchtigen Schweigens. Paulus hat diese Grenze bewusst überschritten, als die Kirche durch eine Engführung des Petrus und der streng-jüdischen Partei in Gefahr war. Andererseits hat sich in der Geschichte der Theologie auch gezeigt, wie Einseitigkeiten von Theologen schwerwiegende Folgen ausgelöst haben und die Korrektur von Seiten des Lehramtes unbedingt nötig hatten.

Ich verlasse das Thema „Gläubiges Herz – forschender Geist" keineswegs mit triumphalen Gefühlen. Ich weiß, dass es bei aller grundsätzlichen Koordinierung doch immer auch schmerzliche Entfremdungen und Missverständnisse gegeben hat, von der einen wie von der anderen Seite. Und darum bin ich so vorsichtig mit allzu selbstsicheren Erklärungen in Detailfragen. Und darum muss ich auch selbst immer wieder Zuflucht nehmen zu dem, der alles Sinnen, Trachten, Denken, Forschen, Lehren und Glauben der Menschen leitet, und der seine Weisheit in der Heilsgeschichte entfaltet.

Die Weisheit als tiefe Welteinsicht

Und so schließe ich mit einem Text der Heiligen Schrift, den ich als „Magna Charta des forschenden Geistes und des gläubigen Herzens" bezeichnen möchte. Er entstand in einem geistesgeschichtlich außerordentlich bedeutsamen Milieu, im zweiten Jahrhundert vor Christus, in Ägypten, wo in den jüdischen Gemeinden der Diaspora die Begegnung der semitischen und griechischen Geisteswelt stattfand. Diese große Begegnung hat ihren Niederschlag im Buch der „Sapientia Salomonis" gefunden, und im Besonderen im Begriff der *Weisheit*, die aus dem Osten als heilige, von Gott ausströmende Dynamis kam, als weltumspannende Emanation, und im Westen als neue und tiefe Welteinsicht aufstrahlte.

So finden wir in diesem Text alles: die ganze Entdeckerfreude des forschenden Geistes, der zum ersten Mal systematisch das Sein durchdringt. Wenn man mit den Begriffen unserer Zeit in diesen Text hineinhört, dann taucht alles auf: Physik und Mathematik, Chemie und Geschichtswissenschaft, Astronomie und Biologie, Botanik und Verhaltensforschung, Philosophie und Psychologie, Medizin und Pharmakologie … Und auf der anderen Seite offenbart diese „Dynamis der Weisheit" die ganze Eingebundenheit in das Religiöse und Gnadenhafte. In diesem Begriff der Weisheit sind Horizontale und Vertikale ausgeglichen, und alles ist aus diesem Text zu unserem Thema herauszuhören: das Ja zum forschenden Geist, das Verantwortungsbewusstsein und die tiefe Demut:

Mir aber gewähre Gott, nach meiner Einsicht zu sprechen
und zu denken, wie die empfangenen Gaben es wert sind;
denn er ist der Führer der Weisheit
und hält die Weisen auf dem rechten Weg.
Wir und unsere Worte sind in seiner Hand,
auch alle Klugheit und praktische Erfahrung.
Er verlieh mir untrügliche Kenntnis der Dinge,
so dass ich den Aufbau der Welt und das Wirken der Elemente verstehe,
Anfang und Ende und Mitte der Zeiten,
die Abfolge der Sonnenwenden und den Wandel der Jahreszeiten,
den Kreislauf der Jahre und die Stellung der Sterne,
die Natur der Tiere und die Wildheit der Raubtiere,
die Gewalt der Geister und die Gedanken der Menschen,
die Verschiedenheit der Pflanzen und die Kräfte der Wurzeln.
Alles Verborgene und alles Offenbare hab ich erkannt;
denn es lehrte mich die Weisheit,
die Meisterin aller Dinge.
In ihr ist ein Geist –
gedankenvoll, heilig, einzigartig, mannigfaltig, zart, beweglich,
durchdringend, unbefleckt, klar,
unverletzlich, das Gute liebend, scharf,

nicht zu hemmen, wohltätig, menschenfreundlich,
fest, sicher, ohne Sorge, alles vermögend, alles überwachend
und alle Geister durchdringend,
die denkenden, reinen und zartesten.
Denn die Weisheit ist beweglicher als alle Bewegung;
in ihrer Reinheit durchdringt und erfüllt sie alles.
Sie ist ein Hauch der Kraft Gottes
und reiner Ausfluss der Herrlichkeit des Allherrschers.

(Weish 7,15–25)

Das christliche Menschenbild

THEOLOGISCHE FAKULTÄT
INNSBRUCK (2002)

Es gehört zum Wesen des Menschen, über sich nachzudenken. Diese Reflexion über sich selbst kündigt sich schon in prähistorischen Funden an, beschäftigt immer stärker das erwachende Denken der Hochkulturen und Religionen – aber mit dem Beginn der Neuzeit setzt eine umfassende wissenschaftliche Forschungsreise in Richtung Mensch ein. Es entfalten sich die anthropologischen Wissenschaften. Die Psychologie versucht in all ihren Sparten in die seelischen Tiefen und Antriebe des Rätsels Mensch vorzudringen, die Medizin sammelt täglich neue Erkenntnisse, die der Heilung und dem Wohlbefinden dienen. Die Biologie stößt in die Geheimnisse des Menschen vor und in das Wunderwerk seines Gehirns, in die Grenzlandschaft von Geist und Materie. Andere haben die Evolution im Auge und damit wiederum eine Grenzlandschaft zwischen Mensch und Tier, auf der Suche nach Gemeinsamem und Unterscheidendem. Die soziologischen Wissenschaften loten den Menschen als Gesellschaftswesen aus. Die Philosophiegeschichte verfolgt ihn als reflektierendes Wesen, als Ringenden um Sinnhorizonte. Und so wächst das moderne Menschenbild mit seinen kaum mehr vom Einzelnen zu überschauenden Facetten – als „Animal rationale"[5], als „Homo creator"[6], „Homo faber[7] et oeconomi-

---

5   Lat. Denkfähigkeit des Menschen (Anm. d. Hg.).
6   Lat. der schöpferische, kreative Mensch (Anm. d. Hg.).
7   Lat. der schaffende Mensch (Anm. d. Hg.).

cus"[8], als „Zoon politikon"[9], als „Homo ludens"[10] in allen Bereichen der Kunst, der Kultur und des Schönen – und als „Homo religiosus"[11] – einer Dimension, die in der Menschheitsgeschichte nicht zu übersehen ist.

Die Versuchungen

Diese ungeheure Erweiterung des Wissens rund um den Menschen, die natürlich wie aller Erkenntnisgewinn im Sinne Poppers immer wieder nach dem Gesetz von Versuch und Irrtum und ständiger Revision verläuft, hat selbstverständlich auch Konflikte gebracht, sowohl zwischen Wissenschaft und Kirche wie auch innerkirchlich. Im kirchlichen Bereich war man auf falscher Fährte, wenn man in der Interpretation an Positionen festhielt, die auf einem Fehlverständnis der Offenbarungsschriften beruhten, für deren Erklärung man ein wachsendes philologisches und literarisches Wissen brauchte. Manchmal lehnte man auch innerkirchlich in einer gewissen Gettomentalität durchaus richtige und beherzigenswerte Erkenntnisse ab, weil ihre Entdecker und Urheber weltanschaulich auf einer anderen Ebene zu Hause waren. Auf der Seite der Wissenschaft ergeben sich immer wieder die Versuchungen zu einem Reduktionismus, der mit der Formel „Der Mensch ist nur …" arbeitet („Der Mensch ist nur von libidinösen oder sozialen Antrieben geprägt", „Der Mensch ist nur ein Produkt von Genen und Umfeld", „Ethos und Gewissen sind nur durch biophysikalische und biochemische Vorgänge zu erklären", „Geist ist nur eine kompliziertere Gehirnfunktion", „Der Mensch ist nur ein entwickelteres Tier" usw.). In allen diesen Reduktionismen verbergen sich auch echte Entdeckungen, aber in ihrer Ausschließlichkeit werden sie eben dem Wesen Mensch nicht

---

8   Lat. der wirtschaftlich denkende Mensch (Anm. d. Hg.).
9   Gr. der Mensch als soziales, politisches Wesen (Anm. d. Hg.).
10 Lat. der spielende Mensch (Anm. d. Hg.).
11 Lat. der religiöse Mensch (Anm. d. Hg.).

gerecht. Darum hat Viktor Frankl bekanntlich gegen diesen Reduktionismus so leidenschaftlich protestiert.

Die Krise eines rein biologistisch-naturalistisch-materialistischen Menschenbildes beginnt immer dann, wenn es um die unveräußerliche *Würde* des Menschen und damit auch um die Formulierung fundamentaler *Rechte* des Menschen geht. Der Verlauf der Geschichte des 20. Jahrhunderts mit den Verirrungen des dümmlich-vitalistisch-rassistischen Menschenbildes des Nationalsozialismus und den Konzeptionen des dialektischen Materialismus mit ihren furchtbaren Wirkungen muss uns immer zu denken geben. Darum muss sicher – auch für die Kirche – die Reise in das geheimnisvolle Wesen des Menschen mit größerer Umsicht, Vorsicht und Lernbereitschaft angetreten werden. Ich glaube, dass ich damit auch die Zielsetzung dieser Veranstaltung anspreche.

Wie könnte man nun das christliche Menschenbild in seinen fundamentalen, bleibenden Zügen sehen? In den naturwissenschaftlich fassbaren Details werden ja immer wieder neue Erkenntnisse auftauchen, für die ich auch als Christ dankbar sein muss – und immer wieder wird vom Glauben her zu überlegen sein, was die wirklich bleibende Botschaft über den Menschen ist. Darf ich diese Botschaft in wenigen Sätzen anzudeuten versuchen?

Der Mensch – ein geschaffenes Wesen

Das christliche Menschenbild sieht den Menschen als *geschaffenes, personales Wesen*. Wenn ich dazu den berühmt gewordenen Satz der Genesis beisteuern darf: „Gott schuf den Menschen nach seinem Bild und Gleichnis", so heißt das nach dem altorientalischen Bild- und Sprachgebrauch, dass der Mensch sozusagen „dem Vater gleichsieht", also nicht nur ein Stück Materie, ein Stück „Bios" ist, sondern eben zu einer personalen Beziehung zu Gott berufen ist, die man auch als Kindschaft Gottes bezeichnet.

Der Mensch – ein freies Wesen

Im christlichen Menschenbild wird der Mensch als *freies, Verantwortung tragendes Wesen* gesehen. Freilich müssen wir zur Kenntnis nehmen, dass die tieferen anthropologischen Einsichten des wissenschaftlichen Zeitalters viele biologische, psychophysische und soziale Bedingtheiten des Menschen entdeckt haben, die seine Freiheit einschränken und manchmal aufheben. Aber wenn man ihn nur noch als konditioniertes Wesen sieht, wird moralische Verantwortung ein Leerwort. Der Mensch weiß um ein Wissen besonderer Art, ein Wissen, das seine innerste Person berührt und damit eine eigene Verbindlichkeit hat, und er hat dieses Wissen linguistisch mit einer kleinen Vorsilbe akzentuiert: Ge-wissen, con-scientia (lat.), conscience (engl.), coscienza (ital.), conscience (fr.), syn-eidesis (gr.). Die altägyptischen Hieroglyphen haben für dieses die innerste Persönlichkeit berührende Wissen das Schriftbild „Herz" gewählt.

Der Mensch – ein Du-Wesen

Im christlichen Menschenbild wird weiters der Mensch als *Du-Wesen* gesehen. In der tiefsinnigen Geschichte von der Erschaffung der Frau, die als Symboltraum gestaltet ist, wird das zum Ausdruck gebracht: „Es ist nicht gut, dass der Mensch allein sei." Und im Zuge dieser Traumerfahrung (der Traum weist auf die Tiefenbedeutung der Aussage hin) wird auch die Gleichwertung von Mann und Frau in verschiedener Weise zum Ausdruck gebracht – was in einer patriarchalischen Gesellschaft besonders verwunderlich ist. Aber selbst die Erschaffung aus der berühmten Rippe, an der Exegeten und Theologen lange herumgenagt haben, erschien mir in einem anderen Lichte, als ich in einem altarabischen Sprichwort den Satz fand: „Du bist meine Rippe" – d. h. „Wir zwei sind ein Herz und eine Seele." In diesem Punkte, dass der Mensch ein Du-Wesen ist, das zu seiner Entfaltung und Menschwerdung immer ein Du braucht, trifft man sich wohl auf weiten Strecken mit modernen anthropologischen Erkenntnissen. Die Du-Orientierung des

Auf dem Cours Mirabeau in Aix-en-Provence

Menschen entfaltet sich im Alten und Neuen Testament dann immer deutlicher zum Gebot der Liebe.

Der Mensch – ein konfliktträchtiges Wesen

Das christliche Menschenbild sieht aber den Menschen auch als *konflikt-trächtiges und gebrochenes Wesen*. Das springt uns nicht nur bei einem ehrlichen Blick auf uns selbst, sondern wohl auch bei jedem Blick auf die Zeitung oder die Fernsehnachrichten ins Auge. Das Christentum sieht die tiefste moralische Gefährdung des Menschen in seiner Hybris, im hemmungslosen Kult des Ego, im Nur-mehr-Bestimmtsein von Lust, Rausch, Macht, von Geltungs- und Besitztrieb, von Rücksichtslosigkeit und Selbstherrlichkeit. In der uns ungewohnten Bildsprache der Genesis ist da so ausgedrückt: Gott stellt den Menschen in den Garten – in der Poesie des Orients immer das Symbol des Glücks. Aber er sagt: „Vom Baum der Erkenntnis des Guten und des Bösen darfst du nicht essen!" „Erkennen, was gut und böse ist" heißt in Sprache des Alten Orients „oberster Richter sein", also „Gott sein". So heißt die Stelle also in unserer Sprache: „Mensch, du hast die Welt, den Garten, den du bebauen und behüten sollst. Aber eines darfst du nie: Du darfst dich nie zu Gott auf-schwingen. Du bist nicht das Maß aller Dinge." Und so wird nun der Mensch im christlichen Menschenbild als ein versagendes, bedrohtes, belastetes und erlösungsbedürftiges Wesen gesehen. Und die Tatsache, dass der Mensch als Belasteter in eine belastende, keineswegs idyllische Welt eintritt, wurde im christlichen Menschenbild mit dem nicht ganz glücklichen Wort „Erbsünde" umschrieben.

Der Mensch – ein erlöstes Wesen

Seine eigentliche Aura, seinen Glanz erhält das christliche Menschen-bild aber damit, dass der Mensch trotz aller Verhängnisse und Verstri-ckungen als fundamental geliebt, erlöst und zur Geborgenheit berufen gesehen wird. Und dieses Erlöstsein gelingt – trotz alles notwendigen moralischen Strebens – nicht aufgrund seiner Leistungen und Verdienste, auch nicht aufgrund der Gewinnung selbsterlösender Meditations- und Konzentrationspraktiken, sondern letztlich nur darum, weil sich der unendliche Gott zum Menschen neigt und ihn in Liebe umfängt. Dieses Schweigen Gottes erreicht seinen Höhepunkt in Christus. Und diese erlösende Liebe Gottes wählt den Weg der *Trotzdemliebe*, weil auch im zwischenmenschlichen Bereich die Trotzdemliebe die höchste Form der Liebe ist. Hierin liegt die Bedeutung des Kreuzes für das christliche Menschenbild. „So sehr hat Gott die Welt geliebt, dass er seinen eingeborenen Sohn dahingab", steht im Johannesevangelium.

Wollte man das christliche Menschenbild in seinen grundlegenden Zügen in einer Darlegung suchen, die jedes Kind begreift und die doch so tief ist, dass sie kein Theologe ausschöpfen kann, dann möchte ich auf das schönste Gleichnis des Neuen Testaments verweisen: den verlorenen Sohn. Da ist alles zusammengefasst – Geschöpflichkeit und Beschenktsein, Egotrip und Verlorenheit, Heimkehr und Umarmt-Werden.

Christliche Erwachsenenbildung

KATHOLISCHES BILDUNGSWERK KÄRNTEN
KLAGENFURT (1998)

Das Bildungswerk kann wohl nur von Menschen in Gang gesetzt werden, die auf der einen Seite das besitzen, was die Heilige Schrift ein „hörendes Herz" nennt, eine sensible Offenheit für die zeitlose Botschaft Jesu Christi mit ihrer ganzen Faszination. Und auf der anderen Seite ist ein Bildungswerk notwendigerweise ein Horchposten für die Zeichen und Ströme der Zeit – die warmen und die kalten Strömungen, die die Küsten unseres Daseins entweder aufblühen oder erfrieren lassen. Und schließlich ist ein Bildungswerk so etwas wie ein Übersetzungsbüro, ein Ort, wo man unablässig bemüht sein muss, große Anliegen in die Sprache und Denkkategorien der Menschen von heute zu übertragen, wo man also auch in der Sprache „nah und frisch" bleiben muss und nicht einfach fromme Konserven ausgibt.

Nach diesen Vorbemerkungen möchte ich auf ein paar Akzente hinweisen, die mir vom Inhalt her für die katholische Erwachsenenbildung in unserer Zeit und gerade auch aus den Erfahrungen der vergangenen Jahre bedeutsam erscheinen. Ich erhebe keinerlei Anspruch auf Vollständigkeit oder auf eine große Grundsatzrede, es sind Denkanstöße, die mir im Laufe der Jahre in den vielfältigen Sparten der Verkündigung und Bildung immer aktueller erscheinen.

Unterscheidende Klarheit

Der erste Akzent, den ich nennen möchte, ist etwas sehr Nüchternes. Es geht heute in der Kirche um unterscheidende Klarheit. Selbstverständlich übersteigt die Innenseite göttlicher Mysterien alles menschliche Denken, lässt Analyse und Spekulation an die Grenze kommen und gerät immer wieder in den Bereich versagender Sprache. Gott und sein Heil sind überrational, im Vorfeld allerdings ist sehr vieles durchaus in begriffliche Klarheit zu fassen. Es ist ein weiter Bereich, in dem das Sachargument zu seinem Recht kommen muss und nicht nur das Autoritätsargument, von dem schon Thomas von Aquin gesagt hat, es sei das schlechteste aller Argumente. Diese begriffliche Klarheit in den Vorfeldern würde viele innerkirchliche Debatten entschärfen, Vorwürfe überflüssig machen und Entfremdungen und Spaltungen vermeiden. Ich erinnere in diesem Zusammenhang zum Beispiel an die elementare Frage der Hierarchie der Wahrheiten, von der das Konzil mit nicht besonders großem Erfolg gesprochen hat. Da ginge es darum, wirklich die Optik des Geistes auf Tiefenschärfe einzustellen und herauszuarbeiten: Was ist wirklich verbindliche Glaubenslehre, göttliche Offenbarung, gesicherte Wahrheit der Schrift oder Dogma der Kirche? Jeder, der die Kirchengeschichte kennt, weiß, dass der Maßstab hierfür streng angelegt werden muss. Ideologisch bestimmte Unschärfen haben immer wieder zu vorschnellen Verurteilungen geführt, zum Vorwurf, jemand verletze den Glauben der Kirche, und bei genauerem Zusehen mit einer gewissen Distanz hat sich dann herausgestellt, dass der Betreffende doch kein Häretiker war. Auch heute schwirren die Worte „dogmatisch" und „Verräter am Glauben der Kirche" oft undifferenziert und emotional durch den Raum. Diese Unklarheiten können der Kirche und dem Glauben der Menschen schaden. Andererseits passiert es ohne Weiteres, dass echtes, geoffenbartes Glaubensgut, das unverzichtbar zur Wahrheit Jesu gehört, der unser einziger Lehrer ist, beiseitegeschoben wird, weil man es vielleicht nicht als ganz zeitgemäß empfindet. Die wunderbare Gabe der Infallibilität, die schlecht mit Unfehlbarkeit übersetzt ist, schützt bis zum Ende der Welt das tragende Heilsgeheimnis, aber andererseits sind

z. B. manche moralischen Detailfragen keineswegs Geheimnisse. Alfons von Liguori, der einzige moraltheologische Kirchenlehrer, hat schon gesagt, dass moralische Forderungen argumentiert werden müssen. Unterscheidende Klarheit würde die Kirche toleranter machen, ohne sie charakterlos zu machen, eine gewisse Pluralität in sekundären Fragen zulassen, ohne dass irgendetwas Entscheidendes im gemeinsamen Glauben aufgegeben würde.

Ich bin allergisch gegen jede Form von Fanatismus. Das hängt mit meiner Lebensgeschichte zusammen. Als am 9. November 1938 die Kristallnacht stieg, war mein älterer Bruder mit 19 Jahren bereits Häftling der Gestapo. Ich bin mit 18 Jahren von der Gestapo eingesperrt worden und mein jüngerer Bruder mit noch nicht ganz 16, weil er der Chef der Ministranten gewesen ist. Ich bin allergisch gegen jede Form von Fanatismus, und Fanatismus heißt, dass man den Hausverstand auf Urlaub schickt. Es gibt in allen Bereichen Fanatismen, auch im religiösen Bereich. Und deswegen glaube ich, dass die unterscheidende Klarheit immer ein Anliegen der Bildung sein muss – im innerkirchlichen Bereich wie im ökumenischen Gespräch.

Sachbegründete Bescheidenheit

Der zweite Akzent hängt ein wenig mit der am Ende dieses Jahrtausends fällig gewordenen Bilanz der Geschichte zusammen. Ich plädiere für eine sachbegründete Bescheidenheit in der Kirche. Vielleicht könnte man auch sagen: für eine kirchengeschichtliche Demut – vielleicht ein gewisses Understatement der Autorität, die man damit in gar keiner Weise aufgibt. Im Gegenteil, sie nimmt durch eine solche sachbegründete Zurückhaltung nur zu. Es ist so, dass dieses „Um-die-eigenen-Grenzen-Wissen" heute wesentlich zur Glaubwürdigkeit einer Autorität gehört. Im Bereich der Wissenschaft ist im Laufe der Entwicklung dieses Jahrhunderts der bildungsstolze Fortschrittsglaube und die mit ihm verbundene Arroganz gegenüber allem nicht auf Experiment und Erfahrung gründenden Wissen weitgehend geschwunden. Am Anfang dieses Jahrhunderts war das noch anders. Am Ende ist man – trotz gewaltiger Fortschritte in Wissenschaft und Forschung – eigentlich bescheidener geworden. Dasselbe gilt von der bis zur Vergötzung hochgespielten Verherrlichung des Staates in diesem Jahrhundert. Sie hat viele gescheite Leute in allen Lagern gescheiter und bescheidener gemacht. Ich wünsche mir ein ähnliches Bewusstsein für die Grenzen auch in der Kirche. Sie gedenken in dieser Stunde der Reichskristallnacht. Ich habe sie erlebt, wie bereits erwähnt. Ich weiß, dass die bekennende Kirche damals schon zu den Verfolgten zählte. Das erste Tischgebet im Reichsarbeitsdienst im Jahre 1939 in einer Abteilung lautete: „Es wird nicht eher Frieden in Deutschland, als bis der letzte Jude am letzten Pfaffendarm erhängt ist …" Ich muss ganz offen sagen, dass so etwas möglich war, ist eben nur denkbar – wie es jetzt die österreichischen Bischöfe auch gesagt haben –, weil der Kristallnacht tausend Jahre christlicher Antisemitismus vorausgingen. Das Beet, in dem dann die Giftpflanze infernalischen Rassenhasses wuchs, war schon lange gedüngt. Und man muss natürlich diesen christlichen Antisemitismus einbekennen und ihn heute bekämpfen, wo er noch da ist – in Geduld. Ich halte eigentlich nicht viel von wortreichen Entschuldigungen für Vergangenes, das nicht in unseren Verantwortungsbereich fällt. Was aber schlicht und einfach zugegeben werden sollte, das wäre die Einsicht: Wir haben uns im Laufe der Vergangenheit der Kirche manchmal auch geirrt, einzelne Christen und manchmal eben auch im Rahmen des gewöhnlichen Lehramtes, das im Unterschied zum Dogma nicht irrtumsfrei ist. Damit geschieht nicht die geringste Einbuße an Autorität, sondern nur ihre Zunahme: Es wäre jene sachbegründete Bescheidenheit, um die wir als gebildete Christen immer ringen sollten – die mir in einer Aussendung von Kardinal Ratzinger in den letzten Tagen aufgefallen ist, in der er ganz offen gesagt hat: Es müsste unterschieden werden, zwischen dem Wesen des Primates des Papstes und dem Stil der Ausübung. Der Stil der Ausübung muss nicht immer so sein, wie er derzeit ist. Das ist jene sachbegründete Zurücknahme, Selbstzurücknahme, Bescheidenheit, von der ich glaube, dass sie an und für sich die Autorität der Kirche nur stärken kann. Denn es gilt eben auch in diesem Punkt – was die Negativa in der

Bilanz einer Geschichte, auch die Geschichte einer Kirche betrifft –das Wort: Die Wahrheit wird uns frei machen.

Integrierende Weite

Ein weiterer Akzent hängt mit der nicht ganz einfach zu bewältigenden Tatsache zusammen, dass wir in einer verwirrend pluralistischen Welt stehen. Es gab und gibt immer die Versuchung, sich als religiöser Mensch hinter die scheinbar schützenden Festungsmauern eines Fundamentalismus zurückzuziehen, überall Stacheldrahtzäune der Tabuisierung und der Dialogverweigerung anzulegen und so in einem vermeintlich heiligen Getto inmitten einer bösen Welt zu bleiben, in der man nur Verderbnis und Irrtum sieht. Es ist durchaus nicht so, dass die Sorgen um die Erosion des Christlichen etwa ganz unbegründet wären. Es gibt die Einbrüche eines modernen Individualismus mit der völligen Privatisierung aller Werte und Einstellungen, mit der Relativierung aller Bindungen und Verbindlichkeiten. Aus unseren Fernsehgeräten kommen hedonistische Plattitüden in ganzen Wogen, und wer erliegt nicht da und dort dem, was man den unguten Zeitgeist nennt? Schon der vorhin genannte Blick auf die Geschichte muss uns davor warnen. Aber trotzdem ist diese Flucht in einen blinden Autoritätsglauben und in ängstliche Weltverneinung nicht der Weg des Geistes. Früher oder später landet die Fluchtbewegung im Raum des Fanatismus und der zementierten Vorurteile, dem Zerrbild wahrer Religiosität. Wie sehr musste sich Christus in seinen Auseinandersetzungen mit diesem Zerrbild befassen. Ich möchte daher in der katholischen Bildung für einen Weitwinkel des Geistes plädieren.

Der Geist Gottes inspiriert

Zweimal im Leben ist mir in besonderer Weise aufgegangen, dass dieser Weitwinkel des Geistes durchaus dem Geiste Gottes, wie auch in spezieller Weise dem Christsein in unserer Zeit entspricht. Das erste Mal geschah es, als es der Zufall wollte, dass ich vier Jahre lang an der Universität im Rahmen einer Arbeit über die Weisheit im Alten Testament in die Welt des Alten Orients und die Jahrhunderte vor Christus einsteigen musste. Ich hatte besonders mit den so genannten Weisheitsbüchern zu tun: Ijob, Sprüche, Jesus Sirach, Weisheit Salomos und Kohelet. Nun muss man wissen, dass damals das Judentum sich auf der einen Seite um eine scharfe Abgrenzung vom mächtigen, umgebenden Heidentum bemühte. Die Kriege der Makkabäer waren Notwehraktionen gegen die Hellenisierung Israels. Aber in diesen Büchern taucht ein ganz überraschendes Phänomen auf. Man öffnet sozusagen das Tor zur Welt, zu den umgebenden Kulturen und Literaturen, und sammelt – immer auf dem festen Boden des jüdischen Glaubens an einen Gott – Weisheit aus aller Welt: altarabisches Spruchgut, babylonische Erkenntnisse, Material aus Ugarit und ägyptische Hymnen, Wahrheiten aus der aristotelischen Philosophie und Zitate von „Herkules am Scheideweg". Im so bemerkenswerten siebenten Kapitel der Weisheit Salomos, das ich jedem Bildungswerksverantwortlichen empfehle, finden wir geradezu einen Jubilus über die Errungenschaften hellenistischer Wissenschaft, über neue naturwissenschaftliche Erkenntnisse, über diesen Morgen abendländisch-aufgeklärten Denkens. Und dieser Aufriss in die Weite geschieht durch die Inspiration des Heiligen Geistes, der der eigentliche Urheber dieser Bücher ist. Es ist wie eine große Bekräftigung der Wahrheit, dass der Geist des Herrn den Erdkreis erfüllt und dass er weht, wo er will. Natürlich braucht es für diesen großen Kameraschwenk damals wie heute das feste Stativ des Glaubens und ein heilsam-kritisches Wählen. Aber so wie damals müsste uns eine Freude über alles Positive, über alle gültige Erkenntnis, über jede Erweiterung des menschlichen Horizonts erfüllen. Ich muss gestehen, dass ich außerordentlich erfreut war und sehr überrascht, dass in der eben erschienenen Enzyklika[12] des Papstes Johannes Paul II. über die Philosophie meiner Erfahrung nach zum ersten Mal dieser Hinweis auf die Weisheitsbücher angeführt ist. Diese Haltung setzt ein Grundvertrauen voraus, dass nämlich diese Welt nicht

---

12 Fides et ratio, über das Verhältnis von Glaube und Vernunft, September 1998 (Anm. d. Hg.).

nur als Stadion des Bösen, sondern eben auch als Arena des Heiligen Geistes zu sehen ist. Das Fußballspiel zwischen den beiden ist hie und da verwirrend, aber der Sieger steht fest.

Ein zweites Mal ist mir diese Wahrheit des überall wirksamen Geistes bewusst geworden, wie ich an der Pädagogischen Akademie fast hilflos überwältigt von den unübersehbaren Erkenntnissen der Humanwissenschaften, der Erziehungslehre, der Psychologie, der Soziologie, der Philosophie, der Verhaltensforschung, der Methodik, der Literatur, der Kunst, der Didaktik und der Ethik begonnen habe, einen Sachkatalog zu allen einschlägigen Themen der Religionspädagogik und dieser vielen Grenzwissenschaften anzulegen. Ich habe in acht Jahren 45.000 Karten geschrieben und jedes Buch nach Inhaltsverzeichnis durchgearbeitet – und da ist mir ein ähnliches Gefühl aufgestiegen wie dem Schreiber der Weisheit Salomos: Es gibt so viel positive Ansätze in unserer Welt und Zeit. So viel durchaus gültige Erkenntnisse, die uns letztlich im Glauben stützen und uns vor manchen Engführungen bewahren können. Gerade im anthropologischen Bereich haben wir in der Kirche manche Nachhilfestunden nötig. Selbstverständlich braucht es ein ständig kritisches Sichten, aber unsere Grundhaltung muss von einem Vertrauen geprägt sein – nicht von einem permanenten Misstrauen. Es ist ein großer Unterschied in der Wachsamkeit, die zum Beispiel ein Bischof ausüben muss, einer echten Wachsamkeit für die Wahrheit des Glaubens, und einer überall und allem misstrauenden Inquisitionsmentalität. Darum wünsche ich mir für ein Bildungswerk den Weitwinkel des Geistes, mit dem festen Stativ des christlichen Glaubens. Diese Forderung heißt also, dass wir immer wieder Lernende bleiben müssen.

Radarstationen für die Zeichen der Zeit

In einer Stadt war einmal ein Symposium über Erziehungsfragen. Ich war dabei. Unter den Teilnehmern war ein berühmter Erziehungspsychologe, nicht katholisch, aber eine in jeder Hinsicht menschlich und wissenschaftlich höchst bemerkenswerte Erscheinung. Dieser Mann hat in einer ganz bescheidenen Weise seine sehr gut begründeten Erkenntnisse in dieser Sache zur Sprache gebracht. In der nachfolgenden Diskussion steht doch einer aus der überfrommen Richtung auf und erklärt: „Wir brauchen als Katholiken das alles nicht. Wir haben als Richtlinie unseren Glauben und das genügt …" Es war höchst peinlich, und ich habe mir gedacht: „Mei, bist du a Dolm" – aber das konnte ich natürlich in meinem bischöflichen Statement nicht so formulieren.

Oder ein Beispiel aus der Kirchengeschichte: Als im letzten Jahrhundert Darwin mit seiner Theorie der Abstammung des Menschen vom Affen auftrat, hat er natürlich heftigsten und zum Teil höhnenden Widerspruch aus allen kirchlichen Kreisen – nicht nur der katholischen Kirche – geerntet. Nur einer, der wohl größte Theologe des 19. Jahrhunderts, Kardinal John Henry Newman, hat gesagt: „Seid vorsichtig, irgendwo hat dieser Mann möglicherweise recht." Natürlich vertritt heute niemand die Abstammung vom Affen, wie es Charles Darwin gesagt hat, aber das, was dahinterstand, der Gedanke der Evolution, den hat Newman instinktiv erfasst. Heute sieht keiner, der informiert und gebildet ist, einen Widerspruch von Evolution und biblischer Schöpfungslehre.

Befreiende Vision

Manchmal muss so etwas wie die große Vision aufleuchten …

Hie und da gibt es im Leben Schlüsselerlebnisse, zu denen man immer wieder zurückkehrt. Ich möchte sie „tragende Erinnerungen" nennen, heilende Bilder, wie sie C. G. Jung geschildert hat. Bilder, zu denen das Herz immer wieder zurückkehrt, in jenen Räumen der Seele, die der heilige Augustinus die Gefilde und Paläste der Erinnerung genannt hat, weit und grenzenlos.

Es war in einer Jänner-Nacht des Jahres 1945. Wir hatten einen mehr als 1000 Kilometer weiten Rückzug durch Karelien, Finnland und Lappland hinter uns, einen schweren Rückzug durch die eiskalte Polarnacht, die kaum um die Mittagsstunde eine kurze Dämmerung zuließ. Und nun standen wir zehn von der letzten Nachhut auf einem Pass des norwegischen Hochgebirges, einem schicksalsträchtigen Pass, weil jenseits der Anhöhe der sowjetische Machtbereich zu Ende war und dort keine russische Gefangenschaft mehr drohte. Aber wir standen ausgefroren, halbverhungert und todmüde mit unseren Schiern auf diesem Pass und sahen noch einmal hinunter auf die Berge und Hügel Lapplands. Und da kam das Nordlicht. Wir haben in drei Wintern da droben viele Nordlichter gesehen, aber nie eines wie in dieser Nacht. Es war ein so genanntes Kronennordlicht. Der ganze Horizont war ein heller Lichtstreif und von diesem Kranz gingen die Strahlen empor zum Polarstern, der dort oben im Zenit steht. Das Universum sah aus wie eine leuchtende Kaiserkrone. Durch die Strahlen hindurch schimmerten die Sterne wie die Diamanten, und zwischen den Lichtstreifen war das All dunkel. Und wir da unten in allem Elend dieser Erde. Nun dürfen Sie nicht glauben, dass Soldaten in „Ah und Oh" ausbrechen und ästhetisch überwältigt werden. Aber ich habe dieses dunkle und doch erhellte Universum nie vergessen, bis heute nicht. Dieses All, in dem alle Strahlen in einem Punkt zusammenschießen. Wie ich nach dem Krieg das Theologiestudium fortgesetzt habe, ist mir immer wieder die Welt unseres heiligen Glaubens wie jenes hell-dunkle Universum vorgekommen, das sich als tröstendes Geheimnis über unserer menschlichen Armseligkeit wölbt.

Das tröstende Geheimnis

Ein berühmter Psychotherapeut unserer Tage hat einmal gesagt, der Mensch von heute brauche nichts dringender als das tröstende Geheimnis. Das heißt also, dass in unserer Verkündigung und auch in unserer ganzen Bildung hie und da die christliche Botschaft als befreiende, das Dasein erhellende Schau aufblitzen muss, und nicht nur als ein wenig erfreuliches Konglomerat von Kirchen-, Moral-, Struktur- und Machtproblemen und tausend unablässigen Diskussionen und Regeln für dies und das. Manchmal braucht es auch das Detail, und manchmal braucht es auch ein bisschen Streiten. Aber das andere, dass in den Herzen die Vision einer erlösten Welt aufblitzt und Gottes Großartigkeit in einem so oft bedrückten, ausgefrorenen und ermüdeten Menschenleben – das darf nicht untergehen. Es gibt im Menschen – im einfachen wie im gebildeten – eine unauslöschliche Sehnsucht nach solcher Schau.

Wenn wir das Johannesevangelium aufschlagen, den Prolog, dann ist diese Schau da. Und in der geheimen Offenbarung und in 1 Kor 13, dem Hohelied der Liebe, auch. Und die Faszination aller großen Geister des Christentums liegt im Visionären – ob bei Augustinus, bei Thomas von Aquin, bei Henry Newman und bei Teilhard de Chardin. Manchmal kommt die Schau über die Lyrik oder die Kunst. Auch bei Karl Rahner lag die Faszination nicht in der Zahl der Veröffentlichungen, sondern in der Gesamtvision. Ich erinnere mich noch gut, wie er einmal in der – damals lateinischen Vorlesung – vor 200 Theologen plötzlich innehielt und zu uns gewandt ganz unmittelbar und ergriffen auf Deutsch gesagt hat: „Meine Herren (damals waren noch keine Damen dabei), die Botschaft von der Menschwerdung Gottes in Christus ist unüberholbar …" Darum hat er gesagt, dass die Kirche eine mystische sein muss. Warum ist das in der weltanschaulichen Bildung aktuell? Es nützt wenig, wenn wir heute die unzähligen krausen Mystizismen und esoterischen Phantasiespiele in unserer Zeit beklagen. Man muss die Sehnsucht spüren, die dahinter ist. Darum ist es notwendig, dass das Christentum nicht immer nur im Stil einer amtlichen Verlautbarung oder eines Konferenzergebnisses in die Welt gesetzt wird, sondern manchmal eben als Kronennordlicht, das eine vielfach dunkle Welt erleuchtet und ordnet, ohne alles Dunkel wegzunehmen.

Funkenflug von Herz zu Herz

Nachdem ich in den ersten Punkten mit der Bedeutung des begrifflich klaren und kritischen, aber auch selbstkritischen Denkens nicht gespart habe, hoffe ich jetzt nicht falsch verstanden zu werden, wenn ich diesen Akzent erwähne, der der emotionalen Bildung gilt. Wenn man die seriöse humanistische Psychologie betrachtet, die den Menschen als Ganzes zu erfassen sucht und nicht im Verhalten stehenbleibt, dann sehen wir, dass sie das Zentrum der Persönlichkeit in die Grundstimmungen, die Grundgefühle, das Seins-Vertrauen – wie Otto Friedrich Bollnow gesagt hat – oder das Urvertrauen – wie es Erik H. Erikson genannt hat – oder wie immer man den emotionalen Kern bezeichnen will, verlegt. Wenn das Herz nicht mit angesprochen und aktiviert wird, geschieht nicht viel.

Ich kann mich an eine Veranstaltung des Bildungswerkes zum Thema „Chancen der Behinderung" erinnern. Es wurde ausführlich und sehr kompetent über die Bildung dieser Menschen, über Integration und Überwindung von Isolation gesprochen. Aber den „Renner" zum Thema haben nicht die Referate gemacht, sondern das Flötenspiel eines blinden Mädchens und der Tanz der Taubstummen auf der Bühne, die den Rhythmus über die Schwingungen des Bodens übernommen haben … Vergessen wir das Herz nicht! Vergessen wir nicht, dass zum Beispiel die tiefste Sehnsucht des Menschen in der Geborgenheit liegt. Dass wir darum eine bergende Kirche sein müssen. Ich denke mir jedes Mal, wenn ich in der heiligen Messe die Stelle im Hochgebet lese: „Gedenke deiner Kirche auf der ganzen Erde und vollende dein Volk in der Liebe", wir müssen heute eine bergende, heimholende Kirche sein, weil die Botschaft eine bergende und heimholende ist – trotz aller Forderungen. Aber nur der, der heimgeholt und geborgen ist, kann auch Forderungen erfüllen.

Bildungsunternehmen haben manchmal eine Schlagseite in die Richtung abgehobener Intellektualität, wo es dem normalen Zuhörer so ähnlich geht wie mir seinerzeit bei der ersten lateinischen Vorlesung: Ich bin mir vorgekommen wie ein Hund, der einem Schnellzug nachläuft, in dem das Herrl sitzt. Vergessen wir nicht auf eine emotional berührende Sprache, die eine Bodenhaftung hat, so wie die Sprache Jesu. Vergessen wir nie die Kultur des Schönen, die Woge des Musischen, die Bedeutung der Musik. Vergessen wir nicht, dass diese Instrumentarien manchmal das an Vermittlungskraft bergen, was kirchenamtlich oft zu kurz kommt. Der heilige Paulus hat von Milch und fester Speise gesprochen, aber von Trockenmilch hat er nichts gesagt.

Vertrauen auf das Walten des Geistes

Es geht uns in der Kirche immer wieder gleich. Wir haben Einrichtungen, wie sie der Entfaltung der Kirche unserer Zeit entsprechen. So auch das Bildungswerk. Dazu brauchen wir Organisation, Institution, Planung, Ideenbörse, Programme, viele ehrenamtliche und hauptamtliche Mitarbeiter. Wir brauchen Praxis vor Ort und Visionen im Hintergrund, wir müssen Schwerpunkte setzen, müssen aktuell bleiben und doch das alte Wahre nicht vergessen. Wir müssen die Spannung zwischen lokaler Herausforderung, kontinentalem und weltkirchlichem Stundenschlag ausbalancieren. Das alles hält auf Trab … Bischöfe wissen davon ein Lied zu singen. Und so muss ich am Schluss an einen Akzent, nein besser, an eine Dimension erinnern, die im Konzert der Schreibmaschinen, Faxgeräte, Telefone und Handys, der Mikrofone und der Lautsprecher, der Vorträge, Artikel und Bücher leicht untergeht: die leisen Schwingen der Taube. Was uns gelingt, hängt von diesem Walten des Geistes ab. Es ist nicht nur die Last aller dieser Aktivitäten, die uns in Spannung hält. Es sind auch die Lasten und Wirrnisse der Zeit und die Belastungen der Kirche, an denen wir arbeiten müssen. Je schwieriger die Lage des Glaubens und der Kirche ist, umso mächtiger müssen wir den Flügelschlag hören, der die Herzen und Hirne berührt, derer, die sprechen, und derer, die hören, derer, die diskutieren, und derer, die sich vorbereiten.

In der Antike gab es ein tröstliches Bild. Die alten griechischen Heiden haben gesagt, dass die Eule, der heilige Vogel der Minerva, der Göttin der Weisheit, ihren Flug in der Dämmerung beginne. Man wollte damit sagen, dass mit den dunklen Mächten auch die Besinnung, die Einsicht, die Chance der Weisheit aufstünden und immer wieder die Chance des Lichts. Nun, als Christen hoffen wir nicht auf den Flug der Eule, der menschlichen Weisheit. Wir vertrauen auf die silbernen Schwingen der Taube, wenn es in der Welt eindunkelt. Und wir werden von diesem Geist nicht verlassen werden und er wird uns Wege zeigen, von denen wir jetzt nichts ahnen, und Tore öffnen, die uns derzeit verschlossen erscheinen. Wir hoffen auf das Rauschen dieser Schwingen – in der großen Kirche wie im Bemühen vor Ort. Dieser Flügelschlag der Taube, das Vertrauen in den Heiligen Geist ist der letzte Gedanke zum Katholischen Bildungswerk, an den ich erinnern möchte, weil er die entscheidende Realität ist. Nicht der fromme Überguss, sondern die tragende Grundlage.

Dichtung und Glaube

UNIVERSITÄTSPFARRE ST. CLEMENS
INNSBRUCK (1996)

Wenn ich einerseits an die Spannweite der Fragen denke, die sich hier auftun, und andererseits mir vor Augen halte, welche Bildung man auf dem literarischen Sektor besitzen müsste, um hier mit gutem Gewissen mitreden zu können, möchte ich am liebsten aufgeben. Aber ich nehme an, dass man hier mit kleinen Gedankenbausteinen vorliebnehmen wird, wenn man mich zur Frage „Dichtung und Glaube" einlädt.

Unser frühverstorbener Vater, der Germanist war, hat meiner Mutter zwar eine sehr kleine Pension, aber eine große Bibliothek hinterlassen. Und so wurde das Lesen in meinen Kinder- und Gymnasialjahren zu einer wichtigen Beschäftigung. Wie ich dann in den oberen Kursen auch zur tirolischen Literatur kam, die in der großen ja eine kleine Geige spielt, ist mir etwas aufgefallen, was mich immer beschäftigt hat. Es gab zwischen vielen Literaten im Land im Gebirge und der Institution Kirche so etwas wie eine Kluft, eine *Entfremdung*. Mir scheint, dass sie damals aufgebrochen ist, wie die wachen Geister in Tirol gegen den versteinerten Traditionalismus des klerikalen und des politischen Tirol aufgebrochen sind. Sie trugen die Freiheit auf den Fahnen und sind zum Teil tatsächlich für Menschenrechte eingetreten: Redefreiheit, Gewissensfreiheit, Bekenntnisfreiheit, Toleranz – und sie haben mehr als einmal aus unserer heutigen Sicht das genuin Christliche in mancher Hinsicht glaubwürdiger vertreten als ein versteinerter Traditionalismus, der sich vom sozialen Empfinden wie vom Geist der Menschenrechte ängstlich fernhielt. Die Entfremdungen gingen weiter. Sicher hat das liberale Element auch ein stark nationales, nationalistisches und in manchen Ausläufern nationalsozialistisches mitbekommen. Aber die Entfremdung gegenüber der Kirche blieb auch bei anderen, bis herauf in unsere Tage. Und ich habe dann als Bischof versucht, den Kontakt zum Literaten, zum Dichter hin wieder zu suchen, und dies keineswegs aus Gründen irgendeiner pastoralen Taktik oder einem Bestreben zur Vereinnahmung. Ich weiß, dass die literarische Szene – nicht nur hier – eher kirchendistanziert ist. Mir ist auch bewusst, dass die Literatur sich heute – viel stärker als zu Hermann von Gilms Zeiten – auf die Pfade der Provokation und des Gesellschaftspolitischen begibt oder dass manche Formen dichterischer Sprache dem Verständnisbemühen des geistigen Normalverbrauchers sich hie und da entziehen. Ich kann mir auch denken, wo die Vorbehalte gegenüber der Kirche auf der anderen Seite liegen, und dass diese auch nicht immer ohne Grund sind. Trotzdem liegt mir etwas am Versuch der Begegnung von Glaube und Dichtung. Die beiden sind seit den Urzeiten der Menschheit aufeinander verwiesen – so wie Religion und Kunst im Allgemeinen.

Darf ich in schlagwortartiger Weise andeuten, was ich als Glaubender beim Dichter suche?

Die Würde des Wortes bewahren

Wir leben in einer Zeit der Wörterflut. Eine derartige Inflation muss Entwertung bringen. Wörter werden abgewetzte Alltagsmünzen, die wir ständig verwenden, um zu bezahlen, herauszugeben, auszutauschen, und im Portemonnaie eines vordergründigen, stets griffbereiten Wortschatzes verwahren, ohne sie jemals anzuschauen, umzudrehen oder über sie nachzudenken. Aber wenn ich Rilke lese oder Ingeborg Bachmann, Hölderlin oder Christine Busta, dann werden die Wörter wieder zu Worten, echtes Silbergeld, das man auf die Tischplatte springen lassen kann und das einen Klang von sich gibt. Da werden die Worte wieder mehr als Verständigungssignale oder Sozialisierungsäußerungen wie das Geschnatter der Graugänse bei Konrad Lorenz. Die Lautsignale werden wieder zu Fahrzeugen von Herz und Geist, von Gefühl und Bedeutungsschwere. Ich habe mit Volksschülern der dritten Klasse einfache Gedichte von Bert Brecht im Religionsunterricht gelesen, so wie das von dem alten Mann, der im Rinnstein geht – und es war unglaublich! Die Kinder haben mit ihren einfachen und treffenden Deutungen soziales Verstehen aktualisiert, das ich mit frommen Ermahnungen nie hergebracht hätte.

Der Dichter bringt mir wieder Urworte ins Bewusstsein (die Tiefe, aus der sie entstanden sind, verrät mir ja jedes etymologische Lexikon). Mir wird beim Lesen wieder klar, dass Wasser mehr ist als H_2O und ein Wald mehr als so und so viele Festmeter Holz und ein Windhauch mehr als Sauerstoff + Stickstoff + Umweltbelastung und Sekundenmeter … Wir haben ja, um mit Viktor Frankl zu reden, in unserer ökonomisch-technologisch-wissenschaftlich geprägten Zeit immer so etwas wie einen Reduktionismus des Denkens und mithin auch einen der Sprache. Wir simplifizieren das Dasein auf chemische Formeln oder Kategorien der Nützlichkeit hin. Wir entwickeln eine Eloquenz der Plattheit. Darum scheint mir die Dichtung immer wieder notwendig für die Kultur des Wortes, die unverzichtbar ist, wenn man sich in den Dienst des ewigen Wortes stellen möchte.

Den Menschen verstehen

Damit ist Literatur und Dichtung weit über jenen Kreis hinaus angesprochen, der als religiöse oder christliche Literatur gilt; ja auch noch über den weiten Kreis derer, die ohne sich religiös zu deklarieren, immer noch in den Impulsen christlichen Denkens leben – wie es etwa in der Behandlung der Schuldfrage bei Dürrenmatt geschieht. Ich meine hier unter Umständen gerade auch eine Literatur und eine Dichtung, die ein sehr überzeichnetes, belastetes, negatives, von Auswegslosigkeit geprägtes Menschenbild zeigt. Aber gleichviel, wie die Betonung liegt – es offenbart sich die Zeit, das Leid und die Belastung einer Epoche genauso wie ihre Sehnsucht und Wertfühligkeit. Freilich kapituliere ich vor mancher Dichtung – manchmal aus Zeit und manchmal auch aus dem Unvermögen, den Verschlüsselungen zu folgen. Die Dichtung, die eben Wirklichkeit ver-dichtet, ist doch so etwas wie ein Fieberthermometer in der Gesellschaft, und je qualitätsvoller sie ist, umso besser ist es zu lesen und zu deuten. Wie sehr Dichtung das Menschliche näherbringt, zeigt mir am meisten (hie und da wage ich abends vor dem Einschlafen solche Ausflüge), wenn man welt- und geschichteumspannende Dichtung liest, Dichtung der Indios und der Chinesen, den babylonischen Schöpfungsmythos Enuma-Elisch, Simplicius Simplicissimus und Georg Trakl. Es geht doch immer um die ähnlichen Ängste und dieselbe Suche nach Lichtern.

In den Vorraum des Mysteriums

Dichtung weckt – wie gute Musik – das Sensorium für das noch nicht Ausgesprochene, das Schwebende im Hintergrund, das Unsagbare, Größere, Transzendente. Das fühle ich beim Lesen der „Krebsstation" genauso wie bei „Ein Tag im Leben des Iwan Denissowitsch" von Solschenizyn, wie in den Gedichten Rilkes. Vermutlich liegt in dieser – vornehmsten – Dimension der großen Dichtung wohl auch der Grund, weshalb in der stalinistischen Epoche Russlands die Lehrstunde über den Dialektischen Materialismus die meistgeschwänzte, die über russische Literatur aber die meistbesuchte Vorlesung war, wie mir ein Student versichert hat. Und wiederum denke ich nicht nur an die religiös akzentuierte große Literatur (die reine Tendenzreimerei können wir hier weglassen), sondern auch die, die man profan nennt. Ich höre das Mysterium ja auch nicht nur aus den Werken der Kirchenmusik.

Aber „Dichtung und Glaube" werden für mich, den Seelsorger oder Theologen, auch noch unter einem anderen Aspekt geradezu gebieterisch aufeinander verwiesen.

Das Wort Gottes verstehen

Die Heilige Schrift ist auf weiten Strecken Dichtung, manchmal vom Format Weltliteratur. Das Denken des Alten Orients und der hebräischen Sprachwelt möchte ich grundsätzlich ein „poetisches" nennen – und nicht ein abstrakt-exaktes wie das unserer Denkweise. Es ist emotional-ästhetisch geprägt und fast immer an das Bild gebunden. Was wir mit dürren Abstrakta beschreiben, kleidet der Altorientale in eine Geschichte, einen Mythos. Seine Lebenserfahrung fasst er nicht in einem theoretischen Resümee zusammen, sondern in einem „maschal", einem kunstvoll geformten, plastischen Sprichwort. Das Alte Testament kennt unzählige Lieder: Erntelieder und Siegeslieder, Totenklage und Triumphgesang, Heimwehlieder und Wächterlieder. Einer der ältesten Gesänge der Menschheit ist ein Rachelied, das Lied Lamechs, das in der Menschheit in unzähligen Strophen weitergesungen wird … Und das wunderbare Brautlied, das „Hohe Lied der Liebe", wie es später genannt wurde, mit seiner unbefangenen Sinnlichkeit, die manchem ehrwürdigen Theologen ein Stirnrunzeln verursacht hat, dieses Brautlied heißt nicht umsonst auf Hebräisch „Schir-ha schirim", Lied der Lieder.

Was tue ich im Alten und Neuen Testament, wenn mich nicht der Dichter begleitet? Die Philologie, die hier natürlich viel Mühe macht, reicht nicht. Das Lesenkönnen von zwölf Sprachen nützt nichts, wenn nicht der Sinn für dichterische Aussage da ist. Wie viele Sackgassen und Irrtümer bei der Auslegung der Schrift sind nur daher gekommen, dass man die dichterische Sprache nicht verstanden hat.

Darf ich ein paar Beispiele andeuten, in deren Deutungsauseinandersetzungen ich selbst noch einbezogen war?

Die Poesie im Schöpfungsbericht

Ich erinnere nur an den Schöpfungsbericht in der Genesis. Seitdem man weiß, dass dies ein Hymnus ist, der mit naturwissenschaftlichen Überlegungen gar nichts zu tun hat, sondern nur in poetischer Großartigkeit in sieben Strophen zum Ausdruck bringen will, dass diese sichtbare Welt – wie im Heidentum ringsum – nicht Gott ist, sondern dass der Ewige hinter und über aller Schöpfung steht und dass der Mensch in dieser Schöpfung zur Verantwortung gerufen ist und sie heiligen soll, wie sein Alltag durch den Wochenrhythmus geheiligt ist –, seitdem weiß ich beim besten Willen nicht, wo es da Schwierigkeiten mit der Naturwissenschaft geben soll. Ebenso wenig wie mit dem Erlkönig oder dem Abendgedicht von Goethe.

Und die Darstellung über den Sündenfall – wer sie mit den Augen und dem Verstand der damaligen Dichtkunst betrachtet, der wird aus ihr nie die primitive Äpfel-stehl-Geschichte machen, die man kolportiert, sondern eben begreifen, dass hier die tiefste Seite menschlicher Schuld zeitlos dargestellt ist. Der berühmte „Baum der Erkenntnis des Guten und des Bösen" ist nur zu verstehen, wenn man aus der dichterischen Sprache des Alten Orients weiß, dass „Erkennen, was gut und böse ist" eben Gott-Sein heißt und die höchste menschliche Anmaßung darstellt. Und Tiefenpsychologen können dieser Aussage zustimmen, dass die Vergötzung des Ich der Urgrund des Bösen ist. Aber der Schlüssel dazu ist die dichterische Sprache.

Und vor vielen Jahren hat mich nur das Studium altarabischer Sprichwörter verstehen lassen, was die ominöse vielzitierte und falsch interpretierte „Rippe" Adams bedeutet, aus der Eva geschaffen wurde. „Du bist meine Rippe", heißt es in der Bildsprache des Alten Orients, wenn man sagen will: „Wir zwei sind ein Herz und eine Seele". Und so wird das Traumerlebnis Adams zu einem Offenbarungstraum über die wunderbare Beziehung von Mann und Frau, auf die sich ja auch Christus beruft.

Man kann das Alte und Neue Testament nicht lesen ohne den Dichter, ohne Studium, Verstehen und Erahnen von Dichtung. Und hier liegt der letzte Grund meiner Beziehung zwischen Dichtung und Glaube: Gott hat seine tiefsten Wahrheiten nicht den spekulativen Analytikern oder den Dekrete schreibenden Beamten oder den Verfassern wohlgeordneter Lehrbücher des Glaubens anvertraut, sondern zunächst den Dichtern, den Poeten.

Berufe und Berufung

Als aktiver und auch als emeritierter Bischof hielt Reinhold Stecher mit den verschiedensten Berufsgruppen regen Kontakt. Er wusste um die kaum zu überschätzende Bedeutung der Medien und so war ihm an der Begegnung mit Journalisten besonders gelegen, ja, er bezeichnet sich selbst einmal sogar als heimlichen Kollegen, der darum weiß, wie sehr der Ton die Musik macht und der auch darum weiß, wie sehr es immer ein Ringen um die rechte Sprache ist, die Menschen anzusprechen vermag. Aber auch andere Berufsgruppen – Unternehmer, Ärzte und Bürgermeister – luden ihn ein. Mit großem Einfühlungsvermögen kommt Reinhold Stecher auf die Spannungsfelder in diesen Berufsgruppen zu sprechen und findet immer wieder Worte, die über den Berufsalltag hinausblicken lassen auf das immer gültige Humanum und auch in die Weiten der Transzendenz. Auf dieser Spur wird deutlich, dass hinter jedem Beruf auch eine Berufung steht, der uns geheimnisvoll zugedachte persönliche Weg.

Ringen um Sprache

Der Titel, der mir vorgegeben wurde, gefällt mir. Er drückt das aus, was Sie und mich so oft bewegt, und er erwartet keine fertigen Lösungen. Auch sehe ich mich ständig mit diesem Ringen konfrontiert: Tag für Tag, von Anlass zu Anlass, von Brief zu Predigt, von Artikel zu Statement, von Grußwort zu Diskussion, von Hirtenbrief zu Buchbeitrag, vom Gespräch mit Laientheologen zur Begegnung mit Volksschulkindern, vom Suchen nach Formulierungen für Universitätsprofessoren zur Firmansprache für Schwerstbehinderte. Es ist tatsächlich ein mühsames Ringen, das mich oft müde und unbefriedigt zurücklässt, und das unendlich zeitraubend und facettenreich ist. Es ist ein Ringen, das bis in diese Stunde und diese Worte hereinreicht. Und Sie erleben es als katholische Journalisten besonders intensiv. Sie werken und wirken ja an jener Nahtstelle von Kirche und Gesellschaft, von säkularisierter Welt und tiefem religiös-weltanschaulichem Anliegen, jener Nahtstelle, wohin Sie Gott in dieser wahrlich nicht problemlosen Epoche gestellt hat. Und wenn Sie auch – was mir besonders schwierig vorkommt – so oft unter Zeitdruck stehen und rasch formulieren müssen, so spüren Sie doch sicher, dass Sie diesen Umgang mit der Sprache nicht so lässig-gekonnt betreiben können, wie dies in den seichteren Gewässern journalistischer Tätigkeit oft geschieht. Es ist wirklich ein Ringen, dieses Suchen nach Sprache, die den Menschen erreichen soll. Und wir fühlen alle, dass man nicht immer so weiterreden kann wie einst. Wenn man dies unbekümmert tut, wird man bald ins Leere sprechen. Es ist einfach so, dass sich die Konditionen der Kirche, des Christen und des Menschen im Allgemeinen in der Welt geändert haben. Und somit haben sich auch die Bedingungen für die Kommunikation geändert.

Auch für die Sprache gilt das Wort: „Der Ton macht die Musik." Ich meine hier die Untertöne der Sprache, die mitschwingen, die mit den Grundeinstellungen und Gestimmtheiten des Sprechenden zusammenhängen, mit seiner Empathiefähigkeit, seinem Einfühlungsvermögen, das aller Kommunikation vorausgehen muss, allen Fragen des Stils, der Wortwahl und der Diktion.

Für diesen Ton, der die Musik macht, scheint mir entscheidend zu sein, wie der Sprechende die Lage der Kirche in der säkularisierten Welt sieht, welchem Kirchenbild man sich verbunden fühlt. Und darum möchte ich zunächst – zugegebenermaßen mit einer gewissen Überzeichnung – auf Kirchenbilder hinweisen, die die Sprache sehr nachhaltig prägen können.

Die Festungskirche

Da ist zunächst die *Festungskirche,* d. h. die Kirche, die sich in einer säkularisierten Welt fundamental bedroht weiß und darum die Bastionen auszubessern versucht – ich meine die Bastionen und Kasematten der bergenden Autorität und der Disziplin, und die Wachttürme der Orthodoxie. Das ist durchaus verständlich und da und dort auch nötig. Aber man muss aufpassen, dass man sich nicht so verhält wie weiland König Ahas, der bei der Wasserleitung des oberen Teiches in Jerusalem die Befestigungsarbeiten besichtigte, weil die feindlichen Könige heranzogen. Jesaja hat ihm dort an der Walkerfeldgasse eine Verheißung gebracht, aber angesichts der strategischen Bedrohung Jerusalems hat der König auf den milden Ton dieser hoffnungsvollen Botschaft gar nicht hingehört … (vgl. Jes 7,1–9)

Die Sprache der Festungskirche hat immer den dumpfen Unterton der Angst. Es schwingt in ihr ein überdimensionierter „Böse-Welt-Komplex", und sie teilt das tiefe Bedürfnis aller Bunkerbauer, überall Betonverstärkungen anzubringen. Die Sprache ist notwendigerweise stark traditions-

Stift Stams

und autoritätsakzentuiert, vermeidet jede ungewohnte Formulierung, und um die Rechtgläubigkeit abzusichern, schwelgt sie in Zitationen – einer Aussageform, die bei aller objektiven Richtigkeit eine tödliche Langeweile und Atmosphäre der Unpersönlichkeit verbreitet. Es ist eine Sprache, in der das „Es" dominiert. Sie neigt zur Paragrafierung und Definierung des Glaubens, und die sprachliche Bewegungsmöglichkeit wird eng wie in Minenfeldgassen, die keine Ausritte dulden. Natürlich ist Definition des Glaubens manchmal als Notbremse unumgänglich. Aber die Sprache der Festungskirche wird steril, zur reinen Insidersprache, die nur für die dünner werdende Besatzung gedacht ist, die in den festen Gewölben der unbestrittenen Autorität liegt.

Es ist keine Sprache, die Tore aufmacht. Für den Außenstehenden, ja sogar für den Überläufer erhält sie den Charakter des rostigen Stacheldrahtverhaus, der die Lust zum weiteren Vordringen verleidet.

Die Anbiederungskirche

Und dann gibt es da und dort das Modell der *Anbiederungskirche*. Aus dem Glacis der Festung baut man Boulevards und breite Straßen, aus denen jeder Stein des Anstoßes sorgfältig entfernt wird. Alle Mauern werden geschliffen. Man setzt auf grenzenlose „Offenheit". Man möchte eine Kirche des mühelosen Zutritts, der uneingeschränkten Akzeptanz, weitgehender Unverbindlichkeit und moralischer Billigstangebote. Der prophetische Aufruf zum Glauben wird zur „Hereinspaziert-Melodie". In solcher Sprache blitzt das Wort Gottes nie als „Schwert des Geistes" auf (Eph 6,17), ein Bild, auf das das Neue Testament nie verzichtet. Die Anbiederungskirche setzt auf den kostenlosen Seelenservice. In der Waschmaschine ihrer Bußpraxis gibt es nur Weichspüler und Schongänge. Die Einladung zu meditativem Eindringen in das Mysterium Christi formuliert man mit einem saloppen „Mal ganz locker mit Jesus plaudern …" Alles im Christentum geht „locker vom Hocker". Die Anbiederungskirche wird letztlich echolos bleiben. Sie erhebt im Chor der tausend Angebote eine Kastratenstimme.

Die militante Kirche

Es gibt heute auch die *militante* Kirche. In ihr tritt man der säkularisierten, glaubensentfremdeten Welt im Geist der „Reconquista", der Wiedereroberung, entgegen. Man macht also den Ausfall aus der Festung, versucht verlorenes Terrain zu besetzen, in die Informations-, Einfluss- oder Entscheidungsstrukturen einzudringen oder solche zu schaffen, und die Fahne des Christentums auf die wiedereroberten Positionen zu hissen. Wo die militante Kirche sich formiert, setzt sie auf Eliten, ihre Sprache wird ideologisch unbeirrbar und selbstsicher. Ihr Tenor erinnert an den Kampfruf der Kreuzfahrer: „Gott will es – Dieu le veut!" Selbstkritische Korrekturen sind ausgeschlossen, und darum nähert man sich trotz allen guten Willens einer gefährlichen Dialogunfähigkeit. Man bleibt in der Phalanx – da darf kein Schild ausfallen. Es ist dann schon manchmal in beängstigender Weise die Gefahr, dass man statt Sauerteig zu sein eher wie Salzsäure wirkt. Militante Gruppen gehen das Risiko ein, nicht mehr die Sprache der Frohbotschaft zu sprechen. Es fallen ihnen Deklarationen, Klarstellungen, Verurteilungen, Forderungen und Positionspapiere in Mengen ein, aber niemals ein Sonnengesang. Militante Gruppen, die in viele einflussreiche Posten vordringen, neigen auch dazu, innerkirchliche Spannungen zu vertiefen. Wer aber noch so viele Positionen erobert, hat noch lange nicht die Herzen berührt. Und das ist es, was wir bräuchten: eine Sprache, die die Herzen berührt, nicht aus Erfolgsberechnung, sondern weil dies der redende Gott von Anfang an so wollte.

Die Sprache des Konzils

Weder die Festungskirche noch die Anbiederungskirche, noch die militante Kirche ist in unserer Zeit die Stadt, die auf dem Berge liegt. Dafür müssen die Akzente anders gesetzt sein.

Wer die Konzilstexte von zwei Jahrtausenden durchgeht, sich in die Canones und Sentenzen, die gefeilten Sätze über die „veritates credendae", die zu glaubenden Wahrheiten, vertieft, wird eine nicht zu übersehende sprachliche Zäsur feststellen: *das II. Vatikanum*. Es hat kein einziges Dogma formuliert, aber die umfassendsten Aussagen über den Glauben in der Geschichte aller ökumenischen Konzilien gemacht. Und es spricht eine ganz andere Sprache. Seine Sprache ist nicht die der Glaubensparagrafen, der Definitionen und Anathemata, sondern eine erklärende, vertiefende, sorgsam begründende und weit ausholende Sprache, die auch im Detail auf Horizonte bedacht ist, und auf das Verstandenwerden von Seiten des Hörers und Lesers. Die Sprache des Konzils ist vornehmlich verdeutlichend und positiv erbauend. Sie hat den Wunsch zu überzeugen, und sie vermeidet das Drohend-Verurteilende, das bei solchen Gelegenheiten so oft dominant war. Die Sprache des Konzils ist so wie sein Kirchenbild.

Die dienende Kirche

Es ist das Bild einer dienenden, solidarischen Gemeinschaft, die, so gut sie es mit ihrer wunderbaren Botschaft und ihren schwachen Kräften kann, in diese Welt ausstrahlen will, im Wort und im Werk. Es muss eine Kirche des Engagements sein, die ihre Stimme erhebt, hinter deren Wort ein reales Tun und Dienen steht, weil der Mensch heute den allzu großen und allzu vielen Worten sowieso nicht traut. Die Grenzen des bloßen Wortes hat ja der Herr selbst angedeutet, indem er gesagt hat: „Wenn ihr nicht meinen Worten glaubt, dann glaubt doch meinen Werken …" (vgl. Joh 10,25.38) Eine Kirche dieser Art wird in ihrer Sprache möglichst frei bleiben von aller hintergründigen Spekulation auf Macht und Imageverbesserung, es müsste die Sprache der Redlichkeit sein, die auch eingesteht, zugibt und korrigiert, wo es etwas einzugestehen, zuzugeben und zu korrigieren gibt. Damit muss die Sprache der Kirche absolut keine verunsichernde werden, wohl aber eine glaubwürdigere. Unsere Sprache darf keine berechnende, sondern muss (aber wie schwer ist das!) eine liebende sein.

Verweilen wir ein wenig bei diesem Aspekt. Da unsere Sprache Wort und Antwort zugleich sein muss, also immer auch auf den Anzusprechenden blicken muss, müssen wir uns doch die Situation der Menschen von heute vor Augen stellen. Tagtäglich erleben wir, was Analysen für Europa kürzlich festgestellt haben: Sehr viele Menschen leben inmitten der Sturzfluten und Meinungen der Informationsgesellschaft im geistigen Niemandsland. In einer Untersuchung an Tausenden von Jugendlichen hat man festgestellt, dass der größte Prozentsatz weder den Atheisten noch den „Gläubigen" im üblichen Sinne zuzuzählen ist, sondern Unschlüssigen, Verunsicherten, Verwirrten, Abwartenden und Agnostikern („Was kann man schon wissen!"). Sie bleiben, auch wenn sie getauft wurden und vielleicht auch Religionsunterricht hatten, in einer reservierten Distanz, ohne klare Zugehörigkeit und festes Engagement, aber mit unbestimmten Frustrationen und Sehnsüchten. Sie stehen sozusagen auf den Bahnhöfen der Gesellschaft herum, wie die Gastarbeiter, die sich als Unbehauste gerne dort versammeln und den in die Ferne verlaufenden Geleisen nachträumen. Der Grundton unserer Verkündigung muss sich darum immer wieder auf Menschen einstellen, die zwar Taufzeugnis und Heimatschein in der Dokumentenmappe haben, aber trotzdem auf dem Weg und auf der Suche sind. Eine Kirchensprache, die immer so tut, als sei sowieso alles klar und man müsse die Wahrheit nur möglichst lückenlos und perfekt anbieten, dringt zu diesen Bahnhofshallen genauso wenig vor wie die Sonntagsglocken ins Kommen und Fahren der Züge. Unsere Sprache muss immer etwas Nachgehendes und Einholendes haben, das Anknüpfen an das vorhandene Stück guten Willens und gegebener Einsicht, das irgendwie ja bei jedem da ist, das geduldige Erklären und Begründen und Wecken des Interesses.

Die Sprache des Auferstandenen

Für solches Sprechen kennt die Schrift ein Modell. Und es ist für mich geradezu symbolisch, dass dies die erste Weise verkündender Sprache nach den Ereignissen von Tod und Auferstehung ist. Es ist die Sprache des *Auferstandenen*, der auf dem Weg nach Emmaus den enttäuschenden, resignierenden Aussteigern nachgeht, bei ihren Frustrationen und Niedergeschlagenheiten beginnt, und dann anfängt, zu erklären und nahezubringen, so dass schließlich doch die Herzen berührt werden und die beiden zum Unbekannten das wunderbare Wort sagen: „Herr, bleibe bei uns, denn es will Abend werden …"

Ich brauche wohl nicht darauf hinzuweisen, dass sich heute in vielfacher Weise die Situation derer, die Jerusalem den Rücken kehren, wiederholt, und dass man diese nicht einfach damit zur Umkehr bringt, indem man ihnen einen mehrbändigen Katechismus überreicht, obwohl der für manches gut sein kann. Er, der Sieger über Leid, Sünde und Tod, er wäre der Einzige gewesen, der mit Recht so etwas wie eine triumphalistische Sprache wählen hätte können, aber er hat sich ihrer nicht bedient. Er hat keine Botschaften hinausgeschmettert, sondern den mühsamen, persönlichen Dialog gewählt, und wenn uns von diesem Dialog die einzelnen Gedanken im Detail nicht überliefert sind, so wahrscheinlich deshalb, weil diese pastorale Grundhaltung des Erlösers viel wichtiger ist als die Linienführung damaliger Argumentation.

Im Dialog bleiben

So muss auch die Sprache der Kirche von heute, unsere Sprache, eine *dialogische* sein, d. h. sie muss selbst dort, wo man formal allein spricht, wie in der Predigt oder in einem Zeitungsartikel, eine ständige Auseinandersetzung mit den Positionen, Gefühlen, Sehnsüchten und Vorbehalten des anderen sein. Das setzt für die Wahl der Worte Kenntnis der Situation und viele menschliche Kontakte voraus. Es gibt bei uns in der Kirche, in den höheren Etagen des Theologischen wie des Hierarchischen, hie und da wirklich die Gefahr einer gewissen Isolation, und dann entsteht ein kühler Sprachwind, der vom Himalaya der Erhabenheit herunterweht und keine Blumen wachküsst.

Die rechte, taugliche Kommunikationssprache wird nicht unbedingt in Gelehrtenstuben oder Kanzleien und Sekretariaten geboren. Dort wird das theologische Mehl gemahlen, dessen Qualität natürlich von größter Bedeutung ist (ich gebrauche das Bild keineswegs abwertend), aber das eben doch eine typische Eigenschaft des Mehls hat: Es staubt. Aus dem Mehl muss das Brot der Sprache gebacken werden, und manchmal hat man den Eindruck, als gäbe es in der Kirche mehr Müller als Bäcker. Und dabei könnte die moderne Backkunst in unserem Land mit den vielen Spezialbroten ein Zeichen dafür sein, wie differenziert Sprache sein muss, wenn sie an den Menschen kommen will. (Man verzeihe mir mein Verweilen in dieser Bildwelt – aber mein Großvater war Bäcker.)

Zur dialogischen Sprache braucht es viele menschliche Begegnungen, Einblicke in Lebensschicksale, Stehen im Alltag, auch ein Aufs-Maul-Schauen und Lernen-Wollen, und ein Hineinhören in die Strömungen der Zeit, auch ein Ernstnehmen dessen, was uns seriöse anthropologische und soziologische Analysen sagen.

Eine Sprache mit Würze

Und wenn ich beim Bild des Brotes bleiben darf, dann müssen wir auch bedenken, dass die Sprache, um die wir ringen, Würze braucht. Offen gesagt – bei vielen Texten, die mir Tag für Tag in ganzen Bergen zugesandt werden, habe ich den Eindruck, mit religiösem Diätzwieback konfrontiert zu werden. Wir können auch den zu dicken Zuckerüberguss des Pathos nicht ausstehen. Wohl aber brauchen wir Herzlichkeit, Mut zur Emotion, und – auch am Ende des wissenschaftlichsten und rationalsten aller Jahrhunderte – Mut zum *Bild*. Religiöse Sprache ist ohne Bild, ohne einen geheimen Bezug zum Poetischen, nie ausgekommen. Wenn aus der Sprache der Kirche das Bild schwindet, dann zeigt das ein schwerwiegendes Defizit auf. Dies wäre nämlich ein Zeichen, dass unsere Sprache sich vom tröstenden Geheimnis entfernt, das unsere Zeit so sehr braucht, dass der Hunger nach dem Mystischen ja hie und da groteske Formen annimmt. Bei Diskussionsbeiträgen über soziales oder gesellschaftliches Engagement, über Bischofsernennungen und Strukturfragen, über Tagungsberichte und Ähnliches mag man vielleicht ohne Bilder auskommen. Neonlichter kritischen Denkens mögen viel erhellen, aber die Bilder sind die Intarsien, die die Türen in die Palasträume des Mysteriums schmücken und zum Öffnen einladen. Bilder wecken Echo, und Bilder bleiben. Das gilt auch für den Menschen unserer Tage. Die Sprache der Kirche muss Elemente des Kreativen bewahren. Aber wir leiden alle an einer allgemein verfallenden Sprachkultur.

Es gibt noch eine Nagelprobe dafür, ob eine Sprache Herz hat: *die Präsenz des Humors*. Auch in der Kirche sind Fanatismen und Engführungen, seien sie rechts oder links angesiedelt, humorlos. Es gibt journalistische Produktionen, die von einem gewissen Stil keifender Anklage nicht herunterkommen. Diese oft fromm-eifernden Leute vergessen, wer in der Heiligen Schrift der Ankläger ist, der die Menschen bei Tag und Nacht verklagt.

Eine Kommunikation der Liebe

Darum ginge es also im Letzten: um eine Kommunikation der Liebe. Damit ist – und das möchte ich noch einmal unterstreichen – keineswegs gesagt, dass die Sprache christlicher Verkündigung und Auseinandersetzung nur aus Streicheleinheiten und kühlenden Salben bestehen soll. Hie und da darf und muss es blitzen – das zweischneidige Schwert des Gotteswortes, das kraftvoll und lebendig ist (Hebr 4,12). Aber nur dann, wenn es *wirklich* um die letzten, tragenden Wahrheiten geht, die Er uns hinterlassen hat. Wenn ich die Lanze auf Windmühlen anlege, werde ich rasch vom edlen Ritter der Wahrheit zum Don Quichotte. Darum gehört zur Voraussetzung der rechten Sprache sicher auch ein solides Wissen um das Wesentliche, und das ist eine Forderung an jeden katholischen Journalisten und Verkünder. Ein solides Bildungsstreben gehört zum Geschäft, bis hinein in theologische Grundfragen, und den Schnupperjournalismus, der über alles schreibt, auch und besonders darüber, wovon er keine Ahnung hat, den können wir uns nicht leisten. Ringen um Sprache – bei kaum einem Thema, das mir je angeboten wurde, hatte ich so sehr das Gefühl, wirklich mitten im Prozess zu stehen, auf den der Titel hinweist; mittendrin im Bemühen, immer neu herausgefordert zu werden, und doch nie ganz zu entsprechen, immer wieder zu zielen, und doch das Schwarze nicht ganz zu treffen. Und Ihnen wird es unzählige Male ähnlich ergehen, ja vieles fühlen Sie wahrscheinlich noch verschärft, und ich gestehe gerne ein, dass der katholische Journalist im Auffinden der Sprache für heute oft Pionierarbeit leisten muss, die dann auch sakraleren Räumen zugutekommt. Ich habe viele Artikel von hier Anwesenden mit großem Nutzen gelesen. Wir dürfen uns nicht entmutigen lassen.

So ringen und suchen wir und warten auf Echo, weil diese Welt so schwierig und so schwerhörig geworden ist. Aber wir müssen unsere Stimme ja im betäubenden, lärmerfüllten Großmarkt der Information erheben. In dieser für unser Schreiben und Sprechen so schwierigen Situation liegen sicher auch große Chancen. Deshalb sollten wir auf den Geist vertrauen, von dem es heißt: *„Der Geist des Herrn erfüllt den Erdkreis. Er, der das All erfüllt, kennt jede Sprache"* – auch die Ihre!

Zum Profil
des Unternehmers

Von der Betrachtung der weltgeschichtlichen Stunde her darf ich hier das Wort in einem Augenblick ergreifen, in dem am Ende dieses Jahrhunderts zweifellos das Wort „Unternehmer" weltweit einen gewichtigeren Klang bekommen hat. Alle jene Experimente der Wirtschafts- und Sozialgeschichte, die geglaubt haben, auf das „Unternehmerische" im eigentlichen Sinn verzichten zu können, sind gescheitert. Von Pressburg bis Wladiwostok ertönt der Ruf nach unternehmerischen Qualitäten, und das praktische Nichtvorhandensein dieses Standes erweist sich als das größte Defizit auf dem Weg in eine bessere Zukunft.[13] Ich trage in diesem Kreis Eulen nach Athen, da es sich bei dieser Entwicklung nicht einfach um den „Sieg des Kapitalismus" handelt, wie das ein simples Schubladendenken formuliert. Das könnte man nur sagen, wenn mit diesem sehr belasteten Wort gemeint wäre (und jetzt zitiere ich die letzte Enzyklika „Centesimus Annus"[14] wörtlich):

---

13 Die Rede Bischof Reinhold Stechers fällt in die Zeit der großen Umbrüche im ehemaligen Ostblock (Anm. d. Hg.).

14 Diese Enzyklika (dt. „Das hundertste Jahr") ist ein Lehrschreiben, das Papst Johannes Paul II. im Mai 1991 zum Ende der kommunistischen Staatsformen in Europa und 100 Jahre nach Erscheinen der Enzyklika „Rerum Novarum" (dt. „Von den neuen Dingen") von Papst Leo XIII. veröffentlichte (Anm. d. Hg.).

„Ein Wirtschaftssystem, das die grundlegende und positive Rolle des Unternehmens, des Marktes, des Privateigentums und der daraus folgenden Verantwortung für die Produktionsmittel, der freien Kreativität des Menschen im Bereich der Wirtschaft umschließt. ... Ein besserer Name als ‚Kapitalismus‘ wäre allerdings Unternehmenswirtschaft, Marktwirtschaft, freie Wirtschaft (wobei die sozialen und ökologischen Aspekte eingeschlossen sind ...).“

Mir ist also klar, welche Bedeutung das Unternehmertum für die Welt und unsere Heimat hat. Aber wenn ich jetzt auch eine Sozialenzyklika zitiert habe, so möchte ich doch nicht auf den Pfaden dieser Problematik heute Abend weiterschreiten. Es geschieht immer wieder, dass ich zu einer Rede gebeten werde, die in Bereiche hineinreicht, für die ich mich eigentlich sehr wenig kompetent fühle. Ich ahne nur, welche Komplexität heute in unserer wirtschaftlich und sozial hochentwickelten Gesellschaft die Wirklichkeit prägt. Und ich weiß, dass es innerhalb und außerhalb der Kirche viele Leute gibt, die in diesen Bereichen des Wirtschaftlichen und Sozialen kompetenter sind, als ich es je sein könnte. Mein Lebensweg hat mich etwas andere Bahnen geführt. Ich habe mich mit der Theologie, im Besonderen mit der Botschaft des Alten und Neuen Testaments beschäftigt, den großen Gedanken der Offenbarung, die das Heil bedeutet, und später dann mit der Verkündigung, der Pädagogik, den anthropologischen Wissenschaften und ihrer Umsetzung in die erzieherische Praxis. Darum möchte ich hier vor Ihnen eigentlich lieber als *Seelsorger* sprechen, und ich habe mir meine Gedanken gemacht über Ihre Situation als Manager und Vielbeschäftigte. Vielleicht kann ich etwas nachfühlen, mit einem Blick auf das Unternehmen Diözese Innsbruck, was für ein Vielerlei an Aufgaben und Verpflichtungen, an zu lösenden Problemen auf Sie einstürmt. Ich kann mir vorstellen, dass die Bewältigung eines Berufes wie des Ihrigen menschlich oft gar nicht so einfach ist, weil es auch bei vielen Mitarbeitern gilt, die letzten Fäden zu halten und zu koordinieren und über die jeweiligen kleineren Problemkreise etwas hinauszudenken. Es ist erwiesen, dass Berufe wie die Ihren sehr oft hart an das herangeraten, was man Stress nennt, wobei der Stress nicht so sehr von der Fülle der Arbeit, sondern vom schleichenden Erlebnis einer gewissen Sinnlosigkeit geprägt wird, d. h. dass man „sich nicht mehr recht drüber aussieht" und mehr ein Getriebener ist als ein Treibender. Und deshalb habe ich mir gedacht, dass ich Sie eher zum Nachdenken über sich selbst, Ihr Leben und Ihr Arbeiten anregen möchte, dass Sie sozusagen von dem Werk, an dem Sie täglich schaffen, etwas zurücktreten – ein Vorgang, der ja immer notwendig ist, wenn es um die Erfassung des Wesentlichen geht.

Und in diesem Sinne möchte ich an ein paar Akzente erinnern, die das Profil des Unternehmers von heute, der alles andere als ein Kapitalherr der Gründerzeit ist, prägen.

Die Verantwortungsfreude

Wir wissen es alle: Verantwortungsfreude ist nicht unbedingt eine selbstverständliche Tugend unseres Zeitalters. Dazu haben wir ja im Allgemeinen ein viel zu hohes Sicherheitsdenken entwickelt. Bürokratische oder gar totalitäre Staatsformen erschlagen die Verantwortungsfreude sowieso. Aber ehrlich gesagt, man findet sie auch in so manchem christlichen Tugendkatalog nicht, weil er zu stark nur von der Frage „was darf ich, was darf ich nicht" bestimmt ist. Die Verantwortungsfreude betrachtet aber das Leben nicht nur als eine genau beschilderte Straße, sondern als Herausforderung ins „Noch nicht", ins Unbekannte. Hinter ihr steht ein Doppeltes: ein „*Ja*" zu einer Welt, die noch nicht in menschengerechter Weise zu Ende gebaut ist, und gleichzeitig ein *Risiko*. Für den Bau einer im guten (nicht oberflächlichen) Sinne fortschrittlichen Welt ist Verantwortungsfreude unverzichtbar. Und es dürfte *ein* besonderes Problem für den Aufbau einer neuen Wirtschaftsordnung in den ehemals kommunistisch regierten Ländern darin bestehen, Menschen mit Verantwortungsfreude heranzubilden. Totalitarismus, Überbürokratie und Überreglementierung erschlagen die Verantwortungsfreude. Hier berühren sich sicher die Erfahrungen im wirtschaftlichen und im pädagogischen Leben. Dieselben Kräfte erschlagen auch die

Kreativität. Hinter der Verantwortungsfreude steht auch das Schöpferische, jene geheimnisvolle Fähigkeit des Menschen, für die die Psychologie wohl einige günstige oder weniger günstige Bedingungen der Entfaltung angeben kann, aber letztlich niemals erklären kann, was sie eigentlich ist. Sie wissen natürlich, dass das, was ich zur Verantwortungsfreude und zum Schöpferischen im Großklima angedeutet habe, auch für das Kleinklima des eigenen Betriebes gilt. Auch dort kann man Verantwortungsfreude und Kreativität der Mitarbeiter hemmen oder fördern.

Die Sachkompetenz

Zur Tugend der Verantwortungsfreude muss beim Unternehmer sicher die Kompetenz kommen, die *Sachlichkeit*, die Tüchtigkeit im Metier. Sie gehört zu einer großen, alten, christlichen, ja schon aristotelischen Tugend: der Klugheit. Sie besteht in der rechten Auseinandersetzung des Menschen mit der Wirklichkeit, im Streben, sich weitverzweigten Sachverstand anzueignen, und das oben genannte Risiko z. B. eben zu einem kalkulierten werden zu lassen. Diese Kompetenz wird in einer komplizierten Welt immer schwieriger, vielschichtiger, und natürlich für einen Außenstehenden immer unbegreiflicher. Nur hie und da, bei Betriebsbesuchen, ist mir oft die Ahnung gekommen, was es heißen muss, einen Betrieb zu führen, dessen Textilmaschinen alle ausgelastet werden müssen, wobei heutzutage eine so viel produziert wie vor 25 Jahren die ganze Fabrik. Ich kann mir zwar keine adäquate Vorstellung von der Führung eines Industriebetriebes machen, aber ich versuche, mir keine naive zu machen. Natürlich wird in einer Wirtschaft, die parteipolitisch besetzt ist, auch die Sachlichkeit erschlagen. Davon gab es in Österreich ein Lied zu singen, vor allem in den östlichen Teilen unseres Staatsgebietes. In einem Wiener Kabarett wird dieses Lied damals auf dem Höhepunkt der Staatswirtschaft mit dem bissigen Chanson geschildert: „Wir hab'n für jeden Posten in Österreich drei Mann: an Roten und an Schwarzen, und einen, der was kann …"

Die Verantwortungsfreude und die Sachkompetenz, das sind also zwei Tugenden, von denen das Blühen von Betrieben und damit das Wohl und Wehe vieler Menschen abhängt. Und beide Tugenden verlangen eine positive Grundeinstellung zur Schöpfung, zum Dasein, zum Leben, zur Wirklichkeit. Und – wenn man es tiefer betrachtet – erfordern eigentlich schon diese so wichtigen ökonomischen Tugenden von ihrem Wesen her eine tiefe Sinnhaftigkeit unseres gesamtmenschlichen Horizontes. Nur wenn ich an den Sinn glaube, kann ich Verantwortungsfreude empfinden und ein Risiko eingehen. Natürlich gibt es vordergründige einzelne Bestrebungen wie z. B. die persönliche Befriedigung oder das gute Geschäft usw., aber was sollen diese in unserem Dasein, wenn das Ganze ein Unsinn ist? Wer tiefer denkt, kommt den letzten Fragen nie aus.

Das soziale Feeling

Wo immer der Mensch sich Werten erschließt, geschieht das nicht einfach über den Kopf, sondern über das Herz. Nur was zutiefst im Gemüt verankert ist, kann ein „Wert" werden. Gemütsarme Menschen sind „eo ipso" wertarme Menschen. Wer kein Gefühl für Natur entwickelt hat, kann schwerlich ein Verständnis für Umweltschutz entfalten. Es gibt sehr große Psychologen, die letztlich doch die Emotion als das Zentrum des Menschen bezeichnen, und darum ist sicher die emotionale Bildung des Menschen eine eminente Sache, die ja heute oft durch einen überzogenen Intellektualismus vernachlässigt wird. Das Herz bestimmt den Gang des Lebens, und unsere ganze intellektuelle Bildung muss sicher dazukommen. Wehe, wenn wir nur von Gefühlen regiert werden, wie es eben beim Fanatiker der Fall ist. Aber wir brauchen eine Kultur des Gefühls. Schon vor zwei Jahrzehnten haben Anthropologen darauf hingewiesen, dass die Kultur des sozialen Fühlens, die Fähigkeit der sozialen Empathie, für den Aufbau einer menschlicheren Welt entscheidender sein wird als aller technisch-wissenschaftliche Fortschritt. Diese Kultur des Gemüts ist nicht einfach in Regeln und Gesetzen vorzuschreiben.

Die detaillierteste Schulgesetzgebung kann z. B. kein pädagogisches Einfühlungsvermögen beim Lehrer schaffen. Trotzdem wissen wir aus nüchtern-empirischen Untersuchungen, dass z. B. Lehrer mit diesem pädagogischen „Feeling" mit weniger Stofffülle und weniger Schuldruck bedeutend mehr erreichen als tüchtige Pauker, die über diese Einfühlung nicht verfügen.

Wenn ich über das „soziale Feeling" als einem wichtigen Akzent der modernen Unternehmerpersönlichkeit spreche, bewege ich mich sozusagen im Vorfeld aller sozialen Regelungen und Gesetze, aller Ausgleichsversuche der Interessen und Rechte. Das soziale Feeling ist eine menschliche Voraussetzung für die Lösung dieser Probleme, so wie das pädagogische Feeling die Voraussetzung für den Schulerfolg ist, vor Sachwissen, Lehrplänen, Stundenausmaß und Schulgesetz.

Die Bildung des Gemüts erfordert Begegnung mit Menschen und Situationen, Gefühle wachsen nicht auf dem Boden rein theoretischer Auseinandersetzungen.

Wenn ich hier auf die kirchlichen Erfahrungen rekurriere, dann muss ich Ihnen ganz offen sagen: Das für unsere Aufgabe so notwendige *pastorale* Feeling kann nur der erwerben, der wirklich für die Menschen und mit ihnen zusammen gearbeitet hat. Und zwar nicht nur mit irgendeinem frommen Elitegrüppchen, sondern mit den Menschen, wie sie heute sind. Wenn daher in der Kirche jemand in die höheren Ränge gerät, der in Wirklichkeit nie an der Front der Seelsorge gestanden ist, dort wo's aufs Vorleben und Überzeugen ankommt, wer nicht hautnah die Not und die Ängste und die Probleme der Menschen erlebt hat, der mag noch so eine blendende Intelligenz haben, ein noch so gewandtes Auftreten, eine noch so hohe Bildung – ein Hirte wird er nie. Das pastorale Feeling erfordert viel, sehr viel konkrete Begegnung und Teilnahme am Leben.

Das gilt nun sicher auch für das *soziale Feeling*, das heute einen modernen Unternehmer auszeichnen muss.

Die Verbundenheit mit dem Umfeld

Hier glaube ich, dass der Unternehmer einen immer wieder geübten, unmittelbaren Kontakt mit dem einfachen Menschen braucht. Er muss Interesse für sein Schicksal, seine Probleme, seine Lebensumstände haben. Es kann ziemlich rasch gehen, dass man in einem „Way of Life" lebt, der mit der kleinen Welt, der Welt des kleinen Mannes nicht mehr viel zu tun hat. Die wirklich konkrete Anteilnahme kann rasch schwinden – nach dem alten Gesetz „aus den Augen, aus dem Sinn". Das gilt ja auch für einen Beruf wie den meinen, der die Versuchung birgt, vor lauter so genannter wichtiger Verpflichtungen keine Zeit mehr für das Eintauchen in die kleinen Menschenschicksale zu haben.

Vielleicht gibt es hinsichtlich dieses sozialen Feelings noch einen Punkt, den man im Auge behalten müsste.

Soziales Mitgefühl verlangt eine Nähe zum Menschen, und auf der anderen Seite eine gewisse *Distanz* zu eigenen Ansprüchen. Es ist etwas höchst Gesundes, wenn man sich in einer Ecke seines Lebensstils trotz seiner Zugehörigkeit zu einer gehobenen Gesellschaftsschicht einen Sinn, ja eine gewisse Liebe zum einfachen Leben bewahrt. Ich möchte hier absolut keine pharisäischen Hinweise geben. Aber Sie wissen ja selbst, wie wichtig es für die Generation Ihrer Kinder ist, dass sie trotz des Wohlstands der Familie in einer gewissen Bescheidenheit aufwachsen. Und ich habe ja hinsichtlich der Erziehung und etwa der Taschengeldzuteilung gerade in Ihren Kreisen sehr positive Beispiele erlebt. Ich brauche Ihnen nicht zu erklären, was für ein Fluch die Wohlstandsverwöhnung für den jungen Menschen werden kann.

Eine gewisse Wachsamkeit gegenüber den eigenen Lebensansprüchen ist ja immer gesund, auch wenn man sich einiges ganz zu Recht leisten kann. Das Leben lehrt uns ja hin und hin, dass das Glück des Genießens, das durchaus zu ihm gehören soll, nicht von der Quantität des Genossenen und Intensität der Sensationen bestimmt ist.

Aber hier geht es um etwas anderes:

Nur der, der sich in irgendeiner Form eine gewisse vornehme Liebe zum Einfachen bewahrt – der wird auch den einfachen Menschen emotional verstehen. Es gibt einen Lebensstil, der dieses Feeling eben auslöscht.

Vor einiger Zeit war ich gezwungenermaßen mehrere Wochen in der mir ungewohnten Atmosphäre eines Fünf-Sterne-Hotels, und ich habe mich wie ein König gefühlt. Aber da gab es doch reihenweise Leute, die mit nichts zufrieden waren, nicht einmal mit einem Zehn-Meter-Buffet, und mit vornehmem Bedauern beklagten, wie sehr das Niveau sinke – letztes Jahr hätte es noch sechs Dressings zum Salat gegeben, jetzt nur mehr fünf. Und dies, während gleichzeitig die Medien pausenlos das Elend der Welt gebracht haben und die alte Frau, die mein Zimmer aufräumte, ein krankes Enkelkind zu Hause hatte, für das sie sorgen musste, und der Kellner da drüben um den Bestand seiner Ehe bangt, weil er einfach zu lange von zu Hause weg ist und das mit einer Wohnung in der Nähe nicht geklappt hat usw. usw. Und da sitzt eine Dame und klagt mit bewegten Worten über das fehlende sechste Dressing, das ich ihr am liebsten aufgesetzt hätte, wenn man als Bischof überhaupt so abenteuerliche Gedanken haben darf. Ich weiß, ich habe jetzt ein krasses Beispiel gebracht, aber ich glaube, Sie verstehen, was ich mit dem Untergang des sozialen Feelings in einem Übermaß von Ansprüchen meine. Wenn man für ein Abendvergnügen öfters so viel ausgibt, wie ein Rentner für zwei Monate zum Verbrauch hat, wird man sehr rasch kein Gefühl mehr für die Situation eines Rentners haben.

Wiederum kann ich auf die eigenen bitteren Erfahrungen der Kirche verweisen. Der Lebensstil des Fürsten, der im Abendland den hohen Klerus jahrhundertelang geprägt hat, war nicht unschuldig an der Entfremdung der Hierarchen vom Volk. Es ist ihnen das soziale Fühlen in den Residenzen und Palästen verloren gegangen. Und jetzt wissen Sie auch, warum ich die Anrede „Exzellenz" nicht sehr gerne habe, und lieber „Herr Bischof" höre, weil die besagte Anrede in jenen Zeiten entstanden ist.

Verstehen Sie bitte meinen Appell nicht als pharisäisch-puritanische Aufforderung zur Versagung der Lebensfreude. Aber ich glaube, dass *alle* Menschen, die in gehobener und führender Position tätig sind und natürlich auch einen gehobenen Lebensstil haben, doch immer eine Offenheit für den Kontakt mit dem einfachen Menschen haben müssen, der nicht gerade auf der Butterseite liegt, und dass man einen Sinn für gebremste Ansprüche bewahren muss, für sich und die nachkommende Generation, sozusagen einen behutsamen Umgang mit dem Wohlstand.

Dann ist jene soziale Empathie möglich, die für das soziale Klima sicher als emotionale Voraussetzung entscheidend ist, und die für den Bau einer menschlicheren Welt nach dem Urteil der Zukunftsforscher so entscheidend ist.

Eine tirolerische Besonderheit

Ich habe mit dem sozialen Feeling die *Verbundenheit mit dem Umfeld* als besonderen Zug in der Persönlichkeit des Unternehmers genannt. Ich gestehe Ihnen ganz offen, dass ich diesen Zug als einen speziell tirolischen bezeichnen möchte. Ich habe ihn nirgendwo in irgendeiner Literatur entdeckt, wohl aber auf meinen vielen Reisen und Besuchen in diesem Land. Ich war ja dort, wo ich die Visitation hatte, in den meisten größeren Betrieben – ich darf mich hier auch für die immer erlebte freundlichste Aufnahme bedanken – und ich bemühe mich auch bei dieser Gelegenheit, mit den Arbeitern an den Maschinen ein wenig ins Gespräch zu kommen, und da ist mir eines aufgefallen. Der eine sagt: „Ich war letzte Woche mit der Musikkapelle in St. Jodok dabei, wie Sie dort die Firmung gespendet haben", und ein anderer stellt sich als Fähnrich der Schützenkompanie im Nachbardorf vor – ich hätte ihm dort die Hand gegeben. Die Dritte erklärt mir, dass ich in Nösslach ihre kranke Großmutter besucht hätte, und die Vierte ist Mitglied des Pfarrgemeinderates in Navis und würde mit mir am Freitagabend zusammenkommen. Und das erlebe ich nun seit Jahren, und ich habe mir vorgenommen, wenn ich einmal Gelegenheit hätte, zu den Verantwortlichen der Wirtschaft zu reden, sie auf diese m. E. positive Situation hinzuweisen. Wir haben in Tirol eigentlich kein Proletariermilieu wie in englischen, französischen oder italienischen Arbeitervierteln und Industriestädten, in entpersönlichten Straßenzügen und isoliertem Dasein. Ein Großteil Ihrer Mitarbeiter lebt sein Leben draußen auf dem Dorf, und das sind nicht die sterbenden Dörfer an der Loire, im Rhône-Tal oder am Po, sondern lebendig strukturierte Gemeinden mit einem pluralistischen Eigenleben, in das die Menschen in vielfältiger Weise integriert sind. Ein amerikanischer Soziologe, der längere Zeit hier war, hat mir gesagt, wie wichtig für eine menschliche Lebensqualität diese Tatsache ist. Der Mensch, der so lebt, ist anders als der, der zwischen Arbeitsstätte und trostlosen Wohnblocks hin und her pendelt.

Und nun ist es mir bei meinen Besuchen im Land eben auch oft begegnet, dass große Betriebe eine bewusste Bindung zu diesem Umfeld haben, also auch regional integriert sind. Man wird sicher oft angegangen um Spenden, und ich weiß ja allein von Kirchenrenovierungen her, wie oft ein Betrieb als Spender aufscheint, der gar nicht am Ort ist, der aber eine Reihe von Mitarbeitern im Ort hat. Ich wollte Ihnen nur sagen – auch das scheint mir eine für unser Land spezifische Verbindung von Betrieb und Umfeld, die aber in ihrer Weise wieder zurückwirken kann auf das Klima des Betriebes. Und manchmal bin ich dem begegnet, was man bei Mitarbeitern als einen richtigen Betriebsstolz bezeichnen könnte. Alle diese Dinge im emotionalen Hintergrund können nicht in Zahlen ausgedrückt werden, aber sie spielen wesentlich in das herein, was man Lebensqualität nennt. Diese Bindung an das Umfeld ist also so etwas wie eine Ergänzung zum sozialen Feeling. Und wiederum erhebt sich bei der Betrachtung der sozialen Empathie die letzte Frage, wem sie gilt, und damit beginnt die Grundfrage nach der Würde des Menschen.

Der weite Horizont

Den letzten Zug, den ich für eine Unternehmerpersönlichkeit für wichtig hielte, möchte ich mit einem zunächst vielleicht etwas skurril wirkenden Bild erklären.

Wahrscheinlich ist den meisten von Ihnen die Burg Boymont bekannt, die hoch über dem berühmten Schlosshotel Korb bei St. Pauls im Überetsch thront, als Nachbarin von Hocheppan. Diese Burg Boymont, die durch eine frühe Brandkatastrophe in ihrer Substanz auch als Ruine so erhalten geblieben ist, wie sie gebaut wurde, hat etwas Besonderes.

Der mächtige Bergfried hat im obersten Stockwerk ein riesiges Bogenfenster, das einen weiten Blick über das Land gewährte und das sicher mit der Verteidigung nichts zu tun hatte.

An diese Bogenfenster muss ich denken, wenn ich einen letzten Akzent der Unternehmerpersönlichkeit anspreche: Je mehr Verantwortung in einem Leben steht, umso wichtiger wird es: *das Bogenfenster eines weiten Horizonts, das Bogenfenster in die Transzendenz.*

Gerade beim Verantwortungsbeladenen, von harten wirtschaftlichen Herausforderungen geprägten, mit großer Beweglichkeit operierenden, Marktnischen suchenden, mit Führungsaufgaben belasteten Manager braucht es irgendwo den Bergfried mit dem Bogenfenster.

Das war ja der grundlegende Irrtum des marxistischen Versuchs, die Probleme des industriellen Zeitalters zu bewältigen, dass er gemeint hat, auf diesen Turm und dieses Bogenfenster verzichten zu können.

Es ist unverzichtbar. Jede redliche Anthropologie muss es zugeben. Es gibt nicht nur den „Homo faber" (Handwerker) und den „Homo inventor" (den Erfinder), den „Homo socialis" (das Gemeinschaftswesen) und den „Homo laborans" (den schaffenden Menschen), es gibt auch den „Homo contemplativus" und den „Homo religiosus", und wer diese Seite des Menschlichen streicht, schafft einen Torso.

Schritte zum Glauben

Ob ich Welt, Leben, Zeit, Geschichte, Schicksal, Aufgabe im Letzten doch als ein sinnvolles Ganzes zwar nicht in allem Detail sehe, aber glaube, davon hängt sehr wesentlich das ab, was man Glücklichsein nennt. Wem dieses Glück zuteilwird, der ist eine Persönlichkeit, und wär's der einfachste Mensch. Gerade aber der Mensch, der von der ganzen Kompliziertheit des modernen Lebens beschlagnahmt wird, braucht das Bogenfenster.

Jeder hat seinen eigenen Ansatz zum Fensterbogen im obersten Stockwerk des Turmes seiner Existenz in der Seele. Beim einen ist's die Natur, beim anderen die Kunst, die Schönheit, beim Dritten das Engagement für das Gemeinwohl im weiten Sinn, die Literatur, das über das Geschäft reichende Interesse, die Bildung. Und wer von Zeit zu Zeit zu seinem Fensterbogen tritt, in den ruhigeren Stunden, und die Horizonte absucht, die sich in immer zarterem Blau verlieren, der weiß auch, dass der Blick durchs Bogenfenster ins Unendliche geht, und wenn wir die Optik unseres Herzens dorthin drehen, wo der liegende Achter „unendlich" anzeigt, dann beginnt eben in diesem Bogenfenster wiederum das, was wir Glaube nennen, und als Diener der Kirche beginnt dann eigentlich meine Aufgabe, nämlich auf die aufgehende Sonne des erlösenden Gottes hinzuweisen. Und diese Sonne wirft ihren Schein auf alle Bezüge unseres Lebens, in die sozialen Bezüge und den Dienst an der Welt, am echten Fortschritt im Sinne einer menschlicheren Gesellschaft.

Ich weiß, dass der Schritt zum Glauben ein ganz persönlicher und für manchen alles andere als einfach ist, ich meine hier den Glauben an Christus. Aber eines sage ich ganz offen. Als ich vor Jahrzehnten studierte, hat man sich in der Philosophie mit allen möglichen „Gottesbeweisen" herumgeschlagen. Je länger ich lebe, umso deutlicher kommt mir vor, es bräuchte eigentlich keinen anderen als den Menschen. Wer immer das Wesen des Menschen tiefer erforscht, wird immer und überall – in den Fragen des Dienstes an der Schöpfung und damit der tiefsten beruflichen Sinnerfahrung, oder in der Frage der Begegnung mit und des Dienstes am Menschen, oder spätestens beim Gang hinauf zum Bogenfenster in die Weite und in die Transzendenz auf die unausrottbare religiöse Anlage des Menschen stoßen, die zu leugnen schlicht und einfach eine Form ideologischer Beschränktheit darstellt.

Das sind die Akzente, an die ich Sie erinnern wollte, und die – unabhängig von aller Individualität – doch beim Unternehmer am Ende dieses Jahrhunderts sichtbar werden sollten, das über die einseitigen Ideologien materialistischer Denkweise – sei es des Marxismus, sei es des primitiven Kapitalismus – den Stab gebrochen hat.

Die Tiroler Gemeinden

Zunächst muss ich ein paar grundsätzliche Vorbemerkungen machen. „Kirche und Gemeinde" ist für mich als Bischof ein wichtiges Thema, weil erstens das Christentum – im Gegensatz zu anderen, z. B. ostasiatischen Religionen – eine *weltzugewandte* Religion ist. Es darf dem Christen nicht gleichgültig sein, wie die Welt aussieht und gestaltet wird. Darum kann mir nicht gleichgültig sein, wie das politische, soziale, wirtschaftliche und ökologische Klima in Tirol ist, und es kann keinem Pfarrer und keinem Pfarrgemeinderat gleichgültig sein, wie's in der Gemeinde geht.

Und zweitens treffen sich sicher viele Ihrer Interessen aus Ihrer Verantwortung heraus mit denen der Kirche am Ort, und es kann nur gut sein, wenn es ein vertrauensvolles Miteinander gibt.

Zum anderen muss ich daran erinnern, dass ich hier nicht als „politischer" Bischof, sondern als Seelsorger auftrete. *Weil* das katholische Christentum eine *weltzugewandte* Religion ist, hat es in der Geschichte immer auch eine Versuchung zu bestehen: die Versuchung der *Macht.* Und so ist es gekommen, dass die Kirche tausend Jahre lang tief in die politische Macht eingebettet war: Bischöfe waren Fürsten, und Schloss Wiesberg[15] erinnert an den Fürstbischof von Chur, dessen Burg es war.

---

15 Schloss Wiesberg im Bezirk Landeck steht auf einem Felsen an der Trisanna, wo das Paznauntal in das Stanzertal mündet (Anm. d. Hg.).

Päpste waren Souveräne mit Heeren und Kriegen, und nur langsam wurde diese – meines Erachtens unheilvolle – Verbindung von Kirche und Macht abgebaut. Als die Throne wankten, war die Kirche in meiner Kindheit und Jugend in die politische Parteienlandschaft eindeutig eingebaut, und ich habe Priester kennengelernt, die Landtagsabgeordnete, Nationalräte, Landesräte und Bundeskanzler waren. Erst seit 50 Jahren ist nach einem Jahrtausend die Kirche wieder in ihrer seelsorglichen Rolle und aus der Tagespolitik ausgeschieden – und ich glaube, dass das richtig ist. Aber eben in dieser *seelsorglichen* Rolle muss die Kirche auch hineinreden in die Gesellschaft, da und dort kooperieren und zusammenarbeiten, vor allem aber dazu beitragen, dass es in unserem Volk so etwas gibt wie ein gewisses allgemeines Niveau von Werten. Wenn das Wertniveau unter ein gewisses Maß sinkt, ist die Demokratie in Gefahr. Ich brauche dafür kein Beispiel auszuführen, wir sehen in unmittelbarer Nachbarschaft, was passiert, wenn ein demokratisches System in Egoismen, Korruption und schmutzigen Verbindungen wegfault. Hier liegt die Interessengemeinschaft einer lebendigen und im Ganzen gesunden Demokratie, wie wir sie in den Tiroler Gemeinden vor uns haben, und der Kirche.

Was ist für mich eine Tiroler Gemeinde?

Ich darf dazu ausführen, dass ich jetzt im Rahmen meiner Möglichkeiten auch ein wenig die Tiroler Gemeinden kenne. Ich habe etwa 85 bis 90 Prozent von ihnen besucht, ich war bei diesen Besuchen auch immer mit den Bürgermeistern und Gemeinderäten wie mit den Pfarrgemeinderäten beisammen. Ich habe 1250 Pflichtschulklassen besucht und viele der höheren Schulen, alle Altersheime, alle Kindergärten, sehr viele Betriebe, Spitäler, Heime, Einrichtungen für Behinderte. Und im Ganzen etwa 6000 Kranke und Alte in ihren Wohnungen. Ich kenne die Kirchen, Kapellen und Kunstschätze der Tiroler Gemeinden und weiß um die gewaltigen Anstrengungen, die auch die politischen Gemeinden neben der Spendenfreudigkeit der Bevölkerung in diesen Jahrzehnten geleistet haben. Es gibt nicht viele Länder Europas, in denen Ähnliches vollbracht wurde. Und so kann ich sagen, dass ich im Rahmen meiner

Möglichkeiten das Land Tirol, so weit es zur Diözese Innsbruck gehört, mit wenigen Ausnahmen kenne. So sehe ich unser Gemeindewesen, das sage ich aus Erfahrung und Überzeugung, mit einer großen Dankbarkeit.

Das Selbstbewusstsein der Gemeinden

Eine Tiroler Gemeinde ist ein *bejahtes Stück Welt*. Sie ist ein bewusstes, gewachsenes Miteinander und nicht einfach ein bunter Haufen Menschen wie ein Stadtviertel einer Großstadt oder eine Menge in einem Fußballstadion. Es ist eine Freude, dass es ein *Gemeindeselbstbewusstsein* gibt. Hie und da kann's ja ein bisschen überbetont sein, vor allem mit Nachbargemeinden, die in der Regel keine Partnergemeinden sind, aber das gibt's schon in der Heiligen Schrift. Da sagt Nathanael, wie er erfährt, dass der Erlöser aus Nazareth kommt: „Kann denn aus Nazareth etwas Gutes kommen?" Ähnliches habe ich in Tirol auch schon gehört. Aber im Ganzen ist das Gemeindebewusstsein eine ganz positive Sache und wahrscheinlich die beste Voraussetzung für eine lebendige Demokratie. Je größer die demokratisch angesprochene Masse wird, umso mehr verkommt die Demokratie in der Anonymität, und es kommt dann – wie bei einem amerikanischen Präsidentenwahlkampf – überhaupt nicht mehr auf die Person an. In Tiroler Gemeinden kann es sich eigentlich keine Gruppe leisten, einen Menschen ohne jedes Ansehen aufzustellen. Da erinnere ich mich an das Statement einer alten Frau, die auf die Frage, warum denn der und der trotz großer Erwartungen bei den Gemeinderatswahlen so durchgefallen sei – lapidar erklärte: „Ja, weil sie'n alle kennen …" Es gibt hier also so etwas wie eine verstärkte Sozialkontrolle, und das ist gesund. Das Bejahen dieses Stücks überschaubarer Welt ist zutiefst eine christliche Aufgabe, und das Verantwortungtragen dafür auch.

Das kleine Bergdorf Hochgallmigg, südlich von Landeck, mit Parseierspitze

Heimat für die Menschen

Eine Tiroler Gemeinde ist ein *heimatbildendes Stück Welt*. Es gab einmal nach dem Krieg eine Zeit, da hatte das Wort „Heimat" nicht mehr viel Klang. Es war zum Teil auch falsche Sentimentalität, ja richtiger Kitsch dabei, und die Blut-und-Boden-Ideologie des Nazismus hat den Heimatbegriff sowieso missbraucht und verfälscht. Heute aber weiß man, was es für den Menschen bedeutet, wenn er sich eben in der Gemeinde zu Hause weiß. Ich habe in den Tiroler Großbetrieben die Arbeiter und Arbeiterinnen oft gefragt, wo sie zu Hause sind, und da bin ich draufgekommen, dass sie alle ihre Wurzeln am Wohnort haben. Dort leben sie, haben sie ihre Familien, Häuser, Nachbarn, Freunde, Organisationen, Musikkapelle, Sportverein, Pfarrgemeinderat, Kirchenchor, Frauenbewegung, Schützen, Alpenverein, Volkstanzgruppe. Es ergibt sich daraus eine verstärkte Sozialkontrolle, verminderte Verbrechensrate (ich würde es allerdings nicht so optimistisch sehen wie ein alter Bauer aus dem Oberen Gericht, der im Bus bei einer Debatte rund um die Auflassung eines Gendarmeriepostens erklärt hat: „I han allaweil scho gseit – vo Landeck bis Nauders – a halber Gendarm leicht gnua!"). Eine ganz wichtige Funktion ist damit auch die Einbindung der Jugend und die Verminderung der Generationengegensätze, weil eben in der Musikkapelle der 60-Jährige neben dem 16-Jährigen bläst. Heute weiß man, wie wichtig für den Menschen eine Nische einer vertrauten Welt ist, mit menschlichen Kontakten und einer Verbundenheit in Geschichte, Landschaft und Kultur. Hier gilt voll das Wort von „small is beautiful".

Weltoffenheit

Eine Tiroler Gemeinde muss heute ein *offenes Stück Welt* sein. Wir leben nicht hinter den Bergen. Durch unsere Täler brandet das Leben. Jede Gemeinde hat Alteingesessene und Neuzugezogene (ich erinnere mich an eine Gemeinde im Lechtal, wo die katholischen Frauen jeden

Mittwoch Kaffeekränzchen haben – und *jede* Neuzugezogene wird eingeladen – und damit ist sie sehr rasch keine „Fremde" mehr). Es gibt Pendler, Bauern, Gäste und Gastarbeiter, Besitzende und Wohnungssuchende, Junge und Alte, Einheimische und weit entfernt Geborene, Touristen und Flüchtlinge. Und die Bewältigung dieser Situation erfordert einfach eine gewisse Offenheit, eine Fähigkeit zur Toleranz. So wie die Kirche in Tirol ihre Räume auch für einen evangelischen Gottesdienst zur Verfügung stellt, wenn das gewünscht wird, und wir in Tirol auf ein gutes ökumenisches Klima Wert legen, so muss diese Offenheit auch im Gemeindeleben heute anders sein als vor 100 Jahren. Aber Offenheit heißt nicht Charakterlosigkeit. In manchen Gemeinden ist sie in der Konzessionsbereitschaft gegenüber einem gewissen Gästepublikum eingebrochen. Man macht – nebenbei – damit auf die Dauer nicht das große Geschäft. Es gibt viele Gäste, die ein gewisses Niveau durchaus respektieren, und wer ein Nachtleben wie in Acapulco will, soll halt dorthin fahren. Offenheit heißt nicht Stilangleichung nach unten.

In Sorge für die Bewohner

Eine Tiroler Gemeinde ist ein *umsorgtes Stück Welt*. Diese vielfache Sorge um die tausend Bedürfnisse des Lebens funktioniert in einer kleinen Welt im Allgemeinen besser als in einer großen zentralistischen Massenorganisation. Das zeigt ja das Leben! Was heute nicht alles in einer Gemeinde besorgt werden muss! Kindergärten und Schulen, Sozialwesen und Hauskrankenpflege, Krabbelstube und Bibliothek, Wegenetz und Kanalisation, Trinkwasser und Seniorenheim, Altenstube, Vereine und Umweltschutz, Entsorgung und Müllabfuhr … Man muss einmal für das alles, das so viele als selbstverständlich hinnehmen, dankbar sein. Wir waren noch nie so gut versorgt wie heute. Man muss dafür auch im Gottesdienst danken. Wenn in anderen Teilen der Welt aus *einem* Brunnenhahn ein so gutes Wasser rinnen würde, wie bei uns durch jede Kloschale geht, dann würde ein Dorf in Afrika oder Südamerika ein Drei-Tage-Fest feiern. Wer bei uns unzufrieden ist, weiß von der

Welt nichts, und auf der Schulbank der Weltgeschichte und Heimatgeschichte ist er auch nie gesessen …

Es gibt auch Sorgen, die wir nicht ganz bewältigen. Darf ich auf das eine oder andere hinweisen, das im Rahmen der Gemeinde schwer zu machen ist.

Verschwiegene Notlagen

Da gibt es die Hilfe in den verschwiegenen familiären Nöten. Hier erweist sich die überschaubare Gemeinde, wo jeder jeden kennt, oft eher als Hindernis. Die Organisation „Frauen helfen Frauen" hat im Laufe ihres Bestandes Zehntausende von Kontakten in Innsbruck und einigen anderen Orten. Hier suchen die Leute eine gewisse Anonymität. Was die Frau mit ihrem Mann mitmacht, der Trinker ist, breitet sie nicht gerne in der Gemeinde aus, und deshalb kommen diese Frauen in Scharen aus dem Land in die Museumstraße nach Innsbruck. In einer Gemeinde ist man schnell einmal im Gerede, und dann brauchen nur noch Animositäten mit anderen Familien dazuzukommen. Manchmal kann die kleine Welt recht grausam sein, und so wie sie eine Chance für den Gemeinschaftssinn sein kann, kann sie auch zur Gefahr von Tratsch und Klatsch und zähen Feindschaften werden. Das darf man nicht vergessen. Auch andere verschwiegene Nöte gibt es, die in der Gemeinde unter der Decke bleiben – denken wir nur an die Selbstmordziffer im Bezirk. In diesem Zusammenhang möchte ich auf die Telefonseelsorge hinweisen. Die *hat* schon Selbstmorde verhindert, weil es im Augenblick der Depression ganz wichtig ist, ein Gespräch führen zu können und vielleicht den Mut zu einer Behandlung zu wecken. Unter der Decke bleiben auch die Gefahren des Rauschgifts, und man ist geneigt zu erklären: Bei uns gibt es das nicht. Die Welt des Tourismus ist eine Welt der sich erholenden und etwas leistenden Menschheit, eine Scheinwelt, und es ist für Jugendliche nicht leicht, sich diesem Trend zu Lust und Vergnügen zu entziehen. Es heißt ein waches Auge haben.

Die Sorgen eines Bischofs in der Priesterfrage

Ich sage Ihnen auch noch *meine* Sorge mit den Gemeinden. Ich habe keine Befürchtungen, wenn ich heute auf die Pfarrgemeinderäte schaue und auf die vielfachen Aktivitäten, die es ja früher nicht gegeben hat (zum Beispiel den Spitalbesuch für jeden aus der Gemeinde). Aber meine Sorge ist die Priesterfrage.

Man sagt, ich hätte mich als Bischof „exponiert", weil ich gesagt habe, dass – neben dem zölibatären Priestertum, das ich sehr hoch schätze und von dem ich hoffe, dass es nie aufhört, weil es die Kirche braucht – aber *auch bewährte* verheiratete Männer zu Priestern geweiht werden sollten. Also so, wie es der heilige Paulus schreibt, Leute, die sich in Beruf und vor allem in der Ehe und Familie bewährt haben, vielleicht das Ärgste an Sorgen mit den Kindern vorbei haben, eine entsprechende Bildung besitzen oder nachholen, in Kursen. Damit mache ich den Zölibat nicht schlecht, den ich für mich auch heute wieder wählen würde, und ich möchte alles tun, dass ins Priesterseminar ideale junge Menschen kommen mit der entsprechenden Eignung und einer gesunden Frömmigkeit.

Aber: Ich *muss* als Bischof auf die Zahl schauen und auf die Erfordernisse der Gemeinden. Heute habe ich etwa 180 Weltpriester, das Durchschnittsalter ist 61. In wenigen Jahren werden es etwa 110 sein. Das heißt dann, dass ganze Täler vielleicht noch zwei Priester haben werden, und bei denen wird man dann ständig in Angst sein müssen, dass sie verheizt werden. Und darum frage ich mich: Was ist der Wille Gottes? Was steht in der Schrift? Was ist göttliche Weisung und was ist menschliche Weisung? Es kann mir nicht gleichgültig sein, ob Gemeinden einen Priester und damit Eucharistie, Beichte und Krankensalbung haben oder nicht. Es kann mir nicht gleichgültig sein, ob die Kranken in den Spitälern auch sakramental betreut werden oder nicht. Und wenn man mir deshalb nachsagt, ich sei nicht ganz kirchentreu, dann muss ich darauf hinweisen, dass es keinen Unterschied zwischen Christustreue und Kirchentreue gibt und geben kann.

Zum Schluss: Was kann die Kirche in der Gemeinde Gottes noch beitragen: den Segen. Denn ohne den werden wir nicht viel reißen. Und so wünsche ich den Segen Gottes den Gemeinden, den Gemeinderäten und den Bürgermeistern …

Gedanken eines Seelsorgers zum Arztsein

CHIRURGENKONGRESS
INNSBRUCK (1997)

Wie ich die ehrende Einladung erhalten habe, hier vor Ihnen zu sprechen, haben mich die widersprüchlichsten Gefühle bewegt. Da war einmal die Verlegenheit, die mir völlige Inkompetenz in Ihren Wissensbereichen verursacht. Diese Verlegenheit hat sich gesteigert, wie ich Ihr Tagungsprogramm durchgesehen habe – mit den unzähligen Problemen und Aspekten Ihres Wissens und Könnens und der ganzen Dynamik des Forschens und des Vorwärtsdrangs der Wissenschaft, der in diesen Themen sichtbar wird. Bin ich da nicht ein Fremdkörper? Aber die freundliche Einladung Prof. Raimund Margreiters hat auch noch ein anderes Gefühl gegenüber Ihrem Stande ausgelöst: das der Dankbarkeit. Ohne Ihre Kunst stünde ich nicht hier. Ohne Ihre Kunst könnte ich mit 75 Jahren niemals das Leben führen, das ich heute noch führe. Ohne Ihre Kunst könnte ich nicht mehr gehen, nicht mehr sehen – und viele andere menschliche Vollzüge wären zumindest schwer gestört. Ich habe etwas von dem Segen abbekommen, der hinter diesen unzähligen nüchternen Vortragsreihen steht. Und ich kenne unzählige andere, die etwas von diesem Segen erfahren haben. Und so sehe ich diesen Saal nicht nur gefüllt mit Fachleuten, sondern mit Wohltätern. Diese Dankbarkeit erleichtert mir ein wenig den Schritt aufs Rednerpult. Und ich hoffe auch auf Verständnis, dass ich in dieser Schlussveranstaltung Ihrer

Fachtagung gar nicht den Versuch mache, auf die vielen ethischen Probleme einzugehen, die sich heute in unzähligen Situationen vor dem Arzt auftürmen. Es gibt viele Fragen, die aktuell werden, bevor das Skalpell oder der Laserstrahl in Aktion tritt, Fragen des medizinischen Ethos oder der sozialen Verantwortbarkeit, der Wahrhaftigkeit und des kollegialen Umgangs und unzähliger anderer Herausforderungen des Gewissens. Ich bagatellisiere das alles keineswegs – aber ich weiß, dass es zur Beantwortung dieser Fragen auch tiefe Sacheinblicke in Ihre Welt braucht, die ich kaum habe. Aber ich möchte in dieser Schlussveranstaltung auch gar nicht als kasuistischer Ethiker oder Moralist auftreten. Ich bitte Sie um Verständnis dafür, dass ich einige andere Saiten des Daseins zum Klingen bringen möchte, die unsere grundsätzliche Position als Wissenschaftler, Arzt, Helfer und Mensch betreffen, ja, die mich persönlich genauso betreffen wie Sie.

Der Wettlauf unserer Zeit

Am Ende dieses Jahrtausends und des Jahrhunderts mit der dynamischsten Entwicklung der Menschheitsgeschichte hat ein Wettrennen begonnen, das an Dynamik und Spannung alle Stadien und Rennbahnen dieser Erde in den Schatten stellt. Was ist das für ein Wettlauf? Es geht darum, *dass die Menschlichkeit den jagenden Fortschritt einholt.* Es geht darum, dass das Humanum wieder Anschluss findet an die Erfindungen, Verbesserungen und Entwicklungen, die mit Vorsprung eine Barriere nach der anderen überspringen. Es geht darum, dass das Herz wieder Anschluss findet an den Siegeszug des nur-technischen und nur-wirtschaftlichen Denkens. Das ist unser aller Problem. Es ist sicher auch das Ihre. Eigentlich gibt es viele Gelegenheiten, bei denen das auch ausgesprochen wird. Es gibt Warner und Propheten, Denker und Dichter, Künstler und Theologen, und sehr viele einfach im praktischen, aufreibenden, modernen, beanspruchenden und zerfransenden Leben stehende Menschen, die das spüren und ahnen. Es gibt auch eine Flut von anthropologischer Literatur, die man hier einordnen könnte. Und es gibt am Ende dieses Jahrhunderts viel mehr davon als am Anfang, als die Fanfaren des Fortschritts noch den Triumphmarsch bliesen. Man hält heute oft inne. Man schüttelt den Kopf und fragt sich: Wohin soll denn die Reise gehen?

Am Ende unseres Jahrhunderts verstärken sich diese Einsichten. Es scheint das antike Sprichwort wahr zu werden, das von der Eule, dem Symbol der Weisheit, gesagt wurde: „Der Vogel der Minerva beginnt seinen Flug in der Dämmerung." In diesem Falle in der Dämmerung des Jahrtausends. Erst wenn es dämmert, kommt die Besinnung. Diese Einsichten, die so wichtig sind, möchte ich etwas vertiefen.

Die Kultur des leisen Erlebens

Wenn ich im Folgenden mehr auf die emotional bestimmte Grundschicht der Seele eingehe als auf die rein verständnismäßige Seite, dann ist das keine Flucht in die Irrationalität. Wir müssen davon ausgehen, dass verstandesmäßig erfasste Wahrheiten nur Werte werden können, wenn das Gefühl mitschwingt.

Unser heutiger „Way of Life" zwingt uns sehr oft, Gefühle zu vernachlässigen, zurückzudrängen oder gar nicht aufkommen zu lassen. Selbst bei Berufen, die dem Menschen dienen, muss man ein hohes Maß von Sachlichkeit bewahren und kann sich nicht einfach Gefühlen hingeben.

Und zu dieser berufsgebotenen Sachlichkeit kommt auch noch die administrative und bürokratische Überlastung. Aber unter dem Strich spüren wir dann doch, dass jenes Fühlen, das die tragenden Lebenswerte erst wahrnimmt, verkommt oder verkümmert. Es geht uns wie dem alten Indianer, der zum ersten Mal im Leben in einem Auto mitfahren durfte und nach 30 Kilometern aussteigen wollte. „Was hast du?", haben sie gefragt, „ist dir schlecht?" – „Nein", hat er gesagt, „ich muss nur warten, bis mein Herz nachkommt …" Hier symbolisieren der schnelle Wagen und das langsamere Herz das große Wettrennen unserer Zeit.

Wir leben zu schnell

Dem überzivilisierten Menschen geht das *Erleben in gemüthafter Tiefe* ab. Alles echte Erleben braucht viel Zeit, lebenstragende Gefühle brauchen überhaupt den Faktor T, Tempus. Sie sind nicht so einfach machbar und manipulierbar. Man kann Gefühle nicht befehlen. Sie müssen wachsen, sie brauchen Zeit zum Blühen. Aber wir leben heute vielfach von Knopfdruckerlebnissen: ein Knopfdruck – Beethoven, ein Knopfdruck – Thriller, ein Knopfdruck – Musikantenstadl. Die Bilder haben das hektische Huschen entwickelt. Das physiologische Auge wie das Auge des Geistes verlernen das Verweilen. Der ständige Run durch die Sensationen bringt das nicht, was er verheißen hat. Wir leben und erleben zu schnell.

Wir erleben zu viel

Die Multiplikation der Genüsse, die der Wohlstand erlaubt, vermehrt nicht ihre Intensität. Das Gipfelerlebnis nach langem mühsamem Anstieg ist viel tiefer als der mehrfache mit dem Lift. Viele unserer Erlebnisformen sind *zu laut*. Das gilt nicht nur vom Lärm, der uns umgibt. Laut können auch Farben sein, Sinnenreize, Derbheiten und Grobheiten der Sprache, Lasergewitter in der Disco. Es „thrillert" laut durch die abendlichen Fernsehprogramme.

Wir erleben aus zweiter Hand

Wir erleben nicht so sehr ursprüngliche Natur, sondern selbstgebaute Welten. Der große Schweizer Anthropologe Adolf Portmann hat schon vor Jahrzehnten gesagt, es sei eine der wichtigsten Aufgaben für die Zukunft, den überzivilisierten Menschen auch wieder in Kontakt mit der ursprünglichen Natur zu bringen … Es ist nicht dasselbe, ob ich nur passiv mir Erlebnisse besorge und konsumiere, oder ob ich mit einer gewissen Mühe und Geduld am Zustandekommen eines Erlebens selbst beteiligt bin, wie etwa beim Spielen eines Instruments.

Wir leben zu angehäuft

Eine Einbuße an Gemüt bringt auch die *Vermassung*, die Urbanisierung. Im angloamerikanischen Raum gibt es eine ganze Bibliothek von Untersuchungen zu dem Phänomen, dass mit zunehmender Urbanisierung die Empathie, die Einfühlung in den anderen Menschen, abnimmt. Daran ändert auch die hochentwickeltste Kommunikationstechnik nichts.

So ist das Gemüt vielfach bedroht. Und damit ist eine unmittelbare Bedrohung des Humanen gegeben. Wie sagt die forensische Psychologie? *„Der Gemütsarme ist der Gewissenlose …"*

Und weil wir alle diesen Strömungen und Trends ausgesetzt sind und andererseits dieser belastenden, beanspruchenden Welt nicht entrinnen können, wage ich für Menschen Ihres Standes und Ihres konzentrierten Herausgefordertseins ein Plädoyer für eine *Kultur des leisen Erlebens*.

Ich habe in Innsbruck Chirurgen kennengelernt, die im Quartett Violine spielen, die sich Zeit für ein Konzert nehmen, die Gedichte schreiben oder zu Hause literarische Abende veranstalten, denen man auf den einsamen Bergwegen begegnet, die heimatkundliche Interessen pflegen oder den Platz an der Orgel einnehmen … Ich glaube, dass man bei einem Beruf wie dem Ihren solche Räume braucht.

Und wo immer das leise Erleben Platz greift, kommt man an den Rand der Dinge, vielleicht zunächst dadurch, dass nur die Frage des Schriftworts auftaucht: „Was nützt es dem Menschen, wenn er die ganze Welt gewinnt, aber an seiner Seele Schaden leidet?" Aber wer in das leise Erleben eindringt, gerät fast notwendig in den Bannkreis des Mysteriums.

An der Optik der Kamera drehen

Es gibt in unserer Zeit für den überbeschäftigten Menschen noch eine andere Gefährdung der Grundgestimmtheit der Seele. Es gibt nicht nur einen Verlust an *Gemütstiefe* – weil die gesunde Emotionalität zu kurz kommt –, es gibt auch so etwas wie einen Verlust von *Gemütsweite*, so etwas wie eine Verarmung an positivem Weltgefühl. Philipp Lersch, der Altmeister der Humanpsychologie in Deutschland, hat dieses Weltgefühl als den Ort der Seele beschrieben, aus der sie Sinn und Gehalt empfängt.

Vielleicht darf ich die Situation mit einem Vergleich nahebringen: Jeder Fotograf weiß, dass die immer raffiniertere Optik der Kameras uns befähigt, ganz nahe an das Detail heranzugehen. Wir können die Optik auf „nah" drehen, so dass es gelingt, Spinnenbeine, Mückenrüssel und Staubgefäße auf den Film zu bannen, und mit Speziallinsen können wir das Spiel noch verfeinern. Allerdings, wenn wir uns so auf das Detail konzentrieren, verschwindet der Hintergrund. Auf den verzichten wir. Landschaft, Wiesen, Bäume, Berge, Wolken, Himmel – das alles verschwimmt zu undeutlichen Flächen ohne Farbe und Form. Das Bild hat nur Vordergrund, keine Horizonte mehr.

Ist es nicht so, dass unsere Zeit uns zwingt, mit der Optik unseres Geistes Ähnliches zu machen? Drehen wir nicht ständig die Optik von Geist und Herz auf Vordergrund? Konzentrieren wir uns, umspült und umflutet von einer vordergründig orientierten Welt, nicht immer und immer wieder auf das Naheliegende, das Erfassbare, Berechenbare, Messbare, Definierbare, in naturwissenschaftlichen Formeln Beschreibbare, Evaluierbare, statistisch Nachzuweisende? Ist es nicht so, dass sich in fast allen Berufen (auch in meinem) das Leben und seine Problematik ständig in noch kleinere Details und Spezialaspekte aufsplittert, in Berge von Mosaiksteinchen der Erkenntnis, die man kaum mehr zu einem Bild zusammensetzen kann? Und ist es nicht so, dass wir ständig verlockt werden, auf vordergründige Bedürfnisse einzusteigen, wie das die Werbung in einer Permanentberieselung tut? Trimmt man uns nicht recht einseitig auf das Vordergründig-Genussreiche, Angenehme, Modische, Vorteilhafte, Nützliche, Gewinnbringende? Es ist ja nicht so, dass wir allein diese Drehung der Optik besorgen – da drehen und manipulieren viele mit.

Die Sehnsucht nach Sinnstiftung

Ich brauche hier ja nicht auszuführen, dass dieser Trend der Zeit im Raum der Wissenschaft die ständige Bedrohung der „Universitas" bedeutet, einer gewissen Gesamtschau. Man kommt natürlich der fortschreitenden Spezialisierung auch gar nicht aus. Ich habe gehört, dass in den Zentralcomputer der Medizin in den USA täglich eine fünfstellige Zahl neuer Informationen eingespeichert wird. Wir sind gezwungen, in den wachsenden Schutthalden empirischer Erkenntnisse zu wühlen – es hängt ja der Fortschritt der ärztlichen Kunst sicher wesentlich damit zusammen. Es geht also nicht um ein Aussteigen aus dieser Welt. Aber die Reduktion menschlicher Erkenntnis auf das, was naturwissenschaftlich beweisbar ist, ist auch ein Glaube, der als solcher naturwissenschaftlich *nicht* bewiesen werden kann.

Es gibt im Menschen eine Sehnsucht, die fast unstillbar zu sein scheint. Es gibt ein Verlangen, einen Drang nach Zusammenschau, nach Horizonten, nach einem sinnstiftenden Ordnungsgefüge des Seins, nach einer Großlandschaft des Wirkens und Lebens. Alle großen Geister der Weltgeschichte, alle großen Wissenschaftler, Denker und Forscher – ob gläubig oder ungläubig, in allen Sparten der Erkenntnis – bauen auf irgendeine Weise, ob bewusst oder unbewusst, doch an einer Kathedrale, einer Architektur des Geistes, einer Ordnung der Gedanken, einem Sinngefüge ihres Suchens. Goethe hat diese Sehnsucht in seinem Gedicht „Der Türmer" zum Ausdruck gebracht:

„Zum Sehen geboren, zum Schauen bestellt,
dem Turme verschworen – gefällt mir die Welt ..."

Hier ist es eindrucksvoll gesagt. Übrigens gibt es zu diesem Phänomen auch einen sprachlichen Zugang. Er betrifft das Wort „Theorie", das in unserem heutigen Empfinden ja einen Grauschleier hat, den des Konstrukts oder eines vorläufigen Erklärungsversuchs, der aber oft mit einer Distanz zur Realität belastet ist, eben im Sinn des Wortes im „Faust": „Grau ist alle Theorie ..." Aber in der griechischen Sprache ist „theoría" und „theásthaî" etwas anderes als etwa „blépein". „Blépein" heißt sehen, wahrnehmen, registrieren, bemerken. „Theoría" aber bedeutet „Schau". Das Wort wird vom Theater gebraucht und von den Göttern im Olymp. Im Wort „theoría" schwingt etwas Visionäres mit, es ist Sehen mit Hintergrund, Sehen mit Nachdenklichkeit. In der Schau liegt etwas vom Fernblick.

Ein Stück vom „Türmer", ein Stück „theorîa" im Sinn von Gesamtschau, ein Stück von einem positiven Weltgefühl der Weite braucht der
Mensch zum Glücklichsein. Es ist ein Element seiner inneren Motivation für das Detail des Alltags. Er braucht es für die nötige Distanz zu
diesem Detail; ja man kann sagen – diese verborgene Weite in der Seele
ist wahrscheinlich auch der Hintergrund eines befreienden Humors, einer Heiterkeit, die den Ernst des Lebens keineswegs vernachlässigt.

Auf „unendlich" einstellen

Und darum wage ich in dieser Stunde ein zweites Plädoyer für den Lebensstil von Vielbeschäftigten:

Von Zeit zu Zeit müssen wir an der Optik unseres Herzens und unseres Geistes drehen, damit nicht nur Insektenfühler und Blattstruktu-
ren sichtbar werden, sondern auch Wiesen und Bäume, Wälder und
Wolken, Höhenzüge, Himmel und Horizonte. Auf der Optik der Kame-
ra deutet diese Richtung der liegende Achter an – das Zeichen für „unendlich". Wir müssen die Optik unserer Seele manchmal auf „unendlich" drehen und den Vordergrund, mit dem wir uns beschäftigen
müssen, etwas zurücktreten lassen. Und es ist hier wie bei der Frage der
Tiefe des Fühlens, dem Seelengrund des Gemüts: Dort kommt unwei-
gerlich die Frage nach dem letzten Sinn zum Zug, nach letzter Geborgenheit, nach dem Sich-Einlassen auf das Mysterium – oder deutlicher
– die Frage nach Glaube und Religion. Auch hier, beim Kameragleich-
nis, ist der liegende Achter symbolträchtig: Das große positive, bejahen-
de Weltgefühl ist mit Empirie und Datenverarbeitung nicht zu erreichen. Es gibt Werthorizonte, die nur die Linse der Gläubigkeit
wahrnimmt, es gibt Horizonte, die man nicht einfach spekulativ-denke-
risch, sondern nur betend erreicht.

Sie wissen, dass ich als Bischof natürlich der Vertreter einer bestimmten gläubigen Weltsicht bin. Die ist niemandem aufzuzwingen.
Diese letzten Entscheidungen bleiben in Ihrer persönlichen Intimität, in
die niemand plump eindringen kann. Aber ich hoffe, dass ich mit diesen

beiden Gedanken, die letztlich an das rühren, was man Transzendenz nennt, doch auf eine gewisse Zustimmung rechnen darf: mit dem Appell zum leisen Erleben, das dem Gemüt die Tiefe erschließt, die das Mysterium erahnt, und dem Plädoyer für ein Drehen der Optik auf „unendlich", damit wir hie und da bis dorthin sehen, wo der Himmel die Erde berührt …

Wachsen und Reifen

„Ich bin gekommen, damit sie das Leben haben und es in Fülle haben" (Joh 10,10). Dieser Satz aus der Hirtenrede Jesu ist für Reinhold Stecher Leitwort für sein pädagogisches Wirken, das sich weit über den Schulbereich hinausdehnt. Ob vor Kindergärtnerinnen, Erziehern, ehemaligen Kolleginnen und Kollegen aus dem Schulbereich oder auch vor Priestersenioren, immer geht es ihm darum, Wege zu einem erfüllten Leben aufzuzeigen. Der Kindergarten ist für ihn die Hochschule des Emotionellen, Spontanen und Kreativen. Dazu ermuntert er mit dem großartigen Bild von der silbernen Schale und dem goldenen Apfel aus dem Buch der Sprüche (Kap. 25,11). Dem Landeskinderheim in Axams bietet er eine Liftfahrt in das Hochhaus der Werte an und zum Jubiläum „450 Jahre Akademisches Gymnasium" in Innsbruck formuliert er eine Art pädagogisches Vermächtnis für die heute Lehrenden. Vor Priestersenioren aus den Diözesen Bozen-Brixen, Innsbruck und Feldkirch spricht er über das Altern als Berufung und pastoralen Dienst an der Gesellschaft des langen Lebens und ermutigt zu einem erlösten Altwerden.

Silberne Schale
und goldener Apfel

Vom Wachsen des Kindes in die Welt
des Guten und des Heiligen

W<small>ERKWOCHE DER</small> K<small>INDERGÄRTNERINNEN</small> S<small>ÜDTIROLS</small>
N<small>ALS</small> (1991)

Ein Bischof ist nicht unbedingt der berufene Fachmann, wenn vom Kindergarten die Rede ist, auch darin nicht, wenn es um die Entfaltung des ethischen und religiösen Sinns im Kinde geht. Für uns Priester ist ja meistens das Volksschulkind das erste, zu dem wir in näheren Kontakt treten. Wenn ich es trotzdem gewagt habe, dieser Einladung zu folgen, dann habe ich mich ein wenig mit dem Gedanken getröstet, dass ich eine vierstellige Zahl von Kindern in der ersten Volksschulklasse unterrichtet habe – droben auf dem Berg und drunten in der Stadt, in der Übungsschule und in der Sonderschule. Und vom „Erstklassler" ist der Schritt zum Kindergarten nicht so groß. Habe ich doch immer wieder erlebt, dass Kinder aus der Schule hie und da in die vertraute Welt des Kindergartens zur Tante hineingeschlüpft sind. – Und als Bischof habe ich bis jetzt etwa die Hälfte aller Kindergärten Tirols besucht, und wenn ich das auch keineswegs als pädagogische Erfahrung buchen möchte, so kenne ich doch ein wenig das Milieu, die Welt hinter den buntbeklebten Scheiben – in der Innsbrucker Vorstadt, im Fremdenverkehrszentrum, im Industriedorf und in der Siedlung hoch über dem Tal …

So will ich versuchen, so gut ich es kann, die Brücke zu schlagen. Eins möchte ich dabei gleich vorausschicken: Wenn ich vom kleinen Kind rede, von seiner menschlichen Formung und seiner religiösen Prägung, dann ist das für mich kein „Hinuntersteigen".

In der Bildung ist das mit dem „Oben" und dem „Unten" so eine Sache. Insgeheim schleicht sich ja doch immer wieder so etwas wie eine „Wertung", ein „Image" bei derartigen Einteilungen ein. Aber da es der liebe Gott so gefügt hat, dass ich in meinem Leben in *allen* Schulstufen und fast allen Schularten von der ersten Klasse Volksschule bis zur Universität unterrichtet habe, erlaube ich mir, auf die verschieden verteilten Gewichte und pädagogischen Herausforderungen hinzuweisen: Natürlich, je höher die Schulstufe steigt, umso mehr steigt der intellektuelle Aufwand, das geforderte Fachwissen, das geschulte Denken, die Ausweitung des Gedächtnisspeichers. Aber je weiter man hinuntersteigt zu den Kindern, umso mehr wächst der emotionelle Aufwand, steigt Kreativität und Spontaneität. Für all das ist der Kindergarten die „Hochschule", und die Hochschule ist im Bereich des Emotionell-Spontanen und Kreativen sowie des Methodischen sehr oft ein „Kindergarten", so dürftig ist es um diese Bildungselemente bestellt.

Ich habe diese Spannung im Leben einmal hautnah erlebt. Direkt vom theologischen Doktorat, den Kopf voll Thomas von Aquin, John Henry Newman und Karl Rahner, bin ich plötzlich in eine winzige Bergschule versetzt worden, in der alle acht Schulstufen in einer Klasse versammelt waren. Ich habe mich zunächst nur drei Tage lang hinten hineingesetzt, um dem ausgezeichneten jungen Lehrer zuzuhören, der es mit den Kindern hervorragend verstanden hat. Meinen Doktorhut hab ich – um symbolisch zu sprechen – ruhig auf dem Zaun draußen hängen lassen können. Die „Summa" des Thomas und die Vorstellungen des Seppele in der ersten Bank waren so weit auseinander wie der Kuhschweif vom Zähneputzen, wie man in Tirol sagt.

Aber um das Werk des Kirchenlehrers und den kleinen Krausköpfen der ersten Bank kreiste derselbe ewige Geist Gottes, der gleiche Heilswille, der nämliche Gnadenstrom. In der Kindergartenstube weht Gottes Geist genauso wie in den Hörsälen einer theologischen Fakultät oder in der Halle der Weltbischofsynode. Und niemand weiß, wo er mehr weht. Daran müssen Sie bitte denken: Bei dieser Hilfestellung, die Sie dem Kind beim Hineinwachsen in die Welt des Guten und des Heiligen geben, geht es um etwas Gewaltiges. Vielleicht kann ich es in einem Bild deutlicher sagen.

Der Mensch als Gefäß für das Kostbare

In den prähistorischen Museen der Welt sieht man, dass die früheste Kunst der Menschheit um ein Thema, einen Gegenstand kreist: die Schale, das Gefäß. Unzählige Formen haben sich entwickelt: Schüsseln, Vasen, Becher und Krüge, Situlen und Amphoren. Und selbst die einfachsten und ältesten zeigen Ansätze von Schmuck und Schönheit.

Es ist die höchste Kunst der Erziehung, den Menschen zu einem Gefäß zu machen, einer Schale, die etwas aufnehmen kann, etwas Größeres, das nicht von *uns* kommt. Schon auf alten ägyptischen Bildern hält der Mensch die Schale der Gottheit entgegen, die ihre Strahlen hineinfallen lässt …

Denken Sie jetzt an Ihre Kinder, versuchen Sie, sie einmal so zu sehen: als Ton, als Bronze, Kristall, Silber oder Gold, das man formen, schleifen und hämmern kann, behutsam und geduldig, zu wunderbaren Gefäßen, individuell und phantasievoll, mit verschiedener Fassungskraft, aber nie als unpersönliche Fabrikware.

Der Mensch als Gefäß für das Kostbare … Vielleicht erinnern Sie sich in der altehrwürdigen Lauretanischen Litanei an die Anrufungen der Gottesmutter (die ich nie recht verstanden habe): „Du ehrwürdiges Gefäß", „Du vortreffliches Gefäß der Andacht".

Im Alten Testament spielt das Bild von der Schale eine große Rolle. Ich habe mir für diese Stunde *eines* ausgewählt, bei dem ich verweilen möchte. Es ist weitgehend unbekannt und stammt aus dem Buch der Sprüche (25,11):

„Wie goldene Äpfel auf silbernen Schalen:
So ist ein Wort, gesprochen zur rechten Zeit ..."

Vielleicht muss ich zum besseren Verständnis gleich anfügen, dass mit
dem Ausdruck „Wort" im Alten Orient viel mehr gemeint ist als irgendeine Vokabel. „Wort" – das ist jede mitteilende „Dynamis", jede Kraft
vom einen zum andern, von Gott zu Mensch.

Bei dem Bemühen, das Herz des Kindes für das Gute und das Heilige
zu öffnen, geht es also um die silbernen Schalen. Im Kindergartenalter
ist das Material noch weich und formbar und verletzlich. Was hier gemeint ist, liegt weitab von jeder primitiven Indoktrinierung. Es geht um
eine Entfaltung des kleinen Menschen, um ein Schärfen der Sinne zum
Guten und Heiligen.

Und so will ich an ein paar Beispielen darzustellen versuchen, was
damit konkret gemeint ist.

Die silberne Schale des Hörens
und der goldene Apfel der Botschaft

Im Zuge meiner Visitation besuche ich in einer kleinen Gemeinde im
Oberinntal auch den Kindergarten. Die Kindergärtnerin bedeutet mir,
dass die Kleinen etwas gezeichnet hätten, was sie gerne zeigen möchten.
Ich setze mich also zu den Tischchen und lasse mir die Zeichnungen
erklären. Jedes Kind hat eine andere Phase *einer* Geschichte: Es die vom
verlorenen Sohn. Und es wird mir klar, dass diese Vierjährigen eigentlich alles verstanden haben. Die Kindergärtnerin muss ganz ausgezeichnet erzählt haben. Die Kinder konnten alles nachvollziehen: die Frechheit und die Unverschämtheit des Sohnes, die Gutmütigkeit des Vaters,
das lieblose Abhauen, das Habenwollen und das Geld-Hinausschmei-
ßen, den Hunger und die Schweine, die Traurigkeit und die Reue, das
Zurückwandern und die Angst vor dem Zusammentreffen mit dem Vater, und dann der so liebe Empfang, das große Verzeihen und das Fest

… Alles haben sie verstanden. Und dabei ist dieses schönste Gleichnis des Neuen Testamentes so tief, dass es kein Theologe oder Kirchenlehrer ausschöpfen kann, weil es das Schicksal des Menschen und der Menschheit umfängt.

Die silberne Schale wurde hier mit der liebevoll-gemüthaften Erzählung gehämmert. Es könnte genauso gut ein Spiel sein oder ein kleines Lied mit dem Orff'schen Schulwerk, bei dem die Kinder einen einfachen Text („ich will heim") und einen vorgegebenen Rhythmus mit einer Spontanmelodie versehen (ich habe viele solcher Kinderliedchen zu Triangel, Trommel, Tschinelle und Xylophon erlebt …) – oder eben eine Zeichnung. Das ist alles Hämmern an der silbernen Schale des Erfahren- und Erlebenkönnens.

Und der goldene Apfel ist die wunderbare Botschaft. Er hat in diesem Falle ganz in die silberne Schale gepasst. Gott hat selbst seine Heilsbotschaften in Archetypen eingebettet, wie es der große Tiefenpsychologe C. G. Jung genannt hat, in heilende Bilder, die tief in unserem Wesen begründet sind, Urformen des Empfindens, die von Geschlecht zu Geschlecht über die Erde wandern – und solche Urbilder sind hier angesprochen: das Fortgehen und das Heimkehren, die Entfremdung und die Versöhnung, und vor allem der Vater.

Wer weiß, viel, viel später kann ein solches Bild, das einmal im Kindergartenalter tief in die Seele gefallen ist, der Grund dafür sein, dass ein verirrter Mensch wieder nach Hause findet. Ich habe solche Heimkehrszenen selbst erlebt.

Die silberne Schale des Staunens und der goldene Apfel des geschenkten Daseins

Es geht um eine Religionsstunde in der ersten Klasse Volksschule, aber diesmal fange ich nicht einfach zu erzählen an. Es beginnt anders als sonst und die Kinder wissen nicht, worauf ich hinauswill. Wir denken über unsere Hand nach.

Im Hofgarten

Und weil diese Kinder schon schreiben können, müssen drei zur Tafel vorkommen, eins zu jedem Flügel, und dann geht's los. Wir schreiben auf, was unsere Hand alles kann, vom frühen Morgen angefangen: Waschen, Anziehen, Seife nehmen, Einseifen, Waschlappen benützen, Kämmen, Augenreiben, Zähneputzen, Pasta drücken … und es geht weiter beim Frühstück: Brot nehmen, Butter schmieren, Löffel in die Marmelade tauchen, Mund abwischen, Einschenken … Und auf dem Schulweg und in der Schule: Einpacken, Auspacken, Heft aufschlagen, Schreiben, Zeichnen, Aufzeigen, Spielen, Ball fangen, Nasenbohren, Basteln, Falten … es geht ins Unermessliche, die drei an der Tafel kommen mit dem Schreiben gar nicht mit. Dann kommen die Instrumente, das Musizieren, das Raufen, Warnen, Drohen, das Faustmachen und der Handschlag … es nimmt kein Ende.

Ich erzähle den Kindern, dass ich einmal einen Ingenieur in der Schweiz gekannt habe, der eine Universalwerkzeugmaschine in zweijähriger Arbeit konstruiert und gebaut hat, die zehn verschiedene Dinge ausführen konnte. Diese Maschine war ein Verkaufsschlager in der ganzen Welt. Und was ist eine solche Maschine gegen unsere Hand? – Ein Blechtrottel!

Es ist unglaublich. Die Hand ist ein Wunder. Die Kinder zeichnen die Umrisse ihrer Hand ins Heft und einer schreibt spontan dazu: „Meine Hand – um zehn Millionen nicht zu haben!"

Und dann erzähle ich die Geschichte von Jesus, der den Mann mit der verdorrten Hand heilte. Und auf einmal hat die Geschichte einen ganz anderen Sitz im Leben. Und die Kinder begreifen, was Gott uns, den Gesunden, mit dieser Hand geschenkt hat.

Die silberne Schale – das ist das also geweckte Staunen über die Hand. Und der goldene Apfel – das ist die Geschenkerfahrung des Daseins.

Natürlich wird man den Vorgang bei Vierjährigen etwas variieren (sie können ja nicht schreiben und haben einen viel kleineren Wortschatz). Aber zum Grunderlebnis des großen Staunens sind sie auch fähig. Begreifen Sie, was im Dasein versäumt wird, wenn niemand da ist, der an der silbernen Schale hämmert? Wie viele goldene Äpfel keinen Platz finden?

Die silberne Schale der Ehrfurcht
und der goldene Apfel des Mysteriums

Ich sitze in einer stillen Kirche in Innsbruck. Sie ist leer. Es ist Nachmittag, und durch die Fenster malt der Sonnenschein bunte Flecken in den Raum.

Da kommt ein Vater mit drei kleinen Kindern. Anscheinend wurde er von seiner Frau Gemahlin auf Tour geschickt, damit sie in Ruhe einkaufen kann – wie sich das in einer partnerschaftlichen Ehe gehört. Der Vater benimmt sich in der Kirche sehr respektvoll, die Kinder machen alles nach. Das Kleinste kugelt bei der Kniebeugung um, aber das tut der Ergriffenheit keinen Abbruch. Beim Weihwasserbecken müssen sie hinaufgehoben werden, denn das Spritzen hat natürlich seine Faszination. Dann beginnt der Rundgang. Der Vater spricht leise und erklärt die Bilder – die Kinder ahmen den gedämpften Wortlaut nach, so gut sie können: „Was ist denn das …?" Die Bilder des Kreuzwegs kommen dran. An einem Altar ist noch die kleine Ministrantenglocke da – da muss man natürlich ein bisschen bimmeln, und zwar jedes, wegen der sozialen Gerechtigkeit. Ich erwarte schon, dass die etwas grantige Mesnerin herausschießt, und mache mich bereit, meine ganze bischöfliche Autorität im Falle ihres Einschreitens zugunsten der bimmelnden Kinder in die Waagschale zu werfen. Aber es bleibt alles ruhig. Und dann kommen die Lichter vor dem Marienbild. Da muss der Vater drei Fünfer springen lassen. Und jedes muss das Licht selbst anzünden – natürlich. Aber beten muss man auch. Also wird eine kurze, meditative Pose mit gefalteten Händen hingelegt. Viel wird der liebe Gott nicht zu hören bekommen haben. Aber der Vater macht das, also macht's die Gefolgschaft auch.

Wie ich diesen jungen Mann dann hinausgehen sehe, fällt mir jener Gelehrte ein, der vor zwei Menschenaltern ein bahnbrechendes Werk geschrieben hat: Rudolf Otto. Und sein Buch heißt „Das Heilige". Er beschreibt darin das Phänomen des Heiligen, wie es im Menschen und in der Menschheit immer wieder auftritt, immer mit zwei Seiten: dem Tremendum, vor dem man scheut, zittert und bebt, weil im Heiligen das

Große, Übermächtige, Unsagbare auf uns zukommt. Und dann dem Faszinosum, dem Faszinierenden, Anziehenden, weil im Heiligen sich auch das Gütige und Bergende zeigt.

Genau das haben die drei Knirpse erlebt – bei einem kleinen Abstecher in eine stille Kirche, die am Wege lag ...

Der Vater hat, ohne es zu wissen, an drei silbernen Schalen gehämmert – den Schalen der Ehrfurcht. Und der goldene Apfel, der auf die Schalen gelegt wurde, war das Mysterium, das tröstende Geheimnis, das der Mensch unserer Tage nach dem Wort eines berühmten Tiefenpsychologen so dringend braucht. Die Schalen wurden in diesem Falle weniger durch Worte gehämmert als durch Gesten und Haltungen der Ergriffenheit: durch Raum und Sonnenlicht, alte Bilder, Glanz und ein bisschen Schellenklang, und vielleicht ein wenig verwehten Weihrauchduft, ein paar Spritzer Weihwasser und ein kleines, lebendiges, flackerndes Licht, gegen das kein Scheinwerfer aufkommt.

Ich brauche Ihnen, liebe Kindergärtnerinnen, nicht zu sagen, wie Sie solches Verhalten bei Ihren Möglichkeiten verwirklichen und ausbauen können. Da ist Ihre Phantasie sicher lebendiger, einfallsreicher, kindernäher und mütterlicher als die meine. Aber diese Konkretisierung wäre ja gerade, wenn ich recht informiert bin, das Thema dieser Werkwoche. Mir geht es nur darum, dass Sie hinter Ihren scheinbar kleinen Bemühungen selbst erfassen, was Großes, ja wahrhaft Weltbewegendes und Gewaltiges dahintersteht.

Die silberne Schale des Mitgefühls und der goldene Apfel der Liebe

Ich beginne wieder mit einer ganz kleinen Erlebnisskizze. Ich bin in einer jungen Familie, zu der eine andere auf Besuch kommt. Die Gastgebende hat ein vierjähriges Mädchen, die Besuchende ein dreijähriges, das etwas schüchtern ist. Die Vierjährige hat eben einen neuen Dreiradler bekommen und produziert sich damit ausgiebig. Die Kleine wäre ums Leben gern auch gefahren, aber davon will die Susi, die eine eigensinnige und vitale Kugel ist, nichts wissen. Sie radelt hinters Haus. Die Kleine schaut ein bisschen traurig nach. Kurze Zeit später (beide Kinder sind wieder am Tisch) gibt es Kaffee, der Tisch wird gedeckt, und die schusselige Susi wirft eine Sammeltasse aus Versehen auf den Boden. Sie zerbricht. Großes Geheule. Die Mutter reagiert bemerkenswert gelassen. Dann sagt sie: „Weißt du, Susi, wir haben die Tassen natürlich nicht zum Herumschmeißen, das nächste Mal musst du besser aufpassen. Aber du hast das ja gar nicht gewollt. Also hör auf mit dem Weinen. – Aber dass du vorhin der Renate den Dreiradler nicht leihen wolltest, das war eigentlich schlimmer. Sie wäre doch so gern gefahren …" Die Renate hat den Roller sehr rasch bekommen. Die Reaktion der Mutter schien mir deshalb so bemerkenswert, weil an sich in unserer materiell orientierten Gesellschaft unzählige Male „Kinderschuld" nach dem Maßstab des angerichteten Schadens oder des verursachten Ärgers bemessen wird, aber nicht nach den wesentlicheren Maßstäben. Und hier war das anders. Hier ist es um die Entfaltung des Mitgefühls, des Sich-Hineindenkens in das andere Mädchen gegangen.

Ich habe mich daran erinnert, dass ich kurze Zeit vorher bei einem Kongress von Futurologen gehört habe, dass für die Zukunft der Menschheit viel wichtiger wäre, in der Erziehung die Fähigkeit zur *Empathie* zu beachten als die forcierte technisch-wissenschaftlich-ökonomische Ausbildung.

Auch in dieser kleinen Affäre können wir den feinen Hammer klopfen hören, der an der Schale arbeitet, der silbernen Schale des Mitgefühls. Wie oft wird sich Ihnen Gelegenheit bieten, an dieser Schale, an dieser so wichtigen Sensibilität zu formen – im Kindergartenalltag im Spiel, beim Schlichten eines Streits oder beim rechtzeitig gegebenen Lob … Wie hat ein großer Gerichtspsychologe gesagt: „Der Gemütsarme ist der Gewissenlose …" – Natürlich kann Ihnen nicht alles aufgelastet werden, was andere versäumen, aber es genügt ja, wenn wir unseren kleinen Beitrag leisten, die Entfaltung einer liebevollen Sensibilität gegenüber Dingen, Pflanzen, Tieren, Menschen.

Die Ereignisse der Gegenwart beweisen, wie wichtig für die Zukunft der Menschheit das Hämmern und Polieren an dieser Schale des Mitgefühls sein wird, damit einmal, als goldener Apfel, doch so etwas wie eine „Zivilisation der Liebe" hineingelegt werden kann.

Die Arbeit an den silbernen Schalen ist von Behutsamkeit und Ehrfurcht gekennzeichnet. Mit Quengeln und Mahnen allein wächst kein kleines Herz in die Welt des Guten und des Heiligen. Die Arbeit an der Schale ist Feinarbeit, Goldschmiedekunst der Pädagogik, mit Takt und Zurückhaltung. Und diese Arbeit kann nie mit der Mentalität der „Macher" gelingen, die da glauben, sie könnten alles. Wir können und dürfen nur ein wenig mithelfen, da und dort bessere Voraussetzungen zu schaffen. Die goldenen Äpfel legt ja doch ein anderer in die Schalen – der unermüdlich waltende Gottesgeist.

Und damit komme ich zum Letzten, was ich in dieser kleinen Ouvertüre Ihrer Werkwoche sagen möchte. Ich bleibe immer noch beim Bild der Schrift, den goldenen Äpfeln auf den silbernen Schalen.

Die höchste Fähigkeit des Menschen

Wenn Sie Ihre Kinder anschauen und über sie nachdenken (was Sie sicher öfter tun und was man auch als Erzieher immer tun sollte), dann werden Sie davon überwältigt werden, was in diesen kleinen Menschen alles an Möglichkeiten angelegt ist. Wir können ja nur darüber staunen, welche Einblicke uns schon die Genforschung eröffnet, was z. B. allein an Sprachvermögen in diesen ersten Jahren erlernt wird, wie viel Originalität und Begabungen sich zeigen, welche Baupläne des Lebendigen und was für Möglichkeiten der Entfaltung sich abzeichnen. Was steckt doch alles in diesen kleinen Wesen, die an den Tischchen sitzen!

Wenn von den Möglichkeiten des Menschen schon die Rede ist, möchte ich am Schluss auf die höchste hinweisen, und ich weiß, dass mir die Theologie von 2000 Jahren und das Wort Gottes selbst zustimmen. Es heißt doch im Psalm 8,5:

„Was ist der Mensch, dass du seiner gedenkst,
was so ein Menschenkind, dass du in Huld es heimsuchst?"

Das ist der Inbegriff aller Fähigkeiten des Menschen: Er kann Schale werden für das Leben des Dreifaltigen Gottes. Der Mensch ist berufen, Silberschüssel zu sein für den goldenen Apfel des ewigen Lebens, Auffangbecken für das lebendige Wasser, von dem Christus am Brunnen zur Samaritanerin gesprochen hat.

An dieser Schale hämmern Sie mit, dürfen Sie da oder dort vertiefen, vervollkommnen, polieren und zum Strahlen bringen.

In diesem Sinne ist christliche Kindergärtnerinnenarbeit Goldschmiedekunst. Und Sie sind bei dieser Arbeit nicht allein. Der große Meister, der den Entwurf zu jeder einzelnen Schale geschaffen hat, beugt sich über Sie, führt Ihre Hand, bessert auch da und dort etwas aus, was uns nicht gelingt. Und in diesem Vorgang erhält das Wort aus dem Buch der Sprüche seinen tiefsten Sinn:

„Ein goldener Apfel auf silberner Schale –
das ist ein Wort, gesprochen zur rechten Zeit."

Liftfahrt in das Hochhaus der Werte

Der Weg zum werterfüllten Erzieher

Landeskinderheim Axams
Innsbruck (2002)

Es ist mir natürlich bewusst, dass ich ein sehr theoretisch klingendes Thema habe. Ich hoffe, dass es Sie trotzdem nicht langweilt. Vielleicht schon deshalb, weil die Sache aktuell ist. Es wird heute sehr viel von *Werten* geredet. Man spricht vom Werteverlust in der Gesellschaft, in jeder Wahlrede taucht das Wort von den Werten auf, die eine Partei verwirklichen will, das Wort „Wert" geistert durch Sonntagsreden, Sonntagspredigten, Hirtenbriefe. Man spricht von der „Wertediskussion" im Zusammenhang mit Debatten um eine Verfassung, vom Kleinstaat über die EU bis zur UNO. Wenn bei einem höchst bedauerlichen Denkmalstreit in Bozen die einen lautstark rufen: „Unser Höchstes ist die nationale Identität und die Erinnerung an glorreiche Siege!" – und die anderen sagen: „Uns bedeutet der Friede von heute mehr als ein Sieg von gestern" – dann geht es um Werte und Wertordnungen. Und wenn ein Streit mit der EU darüber ausbricht, ob die ständig überfahrenen Tiroler einmal auf der Autobahn demonstrieren und blockieren dürfen – oder ob das wirtschaftliche Interesse bestimmter Gruppen das Einzige und Oberste ist –, dann geht es wieder um Wertordnungen, nämlich um das Demonstrationsrecht der Bürger oder das Geschäftsinteresse, meistens aber kommt der Wert bei der Erziehung ins Spiel. Jeder Erzieher, jeder Lehrer, jeder Vater und jede Mutter, die ihre Aufgaben ernst nehmen, wird dem Satz zustimmen: Ich möchte mein Kind zu einem werterfüllten Menschen erziehen. Es kommt mir darauf an, dass es nicht nur Verschiedenes weiß und kann, sondern dass es ein Mensch mit Herz und Hausverstand wird, der im Leben Wichtiges und Unwichtiges, Entscheidendes und Bedeutungsloseres unterscheiden kann. Das Thema *Wert* ist also „up to date".

Was ist denn eigentlich der Unterschied von *Wert* und *Wort*? Wenn ich jetzt sage Familie, Gesundheit, Pflichttreue, Hilfsbereitschaft, Wohnkultur, Musik, Religion – sind das nun Worte oder Werte? Zunächst sind es Worte. Worte kann man zum Nulltarif multiplizieren. Und weil wir heute technisch Worte ins Unermessliche vervielfältigen können, gibt es so viel Gerede zum Nulltarif. Werte zum Nulltarif gibt es nicht. Wenn mir behagliches Wohnen ein *Wert* sein soll, dann muss ich bereit sein, dafür Mühe, Zeit und Geld aufzuwenden. Wenn ich für etwas nichts einsetzen will, ist es für mich kein Wert, mag das Wort noch so erhaben und schön sein. Sie ahnen schon, was das für die Erziehung bedeutet. Wer zu Werten erziehen will, muss selbst als *Wert* besitzen, was er weitergeben will. In diesem Punkt entscheidet sich die Glaubwürdigkeit einer Erziehung. Wenn jemand sagt, ich will, dass mein Kind einen Glauben hat, es soll im Leben doch einen Halt haben … Aber ich selbst halte von Religion eigentlich nicht viel. Sie spielt kaum eine Rolle in meinem Leben. Da wird es schwer sein, den Wert des Religiösen weiterzugeben, weil ich ihn selbst nicht habe. Die Frage, ob *Worte* oder *Werte* mein Leben bestimmen, geht also an den Kern des Lebens.

Wenigstens grob wollen wir uns an Werten, für die sich der Mensch entscheiden kann, orientieren. Dazu möchte ich Sie einladen zu einer Liftfahrt in das Hochhaus der Werte

Parterre

Ebenerdig bieten sich uns die *materiellen Werte* an: Geld, Verdienst, wirtschaftlicher Erfolg, Bankkonto, Auto, Arbeitsstelle, Versicherungspolizze, Nutzungs- und Verfügungsrechte. Das können sicher Werte sein, für die ich etwas zu leisten bereit bin.

Aber drücken wir auf den Liftknopf.

1. Stock: Vitale Werte

Da geht es um Essen und Trinken, Gesundheit, Fitness, Wohlbefinden, Vergnügen, Lust, Sport, Unterhaltung. Da geht es auch um wichtige Dinge, die für das Leben etwas bedeuten können. Aber wir müssen aufpassen, dass der Lift nicht schon im ersten Stock blockiert. Das tut er z. B. klarerweise bei der so genannten Spaßgesellschaft. Die steigt im ersten Stock aus wie jene Dame der Gesellschaft, die – bereits in reiferem Alter – schmuckbehängt und ein bisschen stark aufgedonnert, weil sie aus dem Vergnügungsgeschäft kam, in einem Interview im Fernsehen auf die Frage „Gnädige Frau, was ist für Sie das Wichtigste im Leben?" die Antwort gab: „Ach wissen Sie, das Wichtigste ist, dass man sich ein wenig vergnügt." (Ich bin vor dieser Sendung gerade bei einer Krebskranken auf Besuch gewesen – und darum ist mir besonders scharf ins Bewusstsein gekommen, wie verhängnisvoll es ist, wenn der Wertelift so weit unten blockiert.

2. Stock: Seelische Werte

Ausgewogenheit, Berufsfreude, gesundes Selbstbewusstsein, Erfülltsein, gemüthaftes Erleben, positive Grundeinstellung, Humor …

3. Stock: Soziale Werte

Einfühlungsvermögen, Interesse am Wohl anderer, Gemeinschaftsfähigkeit, Solidarität, Zusammenhalt, Sinn für gerechte Verteilung der Lasten, Sorge für den Schwächeren, Armutsbekämpfung …

4. Stock: Geistige Werte

Wissen, Bildung, Fertigkeiten, Können, Sprachkenntnisse, Interesse, Bücher, Urteilsvermögen, Horizont …

5. Stock: Moralische Werte

Mitgefühl, Kameradschaft, Selbstbeherrschung, Frustrationstoleranz, Hilfsbereitschaft, Vorurteilslosigkeit, Toleranz, Verlässlichkeit, Zivilcourage, Treue, Verantwortungsbewusstsein, Ehrlichkeit, Friedensliebe, Menschenliebe, Ehrfurcht …

6. Stock: Ästhetische Werte

Naturerleben, Musik, Kunst, Instrument, Theater, Gestalten, Zeichnen, Malen, Fotografie, Tanz …

7. Stock: Sinnwerte

Beim siebten Stock treten wir auf die Dachterrasse heraus. Da warten die großen *Sinnwerte:* Glauben, Hoffen, Gottvertrauen, Religiosität, Verzeihung, Frömmigkeit. Da sind wir also am höchsten Punkt des Humanen. Bei diesen Werten schauen wir dorthin, wo der Himmel die Erde berührt. In diesen Werten begegnen sich Zeit und Ewigkeit.

Wir sehen schon bei dieser Liftfahrt: Auf jeder Etage gibt es etwas zu holen, wartet etwas Wichtiges. Aber sehr entscheidend ist, dass der Lift nicht blockiert, dass wir uns nicht mit einer unteren Etage begnügen. Zum wahren Menschsein muss man schauen, bis zur Dachterrasse zu kommen. Und manchmal muss man sich entscheiden – für höher oder tiefer. *Alles* im Hochhaus der Werte kann man nicht haben.

Nun bleibt uns die Frage:

Wie werden Werte im Menschen?

Es genügt ja nicht, dass man das Wort von einem Wert hört und dazu ja sagt. Der Wert muss ein Stück meiner Persönlichkeit werden. Ich wähle jetzt ein ganz neutrales Beispiel:

Da sagt ein Mann: Sport ist eine gute Sache. Sport ist gesund. Die Jugend soll Sport betreiben, dann kommt sie nicht auf dumme Gedanken. Und die Politiker sollen für den Sport mehr tun. Es müssen Sportplätze her usw. Ist unser Mann wegen dieser Äußerungen schon ein Sportler? Nein. Was er zeigt, ist eine *theoretische* Werterkenntnis.

Theoretische Werterkenntnis

Das ist sicher positiv. Es hat schon einen Sinn, über einen Wert, den man anpeilt, auch theoretisch nachzudenken, z. B. in diesem Falle, *warum* Sport gesund ist, oder was offenkundig kein Sport mehr ist und wie das mit Sport und Geschäft ist und so weiter. Über das alles kann man theoretisch nachdenken und reden – aber wir spüren schon, bei der theoretischen Werterkenntnis bleibt die Sache doch noch weitgehend beim *Wort.* Viel mehr als ein paar *Gedanken* hat unser Mann für den Sport noch nicht aufgewendet.

Praktisches Wertsehen

Nun aber sagt er sich: „Wenn ich so nachdenke, lebe ich eigentlich nicht sehr gesund. Mein Cholesterinspiegel steigt, ich habe zu wenig Bewegung, meine Kondition ist schlecht, nach drei Kilometern hängt mir schon die Zunge heraus. Ich müsste etwas tun. *Ich* müsste hinsichtlich Sport etwas unternehmen. Vielleicht joggen, wandern, turnen oder schwimmen. Ich stinke sonst so still vor mich hin – das ist kein Zustand." Damit ist unser guter Mann schon einen Schritt weiter. Er sieht, dass es *ihn* persönlich angeht. Das ist die Stufe des praktischen *Wertsehens.* Aber so begrüßenswert diese Einsichten sind und so sehr ihm sein Arzt zustimmt – Sportler ist er deswegen noch keiner.

Wertfühlen

Und nun kommt er zu einem Freund auf Besuch. Dieser ist ein Bergsteiger – und er zeigt seinem Besucher hinreißende Dias von der letzten Bergfahrt. Und so springt ein wenig von der Begeisterung über dieses Erleben auf unseren Besucher über. Er erwärmt sich für diese Seite des Lebens. Er fühlt, dass da ein Reichtum dahinter ist. Damit kommt er in die Phase des *Wertfühlens*. Und hier müssen wir innehalten. Das ist ein ganz wichtiger Punkt für das Werterfassen und das Werterziehen: Es gibt keinen Wert *ohne Emotion, ohne Gefühl.* Man kann ohne große Gefühle Bilanzen erstellen, Rechnungsabschlüsse machen, Wissen anhäufen. *Werte* aber verlangen Ergriffenheit. Darum sind gemütsarme Menschen wertarm. Und eine gemütsarme, nur technisierte, „coole" Gesellschaft ist eine Gesellschaft mit Wertverlusten – da nützen alle gescheiten Diskussionen nichts. Darum ist für eine Erziehung zum Wert hin entscheidend, dass sie nicht nur eine Lernschule bietet, sondern Gemütsbildung. Die forensische Psychologie, also die Psychologie im Gerichtswesen, hat formuliert: Der Gemütsarme ist der Gewissenlose. Er wird unfähig zu moralischen Werten. Es ist also sehr oberflächlich gedacht, wenn man so den Spruch hört: Hauptsache ist, dass sie was lernen. Wenn man kein anderes Programm hat – damit kann man auch gescheite Verbrecher erziehen. Die Terroristen, die heute die Welt erzittern lassen, sind alles andere als Dummköpfe. Sie sind technisch, logistisch und psychologisch versiert. Bei der Bildung von Wertvorstellungen muss also das Herz mitspielen. Darum ist alles gesegnet, was Kinder und junge Menschen *gemüthaft* bildet.

Aber zurück zu unserem Mann, der nun also in Bezug auf den Bergsport Feuer gefangen hat. Ist er jetzt schon ein Bergsteiger? Nein, auch wenn er sich bei der Betrachtung der schönen Dias vor Begeisterung auf die Schenkel haut – Bergsteiger ist er noch keiner.

Praktische Werterfahrung

Jetzt aber lädt ihn der Freund zu einer Bergtour ein. Er geht mit – und es wird ein ganz großes Erlebnis. Anstrengend, aber unvergesslich. Ein Mondnachtaufstieg auf einen Dreitausender – und dann der Sonnenaufgang. Obwohl er abends mit einem Muskelkater ins Bett sinkt, ist er glücklich. Er hat nun *praktische Werterfahrung*. Jetzt hat er es selbst erlebt. Es hat etwas gekostet: Zeit, Mühe, Schweiß, Überwindung, Anstrengung, Müdigkeit – aber gerade deshalb ist das Erlebnis so tief und beglückend geworden. Ist er jetzt schon ein Bergsteiger? Er ist nahe dran, er hat am Wert geschnuppert – aber zum Bergsteiger braucht es noch einen Schritt mehr.

Wiederholte Werterfahrung

Der letzte Schritt zur Wertverankerung besteht nun darin, dass unser Freund öfter, immer wieder in die Berge geht. Er kauft sich die Ausrüstung, er zahlt den Mitgliedsbeitrag beim Alpenverein. Vielleicht macht er einen Schulungskurs mit. Das Bergsteigen wird ein Stück seiner Persönlichkeit. Er lässt sich das Zeit, Mühe und Geld kosten. Er hat die *wiederholte Werterfahrung*. Jetzt ist der Wert in ihm verankert, eingeübt, eine nicht mehr wegzudenkende Seite seines Wesens und Lebens.

Ich habe diese Stunden schön hintereinander aufgezählt. Im Leben gehen sie natürlich ineinander: theoretische Werterkenntnis, praktisches Wertsehen, Wertfühlen, Werterfahren, wiederholte Werterfahrung. Aber Sie können jeden Wert bei diesen Stufen einsetzen. Auch den Wert der Hilfsbereitschaft, auch den Wert der Religion, des Glaubens. Ein religiöser Mensch ist man nicht, weil man der Religion irgendwie positiv gegenübersteht. Da braucht es mehr als graue Theorie. Da muss etwas mit dir geschehen, da muss dein Gemüt angesprochen sein, die Sehnsucht nach Geborgenheit und innerem Frieden, nach Halt im Leid, und dann muss man etwas *tun*. Man muss z. B. beten lernen. Aber man ist auch noch kein religiöser Mensch, wenn man hie und da einen religiösen Anfall hat. Da muss das Einüben dazukommen, das Wiederholte, das Selbstverständliche und Launenunabhängige. Wer könnte ein guter Erzieher sein, wenn er nur aktiv wird, weil er pädagogischen Eros spürt? Wer kann ein guter Arzt sein, der nur eine Visite macht, wenn er einen menschenfreundlichen Anfall hat? Wer könnte eine gute Hausfrau sein, wenn sie sagt, ich koche nur, wenn ich einen kulinarischen

Anfall habe – sonst bedient euch gefälligst aus dem Kühlschrank? Wertverwirklichung ist mühsam. Aber von ihr hängt ab, ob wir wahre Menschen sind.

Jetzt zum Schluss ein kleiner Vergleich zur Erinnerung an das Thema Wert.

Der Wert und der Hosenknopf

Der Mensch sagt: Hosen brauchen Knöpfe – theoretische Werterkenntnis. Er stellt weiters fest: *Meine* Hose braucht einen Knopf. Denn hinten ist nur mehr einer, und der hat die ganze Verantwortung. Der Mensch findet einen Knopf, einen passenden, schönen Knopf, einen Knopf, der ihm ein ganz neues Hosengefühl geben wird: Stufe des Wertfühlens. Und dann näht er ihn an. Mit einem Stich. Der Knopf sitzt. Wird er aber halten? Sicher nicht – aber es wäre die Werterfahrung, für den Augenblick. Dann aber macht er es so, wie wir es bei der Mutter gelernt haben, viele Stiche, hinunter und herauf, durch alle vier Löcher, kreuz und quer und dann herumwickeln und noch einmal durch und einen Knopf machen – fertig. Jetzt sitzt er. Jetzt ist der Knopf ein tragender Wert. Die Stabilität der Hose ist gerettet. Um beim Bild zu bleiben: Einer wertarmen Gesellschaft fehlen die Knöpfe. Sie verliert darum moralisch die Hosen.

Und ich hoffe, dass diese Gedanken ein wenig klarmachen, dass alle, die Erzieher sind und sein wollen, sich darum bemühen müssen, dass sie werterfüllte Menschen sind. Denn nur solche können Werte weitergeben, theoretische, mit praktischer Beziehung zum Leben, mit Gefühl und Gemüt, mit Werterfahrung und wiederholter Werterfahrung. Und solche Erzieher sind ein Segen für die Menschheit.

Zeitlose Geburtstagswünsche

450 Jahre Akademisches Gymnasium Innsbruck (2011)

Wenn eine Schule das 450. Wiegenfest feiert, hält man auch in einer jubiläumsfreudigen Zeit den Atem an. Man lässt das Heute, den Schulalltag und Stundenplan, die Schularbeiten und Maturaprobleme, Lehrstofffragen und Konferenzzimmerdiskussion hinter sich und wird mit der Weite der Epochen und dem Zeitlosen konfrontiert. Zwischen der Zeit des Gründers, des heiligen Petrus Canisius, der ja auch unser Diözesanpatron ist, und dem Heute liegen Welten. Die Gründung des Innsbrucker Gymnasiums erfolgte natürlich im Zeichen der Gegenreformation auf dem Hintergrund eines allgemeinen Bildungsdefizits, von dem wir uns heute kaum eine Vorstellung machen können.

Aber wenn ich in dieser Stunde das Wort ergreifen darf, dann tue ich es nicht in historischer Analyse des Beginns. Diese Schule ist mein altes „Gym", in das ich vor 80 Jahren eingetreten bin.

Ihre Einladung erreicht mich im großen Intercity, der von der Zeit in die Ewigkeit fährt und der bekanntlich im Alter immer schneller unterwegs ist. Und jetzt müssen Sie mir erlauben, dass ich mich im Zugabteil zunächst auf den Fensterplatz in der Gegenrichtung setze, von dem aus man zurückschaut. Ich weiß, dass dieser Sitzplatz bei Senioren beliebt ist – aber ich möchte auf ihm nicht in nostalgische Träumerei verfallen. Die Dreißigerjahre des 20. Jahrhunderts sind keine große Versuchung für Vergangenheitsvergoldung.

Nachdenkliche Erinnerungen

Das Erste, was sich mir aufdrängt, ist eine nachdenklich-vergleichende Erinnerung. Da ich ja auf weiten Strecken meines Lebens in der Welt der Schule gewesen bin, will ich es gleich rundheraus sagen: Mit dem Blick auf das Ganze ist die heutige Schule viel besser. Sie ist in ihrer Atmosphäre menschlicher, entspannter. Man darf nicht vergessen, dass die Zeit von 1931 bis 1939 eine sehr autoritär geprägte Epoche war. Dazu kam, dass die Lehrer bei vier ersten Klassen, in denen jeweils 50 bis 60 Schüler waren, überfordert sein mussten. So war das Lehrer-Schüler-Verhältnis distanzierter, unpersönlicher – sicher nicht immer im gleichen Maß. Man hat im Laufe des Untergymnasiums die Schülerzahl rücksichtslos reduziert – „ausmisten" nannte man das damals. Aber ich weiß, dass damit viele Kinder- und Schülertragödien verbunden waren. Es gab Lateinlehrer, die es manchmal auf 40 Nichtgenügend pro Stunde brachten, was zweifellos rekordverdächtig ist und heute kaum mehr erreicht wird („Deckel" im Minutentakt).

Selbstverständlich war die damalige Schule mit der heutigen schultechnisch nicht zu vergleichen. Es gab kein Dia, keinen Schulfilm, keinen Tonträger, keinen Computer, keinen Bildschirm, kein Internet, keine Schnellinformation. Es gab im Bereich moderner Sprachen keine Auslandsaufenthalte, manchmal nicht einmal für die Lehrer. Es gab keine Schiwochen. Ein Rodelausflug nach Heiligwasser war der wintersportliche Höhepunkt. Eine Englisch- oder Französisch-Matura von heute ist mit damals nicht zu vergleichen. Ich bin ja später oft bei solchen Prüfungen dabeigesessen.

In einem Punkt sehe ich für die damalige Schule ein Plus – ich nenne es mit Vorsicht, weil ich weiß, wie sehr sich die Überfülle von Stoff und allen möglichen Akzenten heute gehäuft hat. Ich meine die Erziehung zur Sprache. Und zwar nicht nur, weil sprachliche Richtigkeit damals härter verlangt wurde. Rechtschreibfehler waren keine bedeutungslose Nebensache. Nein, ich denke mit Dankbarkeit daran, dass uns im Deutschunterricht die Schönheit der Sprache und die sprachliche Hochkultur in der Dichtung nahegebracht wurden. In den Aufsätzen wurde mehr die Darstellung von Erlebnissen, Erfahrungen, Schilderungen und Stimmungen verlangt. Heute dominieren stärker die Analysen von Problemen. Und wenn die Probleme den Horizont eines Mittelschülers überfordern, besteht die Gefahr der Flucht in die Phrase, die Sprechblase und und die nachgebetete Plattitüde. Und dazu kommt heute, dass der Mensch in unserer Gesellschaft mit einer Fülle von blitzgeschwinden Informationen umgeben ist, die von einer emotionslos-sachlich-trocken-bildlosen und gemütsarmen Sprache geprägt sind. Mir ist in den langen Jahren der Lehrerbildung aufgefallen, dass die Kunst des Erzählens immer mehr verfallen ist. In diesem Punkt möchte ich der damaligen Schule ein Plus zubilligen. Ich räume aber ein, dass dies nur *ein* Punkt ist – mein Gesamteindruck der Schule gibt dem Heute den Vorrang.

Heitere Erinnerungen

Der Gedanke an unser damals doch recht strenges Gymnasium lässt natürlich auch die heiteren Erinnerungen aufsteigen. Sie hatten damals sehr akzentuiert den Charakter des Ventils. Rückblickend ist es schön, wenn aus dem herben Schulalltag von damals auch zwischendurch immer noch Lachen aufklingt. Das gilt sogar von dem an sich nicht fröhlichen Gebiet der Strafarbeiten.

Ich habe sie am Akademischen Gymnasium in erheblicher Anzahl kassiert. Dabei gab es im Niveau der Strafarbeiten eine Aufwärtsentwicklung. Wenn ich z. B. im Untergymnasium auf einen großen Bogen Packpapier 200-mal schreiben musste „Ich darf meinem Nachbarn nicht das Lineal auf den Kopf hauen" – dann würde ich diese Form von Strafarbeit pädagogisch nicht empfehlen. Wenn man damit fertig ist, möchte man nur dem Lehrer das Lineal auf den Kopf hauen. Aber im Obergymnasium, wo ich die Strafarbeiten nur deshalb erhielt, weil ich es für eine schwere sozialethische Pflicht erachtete, bedrängten Mitschülern einzusagen, waren die Strafarbeiten bildungsfördernd. Ich habe in Geschichte eine ganze Menge von Spezialreferaten ausarbeiten müssen, die über den Lehrstoff hinausgingen, wie „Geschichte des Islam" oder „Aufstieg und Niedergang der Hanse" oder „Züge der Conquistadoren in Südamerika", und habe damit meinen welthistorischen Horizont bedeutend erweitert. Und wenn ich mir heute noch, ganz privat und heimlich, Teile von Homers Ilias und Odyssee aufsagen kann, weil mich das Spiel der Hexameter und Pentameter so freut, dann ist das nicht das Ergebnis eines gewaltigen humanistischen Bildungsdranges – nein, es handelt sich um die Memoiren eines Sträflings … Ich hoffe, dass in der Schule von heute Heiterkeit ihren Platz hat. Das Problem ist ja, dass Heiteres in der Schule fast immer mit einer Prise Frechheit verbunden ist. Aber vergessen wir nicht – das ist doch die Würze im zähen Teig mühsam-fader Lernvorgänge.

Tragische Erinnerungen

Aber ich kann es nicht ausklammern – zu den nachdenklich-vergleichenden und den heiteren Erinnerungen gesellen sich auch die tragischen Erinnerungen.

Im siebten Kurs haben wir die größte und schwerwiegendste Veränderung unserer Jugendjahre erlebt – 1938, den Anschluss Österreichs an das Reich. Vielleicht kann ich das Tragische mit einer kleinen, für mich unvergesslichen Anekdote illustrieren. In den Märztagen des Jahres 1938 kamen wir zur letzten Geschichtestunde in Österreich. Wir hatten den schon etwas älteren, etwas schrulligen, aber grundgütigen Professor Dr. Alois Böhm – und wir segelten in dieser Stunde irgendwo durch die altrömische Geschichte. Auf einmal hat Prof. Böhm das Thema unterbrochen und gesagt: „Ich muss Ihnen jetzt etwas sagen. In diesen Tagen entscheidet es sich, ob Österreich unabhängig bleibt oder nicht. Wenn es *nicht* unabhängig bleibt, ergibt sich in Mitteleuropa eine massive Machtzusammenballung, die sich die anderen nie gefallen lassen werden. Und dann werden wir in zwei Jahren den Zweiten Weltkrieg haben – und den werden wir genauso verlieren wie den Ersten …"
Ich habe das nie vergessen (bis zur Kapitulation im Jahr 1945). Einige

Tage später kam der Umsturz. Wie viele Hunderte in Innsbruck wurde der Direktor des Gymnasiums verhaftet und ins KZ gebracht. Und worin liegt die Tragik des alten Geschichtslehrers? Er musste in der ersten Stunde im Dritten Reich vor die Klasse treten, die Hand erheben und „Heil Hitler" rufen. Es war eine schreckliche Zeit. Die Klassen teilten sich in Uniformierte und Nichtuniformierte. Man kann sich nicht vorstellen, was für eine Faszination Stiefel und Reithosen ausgeübt haben. Es ist sicher noch nie wissenschaftlich erhoben worden, wie viele Anhänger Hitler mit der Verleihung von Stiefeln und Reithosen gewonnen hat. Mit Stiefeln und Reithosen ging man nicht durchs Leben – nein, damit schritt man aus – gestrafft, machtbewusst, heroisch und raumgreifend. Man hat den deutschen Mann konsequent von unten herauf aufgebaut. Es war eine schreckliche Zeit. Es gab auch Lichtblicke. Eine Klasse des Realgymnasiums hat trotz des ungeheuren Drucks gegen die Entfernung jüdischer Mitschüler protestiert. Und der nationalsozialistische Direktor Dr. Grüner war ein anständiger Mensch, dem die damals üblichen Gehässigkeiten fremd waren. Aber es war eine schreckliche Zeit. Im Jahr 1939 habe ich Matura gemacht. Ich war 17. Als Maturareise bin ich mit dem Fahrrad zum Sonnenburgerhof hinausgefahren und habe mir Innsbruck noch einmal von oben angeschaut. Zwei Tage später bin ich eingerückt.

Darf ich mit dem Blick auf die tragischen Erinnerungen den aktiven Lehrkörper um etwas bitten. Ich weiß, dass diese Bitte eine in unserer Zeit schwierige Sache anspricht. Aber vielleicht ergibt sich doch im einen oder anderen Fach die Gelegenheit.

Versuchen Sie bitte, jungen Menschen klarzumachen, dass es ein großes Glück ist, in einem *Rechtsstaat* leben zu dürfen, auch wenn er Schönheitsfehler hat, und dass es eine besondere Gunst des Schicksals ist, einen *demokratischen* Staat als Heimat haben zu dürfen, auch wenn er Defizite hat, und dass es ein unfassbares Geschenk des Himmels ist, in *Frieden* leben zu können, auch wenn nicht alle Wünsche erfüllt werden.

Die tragischen Erinnerungen verpflichten mich zu dieser Bitte. Denn ich habe an dieser Schule, in den Klassen, in denen Sie unterrichten, eine Epoche erlebt, in der das alles weggewischt und ausgelöscht war: der Rechtsstaat, die demokratische Freiheit und der Friede.

Und jetzt, meine Damen und Herren, müssen Sie erlauben, dass ich den Sitzplatz im Schnellzug der Zeit wechsle, hinüber auf den gegenüberliegenden Sitz, der den Blick in die Fahrtrichtung gestattet. Ich muss mir ja doch für das jubilierende Gymnasium Geburtstagswünsche überlegen. Dafür reicht der Blick in das, was hier vor 80 Jahren geschehen ist, sicher nicht. Aber es hat sich in meinem Leben so gefügt, dass ich über weite Strecken mit dem Schulwesen verbunden geblieben bin. Ich habe einige Tausend Kinder und Jugendliche unterrichtet, in allen österreichischen Schulformen, von der einklassigen Volksschule hoch oben am Berg bis zur Universität. Ich war 24 Jahre in der Lehrerbildung, und als Bischof habe ich in Tirol 1300 Schulklassen persönlich besucht. Und so wage ich es, dem Akademischen Gymnasium zwei Geburtstagswünsche zu widmen, die ich für zeitlos halte.

Den Horizont des Humanum wahren

Der erste Wunsch heißt so: Ich wünsche dem Akademischen Gymnasium, dass es immer eine Schule bleibe, die den Horizont des Humanum wahrt.

Dieser Gedanke klingt sehr zeitlos-allgemein, aber er hat eine gewisse Aktualität. Es gibt heute in Testformen, Medien, Politik und öffentlicher Debatte die Tendenz zu einem Reduktionismus, einer simplifizierten Betrachtung, die Schule allein unter dem Gesichtspunkt augenblicklich abfragbarer Leistung zu sehen. Ich gestehe offen, dass ich deshalb PISA für einen schiefen Turm der Pädagogik halte. Und dieser Turm neigt sich nicht zum Humanum und damit nicht zu dem, was man Bildung nennt. Es geht nur mehr um Detailfragen der *Ausbildung*. Ich möchte diese Fragen der Ausbildung nicht bagatellisieren. Ausbildung, Beherrschung von Kulturtechniken wie Lesen und Schreiben und Rechnen hat sicher Bedeutung. Ich weiß, dass in Welt und

Kirche eingebildete Ausbildung ausgebildete Einbildung erzeugt. Aber wenn man derartig schnell gewonnene Statistiken einfach zum Niveautest der österreichischen Schule macht, tut man der Schule und den Lehrern Unrecht. Ausbildungslücken müssen sicher mit Ausbildungsschwerpunkten verbessert werden. Aber die österreichische Schule ist etwas mehr als das, was Computer an Statistiken ausspucken. Statistiken haben das Flair von Wissenschaftlichkeit, aber sie bergen auch immer die Gefahr von Einseitigkeit, wenn sie ein so weitgespanntes Gebiet wie die Schule erschöpfend und gesellschaftsrevolutionierend darstellen wollen. Ausbildung, testbares Wissen und Können sind noch lange nicht Bildung. Bildung eines Menschen ist mehr. Man kann es in jedem Konversationslexikon nachlesen. Und die österreichische Schule, die ich in einem langen Leben schätzen gelernt habe, hat an sich den Bildungshorizont des Humanum. Es gibt doch den viel verdrängten, wenig zitierten Paragrafen 2 des Schulunterrichtsgesetzes:

Der junge Mensch soll hingeführt werden zum Wahren, Guten und Schönen, zu Toleranz und sozialem Verhalten und zu sittlichen und religiösen Werten.

Diese Zielsetzung ist natürlich nicht mit simplen Tests erfassbar, aber diese Zielsetzung ist konstitutiv für die österreichische Schule. Darum ist irgendein Kurs (Maschineschreiben, Computerbenützung, Snowboarden usw.), in dem nur irgendeine Fertigkeit vermittelt wird, *keine* österreichische Schule im Sinne des Gesetzes.

Weil es heute diese Tendenzen der Verflachung gibt, habe ich für das Akademische Gymnasium diesen Geburtstagswunsch: dass es immer eine Schule mit dem Horizont des Humanum bleibe und nie zur bloßen Lernanstalt degeneriere.

Lehrerinnen und Lehrer mit Zuwendung

Auch vom zweiten Wunsch hoffe ich, dass er zeitlos und aktuell ist. Ich wünsche dieser Schule, dass sie immer Lehrerinnen und Lehrer mit Zuwendung habe.

Das ist nicht nur ein Problem des Schulklimas und einer gewissen Kultur des Umgangs. Von allen pädagogischen Psychologien, die ich gelesen habe, hat mich eine tief beeindruckt, weil ich ihre Darlegungen in der Praxis so oft bestätigt gefunden habe: die „Erziehungspsychologie" von Tausch/Tausch ab der 8. Auflage. Das Ehepaar Tausch war an der Universität Hamburg tätig. In diesem Buch wird die personale Seite des Lehrerdaseins überzeugend dargelegt und auch empirisch entfaltet. Die Lehrerin, der Lehrer mit Zuwendung und Einfühlung gegenüber dem Schüler ist *das* fördernde, Mut machende, motivierende, positiv prägende Element der Schule. Pädagogen dieses Zuschnitts sind wichtiger als schulische Organisations- und Strukturveränderungen. Es ist nicht so entscheidend, ob über dem Portal einer Schule Ganztagsschule oder Halbtagsschule, Hauptschule oder Neue Mittelschule, Gymnasium oder etwas anderes steht – das kann nach den Erfordernissen von Region und Situation verändert werden. Ja, auch Schulprogramme, didaktische und methodische Neuerungen sind für sich allein nicht von großem Gewicht, wenn nicht dahinter Lehrerinnen und Lehrer mit Zuwendung tätig sind, mit einem spürbaren Wohlwollen gegenüber dem Schüler, das gar keine großen Gefühlsausbrüche meint, sondern eben die Haltung und Grundeinstellung von Achtung, Wärme, Rücksichtnahme.

Verständnis für die individuelle Situation des Schülers, positive Erwartung, Wecken von Interesse, Liebe und Begeisterung für ein Fach ist wesentlich mit diesem Lehrertyp verbunden. Ich habe mehr als einmal erlebt, dass aus derartigen menschlichen Begegnungen später Universitätsprofessoren von Ruf herausgewachsen sind. Es ist erwiesen, dass der Pädagoge mit Zuwendung Kreativität am meisten fördert. Und Lehrerinnen und Lehrer mit Zuwendung wirken nachhaltig, bis hinein in spätere Jahre, und bewirken eine Grundeinstellung von geistiger Wachheit und Sprungbereitschaft – genau das, was vor Jahren die Rektoren der technischen Universitäten Österreichs als wichtigste Eigenschaft eintretender Maturanten gefordert haben – nicht eine ungeheure Menge abfragbaren Wissens.

Der Lehrer mit Zuwendung – vielleicht darf ich dieses Thema mit einer kleinen Anekdote illustrieren.

Es war bei einer pädagogischen Tagung in Deutschland, zu deren Programm auch Praxisbesuche gehörten. Wir waren also Zeugen einer Schulstunde in einer Volksschulklasse. Es war eine Freude zuzusehen, wie dieser Lehrer die Kinder persönlich ansprach und wie sie mit ihm gingen. Neben mir saß ein Universitätsprofessor der Pädagogik einer großen Universität. Als die Stunde vorbei war, sagte er zu mir:

„Also, ich hätte ja vom didaktischen Ansatz her Verschiedenes kritisch anzumerken, und auch bei manchen methodischen Schritten hätte ich Einwendungen, aber", und damit neigte er sich zu mir und flüsterte, „ich würde diesem Lehrer *meine* Kinder liebend gerne anvertrauen …"

Da haben Sie sozusagen ein spontanes Fachgutachten …

Auf die alten Tage hin

Vielleicht ist es verwunderlich, wenn ich vom „priesterlichen Altwerden" rede. Sind wir vielleicht etwas Besonderes? Sind wir nicht allen biologischen, psychischen und krankheitsbedingten Abnützungserscheinungen ausgesetzt wie alle anderen? Was unterscheidet schon eine senile Exzellenz vom Seppele im Altersheim, das alles durchgehen lässt?

Ja, wenn das menschliche Altern mit einer so einfachen Parabel aufzuzeichnen wäre, die vom Lebenszenit sich herunterzuneigen beginnt und immer steiler wird – aber das ist eben nicht der Fall. Auf der einen Seite ist das Altwerden ein irreversibler Vorgang, aber es ist auch ein sehr komplexer und sehr verschieden ablaufender Vorgang – sogar schon im biologischen, aber mehr im psychischen und geistigen Bereich. Und vor allem: Wir „verenden" nicht wie die Tiere, sondern gehen hinüber … Wir werden nicht einfach willenlos vom immer schneller werdenden Strom der Zeit hinuntergetrieben wie ein Stück Holz im Hochwasser. So ist es nicht. Schon anthropologisch nicht, aber es ist vor allem nicht so, weil über unserem Altwerden ein wunderbares Wort des Propheten Jesaja steht: *Ich bleibe derselbe, so alt ihr auch werdet, bis ihr grau werdet, will ich euch tragen …* (Jes 46,4)

Und so wird das Altern eine Aufgabe, eine Chance, eine Berufung, ein pastoraler Dienst. Vielleicht der allerletzte, zu dem uns der Herr ruft. Das Mühen um ein christliches, ja ein priesterliches Altern ist heute eine höchst aktuelle pastorale Aufgabe, die man am glaubwürdigsten nicht mit Worten, sondern mit seiner eigenen Existenz angeht. Warum ist „erlöstes Altwerden" ein so aktuelles Thema? Ich glaube, aus zwei Gründen.

Die Welt will vom Altwerden nichts wissen

Es gibt zwar eine ganze Woge wissenschaftlicher, medizinischer und sozialer Initiativen für den alten Menschen, der ja einen immer größer werdenden Teil unserer Gesellschaft ausmacht. Aber der ungeahnte Aufstieg der altersspezifischen Wissenschaften (Geriatrie, Gerontopsychiatrie, Gerosoziologie, Geropsychologie, Geragogik usw.) hat eigentlich an der grundsätzlich negativen Einstellung zum Altwerden nichts geändert. Sogar in Befragungen in mittleren Schulen wurden zum Thema „Alter" spontan folgende Beifügungen genannt: gebrechlich, anfällig, vergesslich, passiv, intolerant, konservativ, verbittert, isoliert. Unsere Gesellschaft will nicht alt werden, nicht alt aussehen, übt sich im Verleugnen der Jahre wie eine alte Kokette. Die Hübsche, die für die Biokostwerbung über den Fernsehschirm wippt und dabei singt „Ich will so bleiben wie ich bin …", trifft das Lebensgefühl genau. Man will so bleiben, wie man ist, oder wie man sich einbildet zu sein: vital, beschwingt, initiativ, unbeschwert, modern, aufgeschlossen, beweglich, schlank und rank – und das heißt jung. Natürlich ist das eine tröstliche Illusion, und in dreißig Jahren wippt sie nicht mehr durch die staunende Männerwelt, trotz Biomahlzeit und Feuchtigkeitscreme. Aber was wollen wir da große Vorwürfe machen. Wie Leo XIII. 90 Jahre alt wurde, hat ihn ein jüngerer priesterlicher Freund besucht. Und Leo XIII. hat die Arme ausgebreitet und gesagt: „Wir fühlen noch nichts von unserem Alter." Worauf der Freund etwas trocken bemerkte: „Aber die andern …"

Unsere Gesellschaft empfindet das Altern auch als Bedrohung. Die Veränderung der Bevölkerungspyramide ist beklemmend. Sie ist ja in unseren Breitengraden schon lange keine Pyramide mehr, sondern eher ein Fliegenpilz: Der Schirm mit den vielen weißen Tupfen ist der größte Teil des Ganzen. Und das ergibt Probleme, die man früher nicht kannte. Damals hat der Tod mehr junges Kuhgras gemäht. Heute lässt er ganze Wiesen stehen und verwelken, und wie bei den ungenützten Bergwiesen fürchtet man die sozialen Lawinen, die auf uns zukommen: die Frage der Pensionen und der Versorgung, der Heime und der aufwändigen Dienste, der Pflegeplätze und der steigenden Kosten.

Nein, „Altwerden" ist im Lebensgefühl unserer Zeit sicher nicht attraktiv. Und deshalb sollten wir als Christen und als Priester ein anderes Bild des Altwerdens haben und leben. Das Bild eines realistischen und doch irgendwo verklärten Altwerdens. Ich male hie und da ein wenig, und mich fasziniert die Landschaft im Abend- und im Morgenlicht. Und oft könnte man die Bilder vertauschen und wer die Gegend nicht kennt, müsste sich fragen: Ist das nun Abend oder Morgen? Beides legt über die Welt ein ganz eigenes Licht. Vielleicht gehört auch beides auf eine geheimnisvolle Weise zusammen: Im irdischen Morgen liegt schon ein Stück Abend, und im irdischen Abend liegt ein Stück Morgen.

Und damit kommen wir nun zum zweiten aktuellen Grund, weshalb das Mühen um ein christliches Altern ein hochaktuelles Zeugnis in dieser Welt sein könnte:

Die Welt will nicht viel vom Jenseits wissen

Alle pastoralen Statistiken und Befragungen sagen, dass der Glaube an das Leben nach dem Tod schwindet. Der Akzent der Epoche liegt auf dem Diesseits. Wir leben in der Faszination des Jetzt. Sogar die irdische Vergangenheit und die irdische Zukunft kommen zu kurz. Man hält sich weder mit der Verarbeitung von den Erfahrungen mit dem Gestern noch mit Visionen für das Morgen auf. Verhaltensforscher haben das Wort vom „Momentanismus" geprägt, der Verfallenheit an den Augenblick als dominierendem Lebensgefühl. Man umgibt zwar den Tod mit einer gewissen sozialen und ästhetischen Kultur, ja man wünscht sich auch die religiöse Zeremonie, selbst in religiös nicht aktiven Kreisen, aus einer letzten, unausgesprochenen, oft verdrängten, aber unstillbaren Sehnsucht heraus.

Aber wie oft steht an unseren Gräbern *wirklich* der lebendige Glaube an die Auferstehung? Alle Befragungen bestätigen, dass in diesem Punkt offenkundig ein besonders starker Einbruch der Glaubenssubstanz erfolgt.

Natürlich wird es auch in etwa an der Art kirchlicher Verkündigung liegen. Das Erlöstsein, das Befreitsein und Geheiltsein in Christus, das Heimathaben und Heimatfinden in Gott, die „Wohnung, die er uns beim Vater bereitet" – das alles steht nicht im Mittelpunkt unserer Verkündigung. Weder in Sprachformen, die heute glaubhaft klingen, und das ist nun einmal nicht eine tradierte theologische oder katechetische Sprache, noch sachlich. Sachlich hat sich in unserem und im letzten Jahrhundert die Moral vorgedrängt, und aufgrund der großzügigen und ungehemmt in die Breite tendierenden Todsündenqualifikation (wie es keineswegs dem biblischen Befund entspricht) hat unsere Verkündigung das Flair des Erlöstseins verloren und den Charakter der Bedrohung angenommen – auch in Hinblick auf den Tod. Und das gilt nicht nur für den verstockten Sünder, sondern eben auch für den gläubig bemühten Menschen.

Aber dieser Aufbruch in das Eschaton ist nicht nur eine Frage der Verkündigung, der Worte, der pastoralen oder katechetischen Rhetorik. Es ist vor allem eine Frage unserer eigenen Existenz. Es ist die Frage, ob wir selbst nüchtern das Vergängliche sehen und die Brückenbogen der Hoffnung hinüber ins Land der Verheißung spannen. Wer soll denn das tun, wenn nicht wir? Und darum ist es eine evident pastorale Aufgabe in unserer Lebensparabel, die sich biologisch nach unten senkt, jenen anderen kühnen Bogen einzubauen, den der heilige Paulus in die Worte gefasst hat: „Das Leben ist mir Christus, und das Sterben ist mir Gewinn …" (Phil 1,21)

Dabei hat Gott in seiner Weisheit sozusagen in die menschliche Natur eingebaut, dass mit steigendem Alter an sich das religiöse Interesse eher zunimmt. Es gibt diesbezüglich breite Felduntersuchungen mit eindeutigen Ergebnissen (Allport). Und wenn diese Aufstiege nicht gelingen, treten die belastenden Seiten des Altwerdens in bedrohlicher Intensität auf. Beim Alterssuizid ist der so genannte „Bilanzsuizid" besonders häufig, d. h. Selbstmord aufgrund seiner negativen Gesamtbilanz des Lebens.

Meine lieben Priestersenioren, es wäre unvernünftig, den alternden Diener der Kirche mit immer neuen Aufgaben zu überlasten, aber in dieser Aufgabe seid ihr sozusagen unverzichtbar und unersetzbar. In der Welt das Zeugnis eines christlichen Alterns zu geben, einer Welt, die das Altern nicht schätzt und an das Jenseits nicht glaubt …

So darf ich in einem kurzen Streifzug auf die Chancen zu ein paar positiven *Wenden* in den alten Tagen hinweisen, Chancen, die wir ergreifen sollten.

Die Wende zur Einfachheit

Ich meine hier die Einfachheit im tiefsten Glauben, in der letzten religiösen Existenz. Jene Einfachheit, die mir von einem im Sterben liegenden Bergbauern im Ohr geblieben ist: „Ich denk mir, jetzt wird mich der Herrgott wohl auch nicht wegschmeißen wie einen alten Fetzen …" Der Spruch ist ein klassischer Ausdruck des schlichten Gottvertrauens, auf das es schlussendlich ja hinauskommt. Er schmeißt niemanden weg wie einen alten Fetzen. Er hat nicht einmal den Terroristen am Kreuz weggeschmissen, und der hätte nach unserer Einschätzung sicher zum Restmüll der Menschheit gehört …

Manchmal denk ich mir ja schon, wenn ich die Buchwände in meiner Bibliothek anschaue: Was so das Reich Gottes an Büchern und Bänden, Reflexionen und Begriffen, Zitaten und Aspekten, Abhandlungen und Artikeln, Nachschlagewerken und Gliederungen, Wissenschaften und Überblicken braucht, ist schon allerhand. Wenn ich die Abschiedsreden Jesu im Johannesevangelium anschaue, dann ist das Heil bedeutend einfacher. Und man muss alt werden, um das Einfache wieder zu erfassen. Heuer war ich in einer kleinen, einklassigen Volksschule, in der die ganze Atmosphäre besonders wohltuend war. Da hab ich dann die Kinder gefragt: „Kinder, was glaubt's ihr denn, was so ein Bischof eigentlich zu tun hat?" (Ich bin ja auch überzeugt, dass ich schrecklich viel zu tun habe, unzählige Sparten und Sektoren usw.) Da ist ein Bub in der dritten Klasse aufgestanden und hat gesagt: „Der Bischof muss für die Leute beim lieben Gott ein gutes Wort einlegen …" Mandl, hab ich mir gedacht, du gehörst als Spiritual in die Österreichische Bischofskonferenz … So einfach kann das Große nur ein Kind sagen. Und der alte Mensch. Diese Einfachheit ist nicht bloß ein Regress, ein Abschied von der ermüdenden Komplexität und Kompliziertheit des Daseins. Es ist eine Einkehr zum Wesentlichen. Und das kann uns mit 70 viel besser gelingen als mit 40 Jahren. Das hat auch schon der heilige Augustinus geschrieben – von der Belastung und der Überwindung des Vielerlei.

Die Wende zum versöhnten Leben

Meine Lieben, es gibt hier keinen, der aus seinem Priesterleben nicht ein paar Narben und Wunden mitgebracht hat. Manchmal bluten sie noch immer. Wunden der Enttäuschung, des Misserfolgs, des Verkanntseins und der ungerechten Behandlung. Wunden des persönlichen Versagens, vielleicht manchmal vertaner Jahre. Wunden, die unter Umständen weit, weit zurückgehen, bis in die Tage der Entscheidung, die oft keine rechte gewesen ist, Wunden eines kaum bewältigten Alleinseins, Wunden der Verbitterung, Wunden nichterfüllter Lebensträume. Lass doch auf das alles, was sich da zusammengeballt haben mag, die überwältigende Sonne des Christus scheinen, auf die du zugehst! Wenn die Abendsonne durchbricht, beginnen die dunkelsten Wolken zu leuchten.

Ich bin im vergangenen Sommer auf der Steilküste der Normandie bei Étretat gesessen, gegenüber von den berühmten Felsentoren, durch die die Brandung des Atlantiks braust, in der Abendsonne. Und ich hab mir zu diesem Anblick ins Notizbuch geschrieben:

Stundgebet der Zeit!
Nach der letzten Hore,
weisen Felsentore
zur Unendlichkeit …

Der Verlag hat dann dieses Bild, das ich mir zu Hause gemalt habe, als Titelblatt gewählt. Es ist wirklich so, wollten wir die schönste Hore für unseren Lebensabschnitt aussuchen, dann ist es eindeutig die Komplet. Wahrscheinlich haben noch viele die Choralmelodien im Ohr, die wir im Seminar gesungen haben. Aber man muss sich nur die Texte anschauen. Das ist eine einzige Hymne des Friedens und der Heimkehr. Da hat man aus dem Alten und Neuen Testament die Perlen ausgesucht, das Gebet des Simeon und des Herrn am Kreuz und das tausendjährige „Salve Regina" von Bernhard von Clairvaux, das alles ist eine einzige Symphonie des großen Nach-Hause-Gehens, des in der Liebe Gottes ausgesöhnten Lebens.

Im Altwerden gibt es diese Chance, und Gott will, dass wir sie nützen. Wisst ihr, wie einer der berühmtesten Psychologen unserer Zeit, der Amerikaner Erikson, diese so wichtige Seite des geglückten Altwerdens zu beschreiben suchte? „Integrität des Menschen gegen Verzweiflung und Ekel." Er kann das als Psychologe nur als Wunschziel angeben, als Möglichkeit – aber meine Lieben, wir haben die göttliche Realität und Verheißung, den großen Schalom, der diese Möglichkeit aus dem Traum in die Existenz führt.

Die Wende zur Milde

Und dann gibt es aus dem inneren Frieden die Wende zur Milde, entgegen dem Gespenst der Verbitterung, entgegen dem Khomeini-Effekt, dem Gespenst des Gesetzesfanatikers und der Härte …

„Dieser alte Pfarrer hat für mich etwas ganz Besonderes", hat ein junger Mann einmal zu mir gesagt, weil wir über den doch schon sehr alten Pfarrer geredet haben, der natürlich vieles nicht mehr tun konnte. „Wenn ich diesem alten Priester in die Augen schaue, habe ich immer das Gefühl, es ist alles verziehen."

Das ist wohl eines der schönsten Zeugnisse für einen alten Seelsorger. Es kann natürlich nur aus dem eigenen versöhnten Dasein kommen – und ich muss euch sagen, einer, der es selbst schwer hatte, kann oft eine derartige Haltung besonders gut ausstrahlen, wenn er eben um den großen Frieden bemüht war. Die ungelöste Schuld ist wie eine böse Intrigantin, die dauernd auf das Schlechte bei den Menschen hinweist. Die gelöste Schuld ist eine Sekretärin, die immer wieder Begnadigungsgesuche auf den Schreibtisch legt und für das große Verstehen plädiert. Und so ist eine der schönen Seiten des Alters die Milde. Die Menschen mit all ihren Abgründen, die Welt mit all ihren Schluchten der Bosheit können doch die Pastelltöne eines Herbstabends bekommen, eine Art Präludium der großen Barmherzigkeit im Eschaton. Und heute muss Kirche dieses Heil der Seele ausstrahlen, weil es einfach viele verwundete, verwirrte, gestrandete, verzweifelte, belastete, uneinsichtige, reuelose und schuldverdrängende Menschen gibt, und die tiefste Veränderung bewirkt nicht die Drohung, sondern das Getroffensein von der Liebe. Christus hat weder dem Schächer noch der Sünderin, noch dem Matthäus, noch dem Petrus gedroht. Er hat sie nur angeschaut.

Wenn die Wende zur Einfachheit, die Wende zum versöhnten Dasein und die Wende zur Milde einigermaßen gelingt, dann wird eine andere Wende nicht ausbleiben:

Die Wende zur gelassenen Fröhlichkeit

Ein Dekan hat mir einmal gesagt: „Die lustigsten Ausflüge sind die Seniorenausflüge. Da braucht man am wenigsten zum Lachen" – und ich muss das eigentlich aus vielen Veranstaltungen bestätigen. Es gibt ein paar Tanzschritte, die nur beim Seniorentanz gelingen, nicht in der Disco. Ich habe etwa 6000 alte und kranke Leute in meiner Diözese besucht, und ich muss sagen, ich habe sie oft aufblitzen sehen, diese Fröhlichkeit des alten Menschen. Da war der alte Pfarrer bei der Jause nach den Priesterexerzitien, der da gesagt hat: „Wenn i jetzt dann stirb – das Erste ist, im Himmel nachschauen, ob die ganzen walschen Heiligen da sein – des glab i no lang nit …" Oder neulich habe ich in einem Dorf im Ötztal den Ältesten besucht und mit ihm darüber geredet, dass aus diesem Dorf einer eine ganz hervorragende wissenschaftliche Laufbahn in den USA gemacht hat, und wie ich davon schwärme, nimmt der Dreiundneunzigjährige seine Pfeife aus dem Mund und sagt: „Na, na, Bischof, der Ärgste bin schon i!!!" Mir fallen viele Anekdoten ein, die ich mit fröhlichen alten Leuten und alten Priestern erlebt habe, und so möchte ich euch, liebe Mitbrüder, als letzte Chance die Lichtblitze der Fröhlichkeit in eure alten Tage wünschen. Wir haben allen Grund dazu. Denn der Herr hat uns erlöst. Wie hat Jesaja gesagt?

„Ich bleibe derselbe, so alt ihr auch werdet, bis ihr grau werdet, will ich euch tragen …"

In Sorge um das Humanum

Reinhold Stecher hat in jungen Jahren die ganze Unmenschlichkeit des nationalsozialistischen Terrorregimes aus nächster Nähe und geradezu hautnah erfahren: in der Reichskristallnacht mit Plünderungen und Toten, in gezieltem Antisemitismus, in seiner Gestapohaft, in der Verfolgung von Priestern und engagierten Laien, im Wahnsinn des Krieges und der Not der Nachkriegszeit. An der Universität Innsbruck spricht er über die Reichskristallnacht, wie er sie selbst erlebt hat, und verbindet damit den Aufruf zur Wachsamkeit gegen alle Unmenschlichkeit. Auch vor den „vaterlandstreuen Verbänden Tirols" appelliert er angesichts neuer Unmenschlichkeiten durch Empathieverlust, Vorurteile und Fanatismus, dem Humanum höchste Aufmerksamkeit zuzuwenden.

In dieser Sorge hat Reinhold Stecher als Bischof von Innsbruck einen epochalen Schritt gesetzt, indem er nach Beratung mit allen zuständigen Gremien in der Diözese den „Anderle-Kult" in Judenstein bei Rinn, der seine Wurzeln in einer mittelalterlichen Ritualmordlegende hat, definitiv beendete und eine Neuordnung in der Kirche von Judenstein anordnete. Diese Entscheidung war auch ein Meilenstein auf dem Versöhnungsweg von Juden und Christen.

Die Sorge für das Humanum bedeutet für Reinhold Stecher nicht nur das Abwehren möglicher Gefahren, sondern den engagierten Einsatz für Menschen auf der Schattenseite. Unter dieser Rücksicht war er in der Österreichischen Bischofskonferenz für den Bereich der Caritas zuständig. Zum 50-Jahr-Jubiläum der Caritas der Diözese Innsbruck (1995) hat er seine Festansprache an einem ungewöhnlichen Schauplatz, dem Hauptbahnhof, gehalten.

Von ganz anderer Art ist die Festansprache zu „625 Jahre Bruderschaft St. Christoph am Arlberg". Alles beginnt mit einem „Nobody-Helfer" und lädt bis heute zu einer Zivilgesellschaft mit Herz ein.

Die Reichskristallnacht

UNIVERSITÄT INNSBRUCK
(1998)

Wenn man jetzt im Alter die Heimatstadt Innsbruck in ihrer ganzen Schönheit in der Pracht des Herbstes erlebt, dann zieht mit der Erinnerung an die so genannte Reichskristallnacht ein schwerer dunkler Wolkenschatten über diese Schönheit – und was hinter diesem furchtbaren Geschehen stand, ist nicht nur eine periphere, vorüberziehende Wolke der Geschichte gewesen. Da hat sich durch viele Jahrhunderte ein Tief zusammengebraut – und seine Schatten fallen nicht nur auf diese Stadt, sondern auf das Abendland, nicht nur das von verschiedenen „-ismen" belastete, sondern auch das christliche Abendland.

Frau Präsidentin Dr. Esther Fritsch ist als die Vorsitzende der jüdischen Gemeinde von Innsbruck sicher die Berufene, im Namen der Betroffenen an diesen Horror zu erinnern, der keineswegs der Höhepunkt, sondern nur ein Vorspiel zu Schlimmerem war.

Meine eigenen Erinnerungen sind so, wie eben Erinnerungen an die Jugendzeit sind – Einzelaufnahmen von Eindrücken, die man nicht vergisst. Ich habe diese Jahre als junger Mensch (1938 war ich 16 Jahre) und damit sehr emotional erlebt. Meine Familie gehörte zu jenem Teil der österreichischen Bevölkerung, die dieses Regime von der ersten Stunde an als Schrecken erlebt und erfahren hat. Mein älterer Bruder, junger

Novembersonne im Schloss Ambras

Franziskaner, saß bereits in Salzburg im Gefängnis der Gestapo. Unzählige Bekannte waren diesen Weg gegangen – soviel ich weiß, gab es in Innsbruck und dem Umfeld 1100 Verhaftungen. Ich erwähne diesen verstummten Teil Österreichs, weil er heute sehr oft auch historisch weggeschwiegen wird und man bis in die heimische Szene so tut, als hätte es nur Jubel gegeben.

Ich kann mich noch an das etwa zehnjährige Mädchen erinnern, das mit seinem Schulranzen weinend durch die Salurner Straße lief, verfolgt von einer Horde Hitlerjugend, die laut „Saujüdin, Saujüdin" brüllte. Ich erinnere mich noch an das Entsetzen meiner Mutter, die am Morgen erfuhr, dass in der unmittelbaren Nachbarschaft der alte jüdische Herr Diamant, der im vierten Stock des Eckhauses Adamgasse-Salurner Straße wohnte, von den Schlägertrupps der SA und der SS so über das Stiegenhaus heruntergeprügelt wurde, dass am Morgen das Blut an der Wand war. Ich kann mich noch erinnern, dass man in unseren Kreisen kolportiert hat, der an sich nationalsozialistisch gesinnte Universitätsprofessor und Chirurg Dr. Burghart Breitner habe angesichts der Verletzungen, die er an den eingelieferten Juden sah, sein Parteiabzeichen an den Gauleiter Hofer zurückgeschickt. Und ich weiß noch, wie uns ein uns bekannter Polizist zuflüsterte, dass die Exekutive in dieser Nacht nicht ausrücken und keine Notrufe beantworten durfte. In jener Nacht gab es in Innsbruck keine Polizei und keinen Staatsanwalt, keine Justiz und kein Bürgermeisteramt, die Reichskristallnacht war die perfekte Visitenkarte der Tyrannei, die den Rechtsstaat liquidiert hat und die noch ganz andere Pläne in der Schublade hatte. Diese Nacht war der Probegalopp der apokalyptischen Reiter.

Die Fragen der Jungen

Ich verstehe, dass ein junger Mensch von heute fassungslos zu diesen Tatsachen die Frage stellt: „Wie war das möglich? Warum gab es da keinen Widerstand, keinen Protest? Wo blieben denn die mutigen Predigten auf den Kanzeln? Wo waren denn die Hüter von Recht und Geist auf den hohen Schulen? Was dachten sich die Kommandeure der Regimenter in den Kasernen?

Diese Fragen sind verständlich. Vor allem ist der Vorwurf ernst zu nehmen, dass bei vielen Menschen über den Kreis der fanatischen Nationalsozialisten hinaus das gefühlsmäßige Mitleid mit den Juden nicht sehr groß war. Das war nicht *nur* ein Ergebnis der pausenlos und mit allen Kalibern schießenden Propaganda, die die Parole „Die Juden sind Deutschlands Unglück" in allen Variationen über Zeitung, Radio, Anschlagkästen, Tafeln, Bildern, Filmen, Theaterstücken, Reden, Transparenten, Schulstunden und Schulungen verbreitete. Es war nicht *nur* ein Ergebnis dieser Propaganda, der der einfache Mensch fast hilflos ausgeliefert war, wenn er nicht eine tiefere Werthaltung dagegensetzen konnte. Diese emotionale Vorbedingung antisemitischer Sentiments ist eben die Sache, die auch die Kirche angeht. Davon wird noch zu reden sein.

Aber in einem Punkt muss ich zu den Vorwürfen „Warum kein Aufstand, warum kein Widerstand" eine Bemerkung machen, die man nur von sich geben darf, wenn man diese Zeit erlebt und wenigstens in bescheidenerer Form selbst im Widerstand gewesen ist – schon damals, als es begann. Wenn ich hie da und lese, was heute Historiker, Politologen oder Sozialpsychologen über jene Zeit schreiben, die sie nicht erlebt haben, stelle ich immer wieder fest, dass man sich trotz redlicher Analysen in Wirklichkeit nicht vorstellen kann, in welcher Lage ein „Dissident" in einem tödlich totalitären Staat ist. Man kann sich nicht vorstellen, mit welcher Urgewalt der Nationalsozialismus über die Menschen hereingebrochen ist, zum Teil mit imponierenden Veränderungen für das Elend der Arbeitslosen, mit neuen Machtgefühlen, ja Großmachtgefühlen in der Erinnerung an die dümmlichen Friedensdiktate von Versailles und St. Germain, die letztlich dem nationalen Fanatismus nur auf die Beine geholfen haben. Man kann sich nicht vorstellen, wie *allein* man in der Rolle des Nicht-Mitlaufenden, des Menschen im Untergrund ist. Nur wenigen kann man trauen – und selbst denen, denen man trauen kann, darf man manches nicht sagen, damit sie nicht in den brutalen Verhörmethoden der Gestapo sich das herausholen lassen. Mein kleiner Bruder, der auch gefallen ist, war in der Gruppe des Prof.

Mayr, der bei Kriegsende vor dem Landhaus noch erschossen wurde. Mein Bruder hat davon weder uns Brüdern noch der Mutter etwas gesagt, weil wir alle schon in den Händen der Gestapo gewesen waren und darum sofort ins KZ gekommen wären. Die da heute ihre Vorwürfe an die Nicht-Nazis von damals schreiben, haben keine Ahnung, wie die Situation war. Polittyrannen muss man Widerstand leisten, bevor sie im Sattel sitzen. Und das war damals schon vorbei. Es gab nur noch eine einzige Macht, die effizient auftreten hätte können: die Wehrmacht. Und wir haben gesehen, dass das auch schiefgegangen ist. Sonst gibt es nur den moralischen Widerstand – und den mit hohem Einsatz: Verlust von Existenz, Laufbahn, Zukunft, Rechtsschutz, Freiheit bis zum Leben. Das, was die „Weiße Rose" getan hat, war Todesmut des moralischen Widerstandes. Allerdings – sie haben die Ehre der deutschen Universität gerettet, die ja auch im Gleichschritt mitmarschierte.

Man müsste immer wachsam sein, um beim Machtspiel der Tyrannen nicht zu spät zu kommen. 1938 hat Europa genauso verhängnisvoll gezögert wie in Bosnien und im Kosovo. Die Hintennach-Tränen über die verletzten Menschenrechte sind nur welke Kränze in der Weltgeschichte.

Der christliche Antijudaismus

Aber die Reichskristallnacht war nicht nur Vorspiel zum noch schlimmeren Holocaust, sie war auch Ergebnis. Es gab im Jahrtausend vorher im Abendland viele Kristallnächte, Pogrome, Hexensabbate des Aberglaubens und der Vorurteile. Die Reichskristallnacht war ein Horrorschauspiel mit einer langen, langen Ouvertüre. Und hier beginnt die Verantwortung der Kirche.

Selbstverständlich hatte die Kirche unmittelbar mit der Reichskristallnacht nichts zu tun. Damals saßen wir ja mit den Juden und der bekennenden evangelischen Kirche eines Pastors Niemöller im selben Boot. Damals lautete unser erster „Tischspruch" im Reichsarbeitsdienstlager Ehrwald:

Es wird nicht eher Frieden in Deutschland,
als bis der letzte Jude am letzten Pfaffendarm erhängt ist ...

Nein, nicht in der unmittelbaren Verbindung liegt die christliche Verantwortung – wohl aber in der Ouvertüre der Jahrhunderte, im christlichen Antijudaismus. Geboren aus einem falschen Verständnis des Evangeliums, erste Verbreitung der verhängnisvollen Bezeichnungen im ersten Jahrtausend (Volk der Gottesmörder usw.), wilde Aufbrüche im Zuge der Kreuzzüge, wobei den Juden für alles Unglück Sündenbockfunktion zugesprochen wurde (Erdbeben, Pest, Seuchen, Hungersnot), Aufkommen der abergläubischen, frei erfundenen Legenden: Hostienschändung, Brunnenvergiftung, Ritualmordverleumdung. Es hat in der Kirche auch immer Gegenstimmen gegeben, so Innozenz IV. oder Clemens V., der angesichts der Gräuel an der Loire das Dekret herausgab: „Wer immer behauptet, dass die Juden zu religiösen Zwecken Kinder schlachten, der ist exkommuniziert …" Aber durchgesetzt hat sich Derartiges in der breiten Masse nicht. Die Vorwürfe und Vorurteile blieben auch in der Reformation auf beiden Seiten bestehen. Im christlichen Abendland durften Juden keinen Grund erwerben, also keine Bauern sein, kein Handwerk ausüben, keine Soldatendienste leisten – also blieb ihnen nur der Handel, vor allem auch der aufkommende Handel mit Geld. Es ist erschütternd zu lesen, dass noch Pius VI. 1775 die Juden im römischen Getto praktisch völlig entrechtete. Im 19. Jahrhundert waren es in Österreich einzelne Priester, darunter 1848 auch der Gründer der „Wiener Kirchenzeitung", Sebastian Brunner. Seine Vorwürfe haben noch im 19. Jahrhundert zu „Ritualmordprozessen" geführt – angesichts der damals doch bereits vorhandenen kritischen Geschichtswissenschaft eine unglaubliche Fehlentwicklung. Schon im 18. Jahrhundert hatte eine päpstliche Historikerkommission die zahlreichen polnischen Ritualmordlegenden als geschichtlich unhaltbar erklärt, nachdem sich die Juden in ihrer Verzweiflung an Rom gewandt hatten.

Ausblick für die Kirche

Das waren die christlich-unchristlichen Ouvertüren zur Reichskristallnacht. Man darf sie nicht verschweigen. Ich bin froh darüber, dass die Kirche am Ende dieses Jahrtausends diese Dinge sieht und sagt, so wie ich froh war, dass sich Rom in der Frage Judenstein eindeutig und scharf auf meine Seite gestellt hat, als gegen mich von fundamentalistischer Seite in Österreich in Rom Klagen vorgebracht wurden.

Aber ich halte eigentlich nicht viel von wortreichen rhetorischen Entschuldigungen für Einstellungen und Taten verflossener Zeiten, für die ich mich nicht verantwortlich weiß. Wichtiger scheint mir mit dem Blick auf die Reichskristallnacht und ihre langen Hintergründe am Ende dieses Jahrhunderts ein Dreifaches, was die Kirche betrifft.

1. Diese Vorurteile von Grund auf verändern. Sie tauchen immer wieder auf. So wie derzeit, wenn die israelische Politik zu weltweiter Kritik Anlass bietet. Dann ist sofort wieder das pauschalierende Vorurteil da. Die Qualität der Politik des offiziellen Israel hat nichts mit dem Antisemitismus zu tun, von dem wir hier sprechen – der ist eine Jahrtausendfrage und betrifft die grundsätzliche Einstellung.

2. Ich möchte, dass man in der Kirche aus der Besinnung über das Jahrtausend so etwas wie eine kirchengeschichtliche Bescheidenheit, d. h. die nüchterne Erkenntnis zieht, dass man sich geirrt hat. Es gibt sicher kein Dogma und keine Glaubenslehre, die den Antijudaismus einschließen – aber in den in der Basis verbreiteten und streckenweise von der Lehrautorität geförderten Ansichten und Verhaltensweisen hat man sich geirrt und sich in diesem Punkt sicher vom Willen des Herrn entfernt. Und aus dieser Tatsache müsste man eine gewisse Behutsamkeit und Vorsicht für das Heute ziehen, immer bedenkend, wie leicht man in den Sog von Vorurteilen gerät und urteilt.

3. Und die dritte Bilanz aus dem Jahrtausend ist für mich die einer Hoffnung. Es gibt auch einen Trost der Geschichte. Wenn ich im Lauf mei-

ner Worte gesagt habe, dass wir – die katholische Kirche Tirols und die jüdischen Bürger – damals in einem Boot saßen, dann bitte ich das ja nicht so zu verstehen, als wollte ich die Leiden des jüdischen Volkes mit den unseren auf dieselbe Stufe stellen. Da gibt es keinen Vergleich. Die Juden wurden vernichtet. Aber ich betrachte es letztlich als eine dunkle Gnade der Geschichte, dass es in diesem Jahrhundert so weit gekommen ist, dass Juden und bekennende Christen von derselben Macht verfolgt wurden. Wer weiß, was ohne diese Gemeinsamkeit des Erlebens alles am Ende dieses Jahrtausends *nicht* geschehen wäre, auch in der Kirche nicht. So war die Reichskristallnacht nicht nur der Probegalopp einer Macht des Rassenhasses, sie war auch ein Weckruf, der schlussendlich doch dazu geführt hat, dass Kirche und Synagoge heute einander anders gegenüberstehen als in den beiden berühmten Gestalten am Dom zu Straßburg.

Ich habe zum Abschied meines Amtes ein sehr sinnvolles Geschenk, einen silbernen Zeiger für den Gebrauch bei den heiligen Schriften in der Synagoge bekommen. Wenn ich ihn so halte, erinnert er mich an die große Gemeinsamkeit dieser heiligen Bücher, die uns tief verbindet. Und wenn ich ihn aufstelle, dann wird der silberne Finger zum Warnzeichen, zum Warnzeichen vor dem, was war, und was nie wieder kommen darf.

Wider die Unmenschlichkeit

ARBEITSGEMEINSCHAFT VATERLANDSTREUER VERBÄNDE TIROLS
INNSBRUCK (1990)

Diese Arbeitsgemeinschaft, die mir die ehrende Einladung zukommen ließ, an diesem Tag die Festrede zu halten, umschließt Menschen verschiedener politischer, religiöser und weltanschaulicher Positionen. Aber sie ist einst aus einem gemeinsamen Erleben gewachsen: aus der Erfahrung der Unmenschlichkeit. Durch die Erinnerungen der Alten unter uns geistern noch immer diese Alpträume. Aber es hat nicht viel Sinn, diese Dinge zu beschwören. Was wir eigentlich herüberretten sollten ins Heute, das ist die Wachsamkeit gegenüber der Unmenschlichkeit. Denn diese Phänomene sterben ja leider nicht aus. Es ist mit ihnen wie mit dem Drachen mit den sieben Köpfen im Buche der Geheimen Offenbarung, der aus dem wogenden Meer der Geschichte aufsteigt: Wenn ein Haupt abgeschlagen wird, wächst es immer wieder nach. Wir sind seit Jahrzehnten Zeugen dieses Schauspiels, das immer neue Inszenierungen erlebt.

Und da Sie von mir als Seelsorger weder einen politischen noch einen historischen Exkurs erwarten, möchte ich lieber auf die Hintergründe unmenschlicher Verhaltensweisen eingehen, auf jene Viren, die sich im Blut des Menschengeschlechts aufhalten und dann auf einmal wieder aktiv werden und Geschwüre bilden, wenn man sie nicht rechtzeitig eindämmt und schwächt.

Ich möchte heute drei Formen dieser Viren ansprechen, die den Nährboden für unmenschliches Verhalten bilden: den Verlust der Empathie, der Fähigkeit des Hineindenkens in den anderen, das Vorurteil und den Fanatismus.

Sie gehören irgendwie zusammen wie Stufen einer Krankheit. Der Verlust der Empathie ist ein emotionales Defizit, das Vorurteil ist ein Denkfehler und der Fanatismus ist die dauernde Beurlaubung von Herz und Hausverstand.

Der Verlust der Empathie

Es ist immer dasselbe, jede pädagogische und jede forensische Psychologie (Gerichtspsychologie) bestätigen es: Der Ungerührte ist der Gewissenlose. Gemütsverarmung ist die erste Bedrohung der Menschlichkeit. Alle Tyrannen der Erde brauchen Menschen mit kaputtem Gefühl, ob das nun die Gestapo, der NKWD[16], die Securitate[17] oder die Stasi[18] ist. Sie sind alle an emotionalen Krüppeln interessiert gewesen. Denn in der Seele dieser Menschen ist ja eine Barriere weggeräumt: das Mitleid. Auch die Tyrannen von morgen werden immer wieder versuchen, solche Monster zu züchten.

Darum ist der Verlust des Einfühlungsvermögens das erste ernstzunehmende Virus, das durch die Blutbahn der Gesellschaft kreist.

Das ist keineswegs meine Privatmeinung. In unserem Sprachkreis hat zum Beispiel schon vor Jahren Helmut E. Lück auf diese Tatsache hingewiesen. Er hat uns auch mit den lange währenden, vielfachen Untersuchungen im angloamerikanischen Raum vertraut gemacht, die um diese Phänomene kreisen: Je höher die Zivilisation und die Verstädterung des Lebens steigt, umso mehr nimmt die Fähigkeit zur Empathie ab, zum Sich-in-den-anderen-hineindenken-Können, zum Mitfühlen und Mitleiden. Der Mensch schottet sich immer mehr ab, je mehr er in der Vermassung lebt. Die Gründe sind sicher komplex. Am Beginn steht

---

16   Abk. für den sowjetischen Geheimdienst (Anm. d. Hg.).
17   Abk. für den rumänischen Geheimdienst (Anm. d. Hg.).
18   Abk. für den Geheimdienst in der ehemaligen DDR (Anm. d. Hg.).

meist schon ein Mangel an *Zuwendung*. Kinder, die man als lästig empfindet, für die man keine Zeit hat, mit denen nie ein Vater spielt, die in steigendem Maße Zeugen der Entfremdung der Eltern werden, die keine gesicherte Nestwärme erleben, die zwischen Verwöhnung und Gleichgültigkeit aufwachsen, müssen ihre Kindheit fast notgedrungen gemütsgeschädigt verlassen. Und damit nehmen sie ein schweres Handicap ins Leben mit.

Die *Wegwerfgesellschaft* hat für emotionale Bindungen nichts übrig. Das beginnt beim Wegwerfspielzeug, zu dem das übersättigte Kind keine persönliche Beziehung entwickelt, wie etwa das einfach erzogene Kind zu seinem alten Teddybären mit dem zerfransten Fuß, dem geflickten Fell und dem verlorenen Auge, der Teddybär, der so heiß geliebt wird …

Das setzt sich fort in den Wegwerfpackungen, in den Wegwerfmöbeln, im Wegwerfschulbuch und den Wegwerfhaustieren, bis zur Wegwerfnatur, der Wegwerflandschaft, dem Wegwerfpartner, dem Wegwerfembryo und dem Wegwerfsenior, der mir nur noch lästig ist. Die Wegwerfmentalität baut die Bindungsfähigkeit ab. Und damit bedroht sie fundamental die Menschlichkeit, und zwar nun gerade in der hochzivilisierten Wohlstandsgesellschaft.

In der anonymen Masse

Die empirischen Untersuchungen beweisen ganz klar, dass der Verlust der Empathie mit der Masse und der damit gegebenen Anonymität des Lebens steigt. Ein in Deutschland im Winter auf der Autobahn Überfallener und Ausgeplünderter konnte sich im Laufe der Nacht von den Fesseln lösen und mühsam, schwerverletzt und halbnackt an die Autobahn schleppen. Erst nach langer Zeit hat sich eine Streife seiner angenommen. Unzählige Wagen haben auf sein verzweifeltes Winken nicht reagiert. Im Herzen New Yorks ist eine Frau mit gebrochenem Fuß eine dreiviertel Stunde lang auf dem Gehsteig einer Avenue gelegen. Niemand fühlte sich „zuständig" zu helfen. Je zivilisierter wir werden, umso mehr scheint es in den zwischenmenschlichen Beziehungen zu hapern. Wirklich große Pädagogen haben schon längst darauf hingewiesen, dass die Erziehung zur Einfühlung wahrscheinlich für die Zukunft der Menschheit viel wichtiger ist als alle Wissensfortschritte. Übrigens hat schon Konrad Lorenz von der Verhaltensforschung her darauf hingewiesen, dass der Tod des Gefühls eine der Todsünden der zivilisierten Menschheit sei. In dieser Entwicklung schlummern tragische Entwicklungen für morgen, und wir erkennen sofort, dass es dann ziemlich gleichgültig ist, *welche* Ideologie sich dieses Defizits bedient.

Das Gegensteuern muss lange vor aller politisch oder weltpolitisch virulenten Unmenschlichkeit einsetzen: eben in der Zuwendung, in der Kultur ehelichen und familiären Lebens, in menschlichen Schulformen, in der Aufgliederung anonymer Massen in möglichst viele kleinere, überschaubare Organisationen mit kooperativem Charakter – sei es Sport, Musik, Soziales, Geselligkeit, in dem Wecken der Freude am Helfen, in der Förderung von Kreativität in allen diesen Bereichen. Denken wir nur daran, was das Engagement eines jungen Menschen beim Roten Kreuz, bei der Feuerwehr oder beim Bergrettungsdienst hier für die Mentalitätsveränderung bewirken kann. (Ich werde nie jenen alten englischen Pädagogen vergessen, der vor Jahrzehnten geschrieben hat, er wisse keine erzieherisch bessere Möglichkeit als die Ausbildung zum Seenot- oder zum Bergrettungsdienst.) Es hat wenig Sinn, das Auftreten von Unmenschlichkeit erst dann zu bejammern, wenn sie massiv politisch sichtbar wird. Das hat ebenso wenig Sinn, wie über Blutvergiftung zu jammern, wenn man davor alle Gesetze der Hygiene missachtet.

Ein Tiefenpsychologe hat einmal seinen Kollegen in einer Fachzeitschrift geraten, sie sollten manchmal lieber als Fachliteratur alte Märchen, große Dichtung oder die Heilige Schrift lesen. Da seien die Dinge oft viel besser dargestellt.

Für unser Thema, den Verlust der Empathie, gibt es ein altes Märchen, das seinerzeit Wilhelm Hauff niederschrieb, und das auch einmal verfilmt wurde: *Das kalte Herz*. Jene Geschichte von dem jungen Mann, der sich alles wünschen konnte gegen eine Bedingung: Er musste sein lebendiges Herz durch eines aus Stein ersetzen. Er hat tatsächlich alles bekommen, was er wollte, aber mit dem kalten Herzen wurde sein Leben doch eine Katastrophe. Beim Propheten Ezechiel steht das Wort, das genau dasselbe Bild benützt: „Ich werde ihnen das Herz aus Stein aus der Brust nehmen und ihnen ein Herz aus Fleisch geben …" (Ez 36,26).

Das wäre genau das erste Programm gegen die Unmenschlichkeit.

Das Vorurteil

Um es gleich vorweg zu sagen: Ich plädiere nicht für den vorurteilsfreien Menschen, weil es den nicht gibt. Es gibt nicht einmal eine vorurteilsfreie Wissenschaft, denn *vor* jeder Forschung steht schon so manches unausgesprochene Vorurteil über den grundsätzlichen Sinn wissenschaftlichen Tuns. Ich muss auch darauf hinweisen, dass es sehr segensreiche *positive Vorurteile* gibt. Die sich in Innsbruck wirklich menschlich um die Sandler kümmern, haben ein positives Vorurteil – indem sie von vornherein annehmen, dass viele Faktoren zu einem derartigen Zustand eines Menschen geführt haben; Faktoren, mit denen man nicht einfach Schuldzuweisung betreiben kann. Das dumpfe Wissen um viele Verhängnisse, die sich unserem exakten Wissen entziehen, schafft ein gutes, mildes Vorurteil. Wenn ein Lehrer nicht mit einem *positiven* Vorurteil an seine Schüler herantritt, hat er seinen pädagogischen Erfolg schon verspielt. Jedes Volksschulkind fühlt das positive Vorurteil seiner Lehrerin.

Aber es gibt eben auch das *negative Vorurteil*. Es existiert in harmloseren und gefährlicheren Formen. Wenn wir im Evangelium lesen, dass Nathanael bei der Nachricht, dass der Messias aus Nazareth komme, ausgerufen habe: „Kann denn aus Nazareth etwas Gutes kommen?", dann haben wir ganz genau dasselbe Vorurteil vor uns, das ich im Ausruf eines Bewohners von St. Nikolaus gehört habe: „O mei – a Höttinger – den hab i schon gfressen!" Wir wissen, dass solche Vorurteile in unserer Heimat geografisch beliebig vertauscht werden können.

Es gibt viele Vorurteile, die nicht im Harmlosen bleiben. Es findet so leicht bei uns Unterschlupf, weil es so bequem ist. Es erspart uns vollständig die Mühe, auf jemanden oder auf etwas genauer einzugehen. Und hier berührt sich das Vorurteil mit dem zuerst genannten Manko, der mangelnden Einfühlung: Es gedeiht umso besser, je mehr man zu gewissen Leuten und Phänomenen auf Distanz geht. Die Schärfe unserer Verurteilung nimmt mit wachsender Distanz im Quadrat zu. Tiefenpsychologisch wird es aus einer Angst-Abwehrreaktion geboren. Es ist abwertend, überkritisch, stereotyp. Es hält sich zäh wie eine Tätowierung. Manchmal kommt es von persönlichen Erfahrungen, die man verallgemeinert, manchmal ist es auch mit der sozialen Prägung gegeben. Es ist ihm nicht leicht beizukommen, weil es doch ein teilweises Blackout der Vernunft darstellt. Es ist halt eine Schublade, in die man alle unbequemen Menschen und Menschengruppen, Ideen und Bewegungen ablegt, ob es nun die Langhaarigen oder die Kirchgeher, die Juden oder die Rumänen sind. Man wirft sie in die Schublade des Vorurteils und sperrt zu. Neulich habe ich es selbst erlebt, was für ein Freundschaftsdienst es ist, wenn man auf seine eigenen Vorurteile aufmerksam gemacht wird. Ich hätte mich ohne diese durchaus unangenehme Ermahnung einem anderen Menschen gegenüber wahrscheinlich doch sehr vorurteilsbestimmt verhalten.

Das Vorurteil hat in der Menschheit ein langes und schweres Schuldkonto. Es hat Orgien der Feindschaft, Hass, Verfolgung, Ächtung, Ablehnung, Ungerechtigkeit, Brutalität, Krieg und Ausrottung heraufbeschworen.

Niemand ist vor dem Vorurteil sicher. Wir haben es alle. Überall gedeiht es, bei areligiösen wie bei religiösen Menschen (bei Letzteren kann es besonders gefährlich werden, weil es sich als Glaubenssache oder Sittenstrenge schminkt). Junge Menschen können Vorurteile gegen ältere haben, ältere gegen junge. Auf einem 4800 Jahre alten Papyrus aus Ägypten, den ich einmal in Übersetzung gelesen habe, jammert einer, dass mit der heutigen Jugend nichts mehr zu machen sei … In Diktaturen erreicht das Vorurteil Gesetzeskraft – man denke nur an die Judengesetze. Aber auch bei Bekämpfern des Faschismus kann sich das Vorurteil genauso einnisten. Es ist überall da, wo man ohne Beweise verurteilt, ohne Argumente Hass sät, wo man aus propagandistischen Spekulationen Feindbilder schafft.

Unser Medienzeitalter kennt eine spezifische Verschärfung des Vorurteils:

Abend am Völser Weiher, Südtirol

Die Vorverurteilung

Sie fügt zur Primitivität des Vorurteils das ganze Raffinement journalistischer Ausschmückung und Vervielfältigung hinzu. Die Vorverurteilung dient der Betonierung des Vorurteils in den Massen, unter Umständen weltweit. Es ist die Kunst des Fertigmachens ohne Argumente und Beweise. Ersparen Sie mir, dass ich Beispiele nenne.

Auch die Bekämpfung des Vorurteils ist nicht leicht. Es geht nicht anders, als im Raum des eigenen Herzens immer wieder der Gerechtigkeit eine Tür zu öffnen und mit seinem Denken das zu versuchen, was Aristoteles als Wahrheitssuche bezeichnet hat: das Denken in möglichste Übereinstimmung mit der Wirklichkeit zu bringen, was das Wesen der Tugend der Klugheit ist. Irgendwo müssen wir in unserer Seele so etwas wie einen Appellationsgerichtshof einrichten, vor dem ungeklärte Gefühle antreten müssen, wenn sie sich gegen andere richten. Da müssen Objektivität, Wahrheitsliebe, Gerechtigkeit und Wohlwollen als Senat zusammentreten und überprüfen, was da ungeklärt durch unser Bewusstsein oder Halbbewusstsein schwirrt. Wenn Christus gesagt hat: „Urteilt nicht, damit ihr nicht verurteilt werdet …!", dann wollte er damit nicht das Justizwesen der Menschheit abschaffen, er wollte auch nicht die Fähigkeit des Menschen diskriminieren, sich Urteile bilden zu müssen. Dazu hat er ja anderenorts aufgefordert („Urteilt nicht nach dem Augenschein, sondern urteilt gerecht!", Joh 7,24). Christus hat mit seiner Warnung einerseits die lieblose Art des Vorurteils gemeint, das über Menschen den Stab bricht, und andererseits die anmaßende Endgültigkeit unseres Urteilens, die uns nie zusteht.

Die Verringerung des Vorurteils ist sicher auch eine Wirkung echter Bildung. Die Dummheit bietet dem Vorurteil unbeschränkte Trainings- und Entfaltungsmöglichkeiten.

Echtes Bildungsbemühen, gesunde Rationalität, Gesprächskultur und Kontaktfreudigkeit sind die besten Mittel gegen das Vorurteil.

Wir müssen ihm gegenüber wirklich auf der Hut sein. Wahrscheinlich wird beim Weltgericht niemand häufiger wegen Friedensstörung, Völkerfeindschaft und Kriegshetze auf der Anklagebank sitzen als das Vorurteil.

Der Fanatismus

Er zeigt fast die böseste Fratze der Unmenschlichkeit. Trotzdem – es gibt ihn auch in harmloseren Formen, die wir hier nicht ins Auge fassen wollen: Es gibt Reinlichkeits-, Gesundheits-, Kunst- und Briefmarkenfanatiker, aber daran denken wir jetzt nicht. Wir denken an Sieg-Heil-brüllende Massen, an kalt agierende Großinquisitoren bei Hexenprozessen, an Maobibel-schwenkende Chinesen, an Sprechchöre auf Teherans Straßen, an die Atmosphäre des Gulag und prügelnde Massen in Sportstadien, an die Meuten, die immer wieder zu Pogromen ausziehen. Der Fanatismus ist ein sehr komplexes Phänomen, aber zweifellos ist er bis zum heutigen Tage ein mitbestimmender Faktor der Weltgeschichte.

Niemand ist vor ihm sicher:

* kein Zeitalter: Es gibt ihn im Altertum, im Mittelalter, in der Zeit der Aufklärung (ja paradoxerweise sogar in ihrem Namen, wie in der eben so stürmisch gefeierten Französischen Revolution) und es gibt ihn im Jahre 1990.
* keine Zone der Erde: Das kühle Irland kennt ihn ebenso wie das heißblütige Spanien, das gemütliche Österreich hat ihn erlebt wie die Staaten Mittelamerikas.
* keine weltanschauliche Position: religiöse Menschen und Atheisten, Faschisten und Antifaschisten, Militaristen und Antimilitaristen, Verteidiger traditioneller Positionen und Fortschrittliche, Frömmler wie Freigeister.
* kein Geschlecht und kein Alter: Es gibt fanatische Männer und fanatische Frauen, es gibt fanatische Jugendliche in Extremgruppen und Banden, und es gibt fanatische Greise wie einen Khomeini.
* kein menschlicher Bereich: Gottesverehrung oder Moral, Vaterlandsliebe oder Gesundheit, Partei oder Sport, Kunst oder Soziales, Geschäft oder Umwelt, Nationalität oder … nichts ist vor dem Fanatismus sicher. Er ist der Zerrspiegel, den man vor jeden Wert hinstellen kann.

Was ist für den Fanatismus kennzeichnend?

Die Intensität des Gefühls

Beim Fanatismus wird die Sachlichkeit durch *Intensität des Gefühls* ersetzt. Der Fanatiker handelt in Erregung, Leidenschaft und Willenswut. Er steht immer auf dem seelischen Gashebel. Fanatiker sind auch meistens Tatmenschen. Das macht sie so gefährlich. Im Fanatismus wird die Aggression ansteckend.

Ein Freund Lenins, Sinowjew, hat einmal gesagt, dass im folgenden Zitat Lenin so ganz enthalten sei: „Die guten Worte sind für uns kein Lob, uns freut allein der hasserfüllte Schrei …" Wir können von Goebbels fast gleichlautende Zitate herbeiholen. Und die Verfasser des „Hexenhammers" von 1484 waren von ähnlicher destruktiver Wut erfüllt.

Was steht dahinter?

Der Fanatismus wächst auf einem Komposthaufen seelischer Störungen: Minderwertigkeitskomplexen, übermäßigem Kompensationsbedürfnis, zwangshaften Fixierungen, krankhaftem Perfektionismus, Hysterie, schizoider Anlage, Angstabwehr, ungelösten Schuldbelastungen, Wahnbildung …

Fanatiker üben sehr oft Faszination auf die Massen aus. Mir fällt in diesem Zusammenhang immer das biologische Experiment ein, das man einmal bei Fischschwärmen vorgenommen hat. Diese schwimmen an sich nach den Direktiven des Leittiers. Nun hat man das Gehirn eines Leittiers operativ behandelt, so dass es völlig verrückte Richtungen einschlug. Prompt ist der ganze Schwarm den Verrücktheiten gefolgt.

Christus hat bekanntlich von den Blinden gesprochen, die Blinde führen, so dass beide in die Grube stürzen.

Gefährlich ist auch die Kombination des Fanatischen mit der Pose des Helden. Er fühlt sich als unerbittlicher Kämpfer, als einer, der sich bis zur Selbstaufgabe einsetzt, als Getreuer, der nie wankt, als Märtyrer. Nur ist er eben ein Märtyrer für den Schwachsinn, ein Pseudoheroe, dessen Einsatz mit den Zielen in keinem Verhältnis steht. Im religiösen Bereich kennzeichnet den Fanatismus das Eintreten für das Unwesentliche, nicht das Wesentliche: Eine zeitgebundene Tradition, eine drittrangige Detailvorschrift, ein Aberglaube oder ein rein subjektiver Mystizismus, irgendein Ritual oder sonst ein Randproblem wird zum Um und Auf der Religion. Im moralischen Fanatismus geschieht regelmäßig das, was Christus die Behandlung des Splitters im Auge des anderen und das Übersehen des Balkens im eigenen Auge genannt hat.

Auf Kosten von anderen

Und damit stoßen wir zu einem weiteren Kennzeichen des Fanatischen vor. Fanatismus braucht fast immer *Hassobjekte*. Die Schaffung solcher Objekte, auf die man also den ganzen Groll und alle moralische Entrüstung schmeißen kann, kommt einem tiefen Bedürfnis des Menschen entgegen. Auf diese Weise kann man unbewusst das eigene angeschlagene Selbstwertgefühl (Schuldkomplex) auf Kosten von anderen erhöhen. Ein afrikanisches Sprichwort drückt das so aus: „Das Böse ist ein Hügel, jeder steht auf seinem und zeigt auf einen anderen …" Nach diesem Rezept arbeitet der Fanatismus. Er hat fast immer moralischen Schaum vor dem Mund und müht sich um den Aufbau hassenswerter Personen und Gruppen. Das können Juden, Pfaffen, Fremdsprachige, Flüchtlinge oder Andersgläubige sein – es ist nur wichtig, dass man gegen irgendjemanden oder irgendetwas einen heiligen Krieg, einen Kreuzzug oder einen unerbittlichen Kampf führt. Der Fanatismus züchtet nur ein einziges Haustier: den Sündenbock.

Wegen der schwerwiegenden Folgen müsste es eine persönliche und eine gesellschaftliche Wachsamkeit gegen den Fanatismus geben. Dabei gibt es natürlich kein unfehlbar wirkendes Mittel. Ich glaube, man müsste ihm Bedingungen zur Entstehung erschweren, d. h. Förderung der Erziehung zur Duldsamkeit, zum vorsichtigen Urteil, zum kritischen und selbstkritischen Denken, zum Durchschauen von Sichtverkürzungen und Simplifizierungen, zum Misstrauen gegenüber den Mechanismen unreifer Schuldentlastung auf Kosten anderer. Die Erschließung von Zusammenhängen zwischen Politik und Fanatismus wäre in der politischen Bildung viel wichtiger als das bloße Einpauken von Daten. Man müsste eine gewisse Sensibilität gegenüber fanatischen Strukturen und Sprachformen entwickeln. Ganz entscheidend ist auch der Aufbau einer bejahenden Lebenshaltung. Den Fanatismus von morgen kann man weniger mit Gesetzgebung als mit der Formung des Menschen bekämpfen.

Die Humorlosigkeit

Ich darf übrigens noch einen Zug ansprechen, der mich immer stutzig macht, wenn er mir begegnet: die Humorlosigkeit. Sie kann ja auch andere Gründe haben. Aber für den Fanatiker ist sie typisch. Fanatismus verträgt sich nie mit Humor, höchstens mit Zynismus. Im „Kreis der Spötter", wie es im ersten Psalm heißt, mag er sich wohlfühlen, aber nie im Kreis der herzhaft Lachenden.

Wer immer darangeht, die bedrückenden Phänomene der Weltgeschichte hintergründig zu analysieren, wird auf diese drei Viren der Unmenschlichkeit stoßen, die im Wesen des Einzelnen keimen und in der Gesellschaft so verhängnisvoll wirksam werden können.

Ich glaube, wir müssten alle einen Blick für diese Fehlentwicklungen gewinnen, die ich fast als „Gangschaltungen" des Bösen empfinde, ganz gleich wo, bei wem und gegen wen sie auftreten. Sie sind das Zerrbild, das beklemmende Gegenstück zur Entfaltung der Liebe. Denn diese fordert *Zuwendung* statt *Abwendung, Gerechtigkeit* und *Wohlwollen* statt *Vorurteile* und *echtes Engagement* statt *Fanatismus*.

Die Frage Judenstein

Zur Anderl-von-Rinn-Verehrung

INNSBRUCK (1985)

Es ist kein Zweifel, dass es eine zum Wesen der Kirche gehörende Aufgabe ist, ehrwürdige Traditionen lebendig zu erhalten und auch jene Formen der Volksfrömmigkeit zu pflegen, die sich in unserer reichen Dorfkultur entfaltet haben. Und es bedarf sicher sehr ernster Gründe, wenn die Kirche gegen eine jahrhundertealte Überlieferung auftreten muss und einmal feststellen muss: Hier müssen wir etwas revidieren.

Die Ritualmordlegenden und ihre Entstehung

Im Falle der so genannten „Ritualmordlegenden", zu denen auch die vom Anderl von Rinn gehört, ist nun in der zweiten Hälfte dieses Jahrhunderts diese Situation eingetreten.

Um was ging es in diesen Legenden? Die Entstehung erfolgte eigentlich immer nach demselben Schema. In der Zeit des späteren Mittelalters, die ja auch vom Hexenwahn gekennzeichnet war, gab es einen tiefen, unterschwelligen, bei allen möglichen Gelegenheiten offenbar werdenden Hass gegen die Juden. Er wurde aus verschiedenen Quellen gespeist. Die Christen bezeichneten die Juden pauschalierend als das Volk der „Gottesmörder", das nun einmal eben verflucht sei. Diese Version ist ungefähr ebenso sinnvoll, wie wenn man heute alle, die die deutsche Sprache reden, als Judenmörder bezeichnen wollte. Den Juden war der Erwerb von Grund und Boden verboten, sie konnten also keine Bauern werden. Man erlaubte ihnen auch nicht die Erlernung oder Ausübung eines Handwerks, und man verbot ihnen den Dienst als Soldat. Sie waren dadurch gezwungen, sich mit dem Handel durchs Leben zu schlagen. Da andererseits damals den Christen das Zinsnehmen verboten war, betätigten sich die Juden im Handel mit Geld – was natürlich wiederum Aversionen auslöste, wenn Wucherzinsen genommen wurden. Die Juden mussten isoliert in Gettos leben, und sie waren außerdem verpflichtet, als Juden in der Kleidung gekennzeichnet zu sein. Der letztlich religiös motivierte Hass gegen die Juden tobte sich dann immer wieder in sogenannten Pogromen aus: Mord, Totschlag, Plünderungen und Austreibungen, also den traurigen Vorläufern dessen, was in unserem Jahrhundert in der Kristallnacht und den Vernichtungslagern einen der erschütterndsten Höhepunkte des Bösen in der Weltgeschichte gefunden hat.

Zu jenen Aktionen des Spätmittelalters gegen die Juden, die man in den Bereich des abergläubischen Wahns wie den damals grassierenden Hexenwahn, verweisen muss, gehörten nun die so genannten Ritualmordlegenden. Es gab davon etwa 300 in ganz Europa, die alle nach demselben Schema abliefen. Man fand ein ermordetes Kind (solche Verbrechen hat es zu allen Zeiten gegeben) und unterstellte den Juden, dieses Kind zu kultischen Zwecken (Gewinnung des Christenblutes) ermordet zu haben. Am Anfang der Christenheit wurde übrigens dieselbe Verdächtigung gegen Christen ausgesprochen. Damals wurde von heidnischer Seite das Märchen ausgestreut, die Christen kämen zusammen, um in geheimen Zirkeln Kinder zu schlachten (vermutlich eine abstruse Missdeutung des Messopfers). Die Vorwürfe des Ritualmordes an die Juden hatten immer dieselbe Folge: Mord, Plünderungen, Pogrome, Austreibung. Zugleich mit der Ritualmordlegende von Rinn kommt es in Trient zur Überlieferung des „Simele von Trient". Auch dort wird ein totes Kind gefunden, der Mord wird wie üblich den Juden angedichtet, und in der Folge werden 40 Juden ermordet. Der Bischof von Trient, demselben Wahn verfallen, verhindert eine päpstliche Untersuchung und schreibt das Kind „Simon von Trient" einfach in die Liste der Märtyrer.

Neubesinnung im 20. Jahrhundert

Die Ritualmordlegenden und das ganze Verhältnis der Kirche zu den Juden stellt durch Jahrhunderte bis in unsere Zeit herauf eine der größten Belastungen der Kirchengeschichte dar. Dieses Verhältnis ist gekennzeichnet von einem weitgehenden Versagen der Gerechtigkeit und Liebe. Die heutige Kenntnis der Dinge müsste uns zu einem gründlichen Umdenken zwingen. Und wann sollte denn in der Kirche dieses Umdenken einsetzen, wenn nicht in diesem Jahrhundert, in dem andere die uralte, schwelende Tradition der Ablehnung der Juden übernommen und im Zeichen des Rassismus und Nationalismus zu einem wahren Inferno entfacht haben? Die Kirche war im Nationalsozialismus selbst die verfolgte, und unzählige Priester und Laien waren selbst in den Konzentrationslagern. Aber nach diesem gemeinsamen Schrecken begann auch in der Kirche eine Neubesinnung hinsichtlich dessen, was an Schatten in der Beziehung zum Judentum auf ihrer Geschichte lastete. Diese Besinnung hat ihren Niederschlag in der Gründung einer eigenen Bischofskommission gefunden, die vorbereitend für das II. Vatikanische Konzil tätig war. Gerade diese Kommission hat nach Sichtung aller Fakten in beschwörender Weise die Forderung erhoben, die so belastende Verleumdung der „Ritualmorde" in der Kirche endgültig zu beenden.

Aber diese Besinnung muss eigentlich auch uns selbst treffen. Halten wir die Juden nicht irgendwo im Winkel des Herzens wirklich für ein „verfluchtes Volk", nur deshalb, weil vor 2000 Jahren ein paar Fanatiker zu Pontius Pilatus hinaufgeschrien haben: „Sein Blut komme über uns und unsere Kinder"? – Ich hatte selbst eine Reihe jüdischer Mitschüler in jenen Jahren. Hat irgendein Katholik in Tirol auch nur einen Augenblick darüber nachgedacht, was für sie und ihre Familien die in den blutrünstigsten Farben dargestellte Geschichte von Judenstein bedeutet hat, die ihre Vorfahren – völlig zu Unrecht – als Kindermörder hinstellte? Wie viele von uns denken daran, was es heute für ein Mitglied der jüdischen Gemeinde bedeutet, das durch Zufall, meist vereinsamt, übriggeblieben ist und alle Verwandten, auch die Kinder, in Auschwitz verloren hat, wenn es erlebt, dass die Kirche nach wie vor, als wäre nichts gewesen, eine Märtyrerlegende auf der Basis des Ritualmordes weiterschleppt oder weiterfeiert? Haben wir uns überhaupt jemals in die anderen hineingedacht? In diesem Bereich haben wir – das muss man offen zugeben – jahrhundertelang nichts getan. Und gerade hier ist der Aufbruch in der Kirche erfolgt, und dieser Aufbruch zu einer größeren Liebe hin ist sicher der Aufbruch des Heiligen Geistes. Es ist ein Aufbruch zur Wahrheit und zur Liebe. Und dieser Aufbruch hat auch schmerzliche Seiten.

Der Irrtum des Martyriums

Die Anderl-Legende hat in Rinn eine besonders tiefe Verankerung im Brauchtum und in der Volksfrömmigkeit gefunden. Leider hat es auch im 18. Jahrhundert einmal eine päpstliche Gestattung des bestehenden Kultes gegeben (keinen Seligsprechungsprozess!). Die Hintergründe dieses römischen Dekrets sind sehr dunkel. Es wurde im wahrsten Sinn des Wortes für ein paar wertvolle Urkunden, die das Stift Wilten besaß, eingehandelt. Eine derartige römische Äußerung hat keineswegs das Gewicht einer Konzilserklärung oder gar einer päpstlichen Lehrentscheidung. Es gibt ja leider aus dem 15. Jahrhundert auch eine päpstliche Empfehlung zur Hexenverfolgung (die übrigens in Tirol abgelehnt wurde).

Es ist verständlich, dass eine Revision der Anderl-Legende auf Widerstand in manchen Kreisen stößt. Aber die Schwierigkeit besteht darin, dass am Beginn dieses Kultes leider ein Wahn stand, dass nämlich die Juden christliche Kinder zu Kultzwecken schlachten, und dass aus diesem Wahn ein *Irrtum* folgte, dass nämlich das Kind Anderl ein Märtyrer des Glaubens sei. Und *nur* auf diesem Titel des Martyriums beruhte der kirchliche Kult als Seliger. Die Kirche hat im Jahre 1961 diesen Kult abgeschafft, weil sie ihn angesichts der Erkenntnisse abschaffen musste: Die genannten Behauptungen widersprechen der Wahrheit und der Liebe.

Das Kind Anderl selbst kann natürlich für all das nichts dafür. Es ist sicher das unschuldige Opfer irgendeines Verbrechens, wie sie diese Welt leider zu Tausenden gesehen hat und noch immer sieht. Und sicher können wir uns nicht vorstellen, dass das unschuldige Kind Anderl irgendwo anders sein könnte als bei Gott. Aber die Tatsache, dass ein Mensch Opfer eines Verbrechens oder einer Gewalttat oder eines Unglücks wird, berechtigt nicht zur Verehrung als Seliger, das heißt zur Verehrung auf Altären mit eigenem Fest und Messformular, eingefügt in die Liturgie der Kirche. Wenn die Kirche mit dieser Art der Verehrung weiterfahren würde, dann würde sie damit sagen: Es handelt sich um einen Märtyrer, also stimmt die Sache mit dem Ritualmord doch …

Darum kann das Kind Anderl eine mahnende Erinnerung an alle Kinder sein, die Opfer der Gewalt wurden, und als solches kann es auch ein Ehrengrab in der Kirche haben. Und es ist auch niemand gehindert, ein unschuldiges Kind um seine Fürbitte bei Gott zu bitten, so wie wir alle, die im Frieden Gottes sind, um ihre Fürbitte bitten können, aber angesichts der oben dargestellten Hintergründe und Tatsachen kann das nicht in der Form offizieller Seligen- oder Heiligenverehrung geschehen.

Wenn jemand sagt: Und was ist mit den vielen Gebeten und Erhörungen, mit aller Hilfe und allem Trost, die Wallfahrer in Judenstein gefunden haben? Dazu kann man nur sagen: Nichts davon war umsonst. Kein Gebet, das in ehrlicher Absicht und guter Meinung vor Gott gebracht wird, ist je umsonst. Alles Beten ist letztlich an Gott gerichtet. Selbst wenn jemand die Fürbitte eines Heiligen angerufen hätte, der nicht existiert hat – am Wert des Gebetes würde das vor Gott sicher nichts ändern. Und Judenstein soll auch weiterhin ein Ort des Gebetes bleiben. Und es soll in besonderer Weise ein Ort des Gebetes für Kinder bleiben. Aber Gott wird den Wert unseres Gebetes danach messen, ob wir dieses Gebet mit der Haltung der Liebe zur Wahrheit und zum anderen Menschen, also im Geiste Christi verrichten. Und diesem Geist würde eine Justament-Aufrechterhaltung einer Unwahrheit sicher widersprechen.

Die notwendige Neuordnung

Die Neuordnung in der Kirche von Judenstein sieht vor:

Als 1. Patrozinium das Fest „Mariä Heimsuchung, zu feiern am ersten Sonntag im Juli. Als 2. Patrozinium das Fest der unschuldigen Kinder. Die Gebeine des Anderl von Rinn werden in der Seitenwand der Kirche bestattet, wobei eine Inschrift darüber kurz aufklärt, wie es sich mit dem Ritualmord verhalten hat, und dass das Anderl zwar nicht als seliger Märtyrer, aber als Erinnerung für alle Kinder, die unter Gewalt leiden und gelitten haben, hier bestattet ist. [...][19] Der Stein in der Kirche, der mit der dunklen Bluttat verbunden wird, und mit seinem Namen die Verdächtigung der jüdischen Glaubensgemeinschaft leider zementiert hat, soll ein Zeichen der Versöhnung mit jenem Volke sein, aus dem uns der Erlöser erstand. Das wird eine schlichte Inschrift zum Ausdruck bringen.

Die Grundlagen für diese Neuordnung liegen in den Dekreten von 1961 (römische Beendigung der Anderlverehrung, die ja nie einer Seligsprechung unterworfen wurde), in den Beschlüssen des II. Vatikanums zur Judenfrage und den Forderungen der zuständigen Bischofskommission, im einstimmigen Beschluss des diözesanen Pastoralrates vom Jahre 1982 bezüglich der Neuordnung für Judenstein, im einstimmigen Beschluss des Abtsrates von Wilten in dieser Angelegenheit, im mehrheitlichen Beschluss des erweiterten Pfarrgemeinderates von Rinn, der mit 12:2 den obigen Veränderungen zustimmte.

Es handelt sich hier also nicht um eine willkürliche Aktion eines Bischofs, sondern um ein Anliegen der Welt- und Heimatkirche. Und wenn es sich auch um eine zunächst lokale Sachen zu handeln scheint, so schlägt diese Sache doch schon seit vielen Jahren weite Wellen, und es hängt an ihr so etwas wie der Test der Glaubwürdigkeit einer Kirche, die um der Sache und Liebe Christi willen bereit sein muss, sich dort zu korrigieren, wo sie geirrt hat.

---

19 Bischof Stecher macht an dieser Stelle detaillierte Angaben, die für die Neuordnung vor Ort wichtig waren, für dieses Buch jedoch weggelassen wurden (Anm. d. Hg.).

Da von Verfechtern der bisherigen Anderlverehrung die Sache manchmal so dargestellt wird, als sei „der Bischof von Innsbruck vom internationalen Judentum gezwungen worden, diese Maßnahmen durchzudrücken", so muss ich klarstellen, dass ich bis zum heutigen Tage mit keiner einzigen internationalen Organisation des Judentums in irgendeiner Verbindung stand oder stehe. Mein Kontakt zu jüdischen Einrichtungen erschöpft sich in der Begegnung mit der kleinen jüdischen Gemeinde von Innsbruck, die sehr vornehm und zurückhaltend, aber begreiflicherweise erleichtert auf die Veränderung reagierte. Der einzige Zwang, dem ich mich gegenübersehe, besteht in der Verpflichtung zur Wahrheit und zum Geist des Konzils. Dass die Sache nun aktuell wurde, hat zwei Gründe: Einmal hat sich leider die 1961 gehegte Hoffnung nicht erfüllt, dass die Weisungen Roms doch den Kult zum Schwinden bringen möchten, der ja von den etwa 300 Fällen in Europa fast ein museales Relikt war, weil man diese Verehrungen unter dem Eindruck der geschichtlichen Tatsachen und des neuerwachten Sinnes für Toleranz überall aufgegeben hat. Und zum anderen muss man sich sagen: Wenn nach den Schrecken dieses Jahrhunderts die Kirche nicht energisch von unbewiesenen Vorurteilen und Verleumdungen der jüdischen Religionsgemeinschaft abrückt – wann soll sie es dann tun? Es wäre zu wenig, die 40-Jahr-Feiern zur Beendigung des Zweiten Weltkrieges nur mit ein paar Gruselfilmen abzutun, und unseren Kindern bezüglich Judenstein das weiterzuerzählen, was 500 Jahre lang erzählt wurde.

Jenen Bewohnern von Rinn, die sich mit der neuen Sinngebung für Judenstein noch nicht anfreunden, wird keineswegs der Pauschalvorwurf des Antisemitismus gemacht. Aber es besteht kein Zweifel, dass in der Vergangenheit diese Geschichte schon in Kinderherzen entsprechende Gefühle geweckt hat (dafür habe ich eindrucksvolle Zeugnisse) und dass heute im Zuge der ganzen Auseinandersetzung wiederum hintergründige Vorurteile dieser Art auftauchen.

Ich möchte mich mit Vorwürfen gegenüber jenen, die die Kirche und mich persönlich in diesem Falle angreifen, zurückhalten, weil mir klar ist, dass an dieser Entwicklung in Judenstein schließlich ein gerütteltes Maß an Schuld bei kirchlichen Autoritäten ruht. Aber andererseits möchte ich auch darauf hinweisen, dass Bedrohungen, Boykotte und die Ausübung eines Dorfterrors gegenüber allen, die mit der Kirche in dieser Frage gegangen sind, keineswegs überzeugende Zeichen des Christlichen darstellen.

Meine Hoffnung besteht darin, dass auf der einen Seite die tiefreligiösen Menschen, die auf der Suche nach dem Eigentlichen des Christentums sind, doch erkennen werden, dass das Wesentliche nicht im sturen Festhalten eines historisch so belasteten Kultes, mit dem man auch einem unschuldigen Kind nichts Gutes getan hat, besteht, sondern in der immer neu zu übenden Liebe gegenüber Gott und allen Menschen. Und zum Zweiten hoffe ich, dass eine junge Generation, wie ich sie nun viele Jahre in unserer Heimat kennenlernen durfte, der Grundhaltung der Toleranz, dem kritischen und selbstkritischen Denken in der Kirche und dem Erfassen des Wesentlichen im religiösen Bereich aufgeschlossen gegenüberstehen wird, und sich nicht mit Traditionen zufrieden geben wird, hinter denen von Anfang an so schwerwiegende Fragezeichen stehen.

Ich verstehe, dass es für manche Rinner schwer sein wird, von einer lieb gewonnenen Tradition Abschied zu nehmen. Aber so sehr wir heute verpflichtet sind, gute Traditionen zu wahren und zu beleben, so dürfen wir doch nicht um den Preis der Wahrheit und Gerechtigkeit an Vorstellungen festhalten. Wenn das Anderl als Symbol für alles Kinderleid der Welt in der Kirche von Judenstein ruht, befreit von den unhaltbaren Fehldeutungen der Vergangenheit, vor dem Bild jener Frau, die selbst ihr Kind Jesus als bedrohtes Kind erlebt hat, dann ist dem Heiligtum von Judenstein eine Zukunft eröffnet, zu der die ganze Welt- und Heimatkirche ja sagen kann.

Im Durchgangshaus
der Gesellschaft

50 Jahre Caritas der Diözese Innsbruck
Innsbruck (1995)

Die Caritas hat ihren Jubiläumsgottesdienst in die Bahnhofshalle verlegt. Das ist ein etwas ungewöhnlicher Ort für eine liturgische Feier. Im ersten Augenblick habe ich auch gestutzt. Im zweiten nicht mehr.

Und zwar nicht nur, weil ich mich erinnert habe, dass ich vor 50 Jahren meinen ersten Caritasdienst als eben heimgekehrter Theologe hier bei der Bahnhofsmission Innsbruck geleistet habe. Damals flutete hier noch das Elend zwischen Bombentrümmern.

Nein, mir ist in den Sinn gekommen, dass der Bahnhof so etwas wie einen Symbolwert hat. Er ist fast ein „Logo" für die Caritas.

Die Heimatlosigkeit

Der Bahnhof ist ein Platz, an dem etwas von Unruhe, Hast und Heimatlosigkeit des heutigen Menschen in der Luft liegt. Manchmal kommt mir vor, als treibe manche Menschen die Sehnsucht in die Nähe der Geleise. Als gäbe es hier so ein Stelldichein der Flüchtigkeit und Unbehaustheit, des Abschieds und der Fremdheit dieser Welt. Die Bahnhofdienste der Caritas wissen ein Lied davon zu singen. Und so flüstert der Bahnhof der Caritas zu: Du musst immer für die da sein, die unterwegs und in Not sind, die auf der Suche nach Bleibe, Hilfe und Halt sind und die es trotz aller Sozialnetze immer geben wird, so wie Jesus einmal gesagt hat: „Arme habt ihr immer bei euch …" Niemand ist am Bahnhof zu Hause, und so sind auch viele in der Gesellschaft nicht zu Hause. Und darum ist es ganz richtig, dass die Caritas nicht in der barocken Pracht feiert, sondern hier, in der Bahnhofshalle, diesem Taubenschlag, diesem Durchgangshaus der Gesellschaft.

Die Züge

Und zum Zweiten rollen hier die Züge. Und für die Caritas ist der Bahnsteig und die Verladerampe der Nächstenliebe reserviert. Und – das darf man ruhig sagen – auf diesem Geleise ist etwas los. Da werden laufend die Züge abgefertigt, mit den Destinationen zu den verborgenen Nöten der Heimat, zu Pflegebedürftigen und Behinderten, zu Verschuldeten und solchen, die durch den Rost gefallen sind, zu Vereinsamten, Süchtigen und Sandlern, zu Familien in Bedrängnis und Alleinerziehenden, die es schwer haben. Und dann sind da die Fernzüge der Hilfsbereitschaft, nach Bosnien und Albanien, nach Rumänien und Kenia, nach Burkina Faso und El Salvador, nach Armenien und Bolivien. Und da gibt es das Eilgut zu den Katastrophenregionen der Erde, und auf diesem Bahnsteig gibt es wenig Verspätungen, die Hilfe rollt effizienter als manche Anstrengung der Staaten, ohne Rücksicht auf Politik, Hautfarbe, Religion und Vorurteile, mit einer erfahrenen Einfühlung in die jeweiligen Verhältnisse und einem funktionierenden amtlichen und ehrenamtlichen Personal in allen Winkeln der Welt. Nicht alles auf dem Bahnhof Kirche erfüllt mich mit reiner Freude. Auf manchen Geleisen wird unsanft verschoben und krachen die Puffer, und manche Züge haben Verspätung. Aber der Bahnsteig Caritas funktioniert, und auf die Verladerampen der Hilfe bin ich ein bisschen stolz. Das muss ich euch auch einmal sagen. Und wenn man im Evangelium nachliest – an welchen Zugsgarnituren aus der wenig erfreulichen Weltgeschichte ist eigentlich der Herr der Welt, der große Fahrdienstleiter am Ende am meisten interessiert? An den Luxusschnellzügen des Fortschritts oder an den Lastenwaggons, auf denen draufsteht „Für die geringsten meiner Brüder ..."? Der Herr wartet auf die Züge der Menschlichkeit und der Hilfsbereitschaft. Und er hat uns sagen lassen: „Die Liebe deckt eine Menge Sünden zu" – und diese Bettwäsche können wir alle brauchen.

Die Lokomotiven

Und das dritte Symbol bietet der Bahnhof mit den Lokomotiven und der Energie.

Ohne einen guten Lokomotiven-Fuhrpark geht nichts. Und hier braucht es starke Loks nach allen Richtungen, die die Rampen von Seefeld, vom Brenner und Arlberg bewältigen. Die Caritas braucht auch Lokomotiven, sonst stehen ihre Züge still. Lokomotiven – das sind Mitarbeiter mit Herz und Hausverstand, Gläubigkeit und Initiative und einer gewissen franziskanischen Fröhlichkeit ohne allzu viel Kirchensumserei. In dieser Stunde, meine Lieben, ist diese Ankunftshalle eine Remise für die Lokomotiven der Caritas. Die Loks der Nächstenliebe seid ihr.

Bleibt noch die Energie. Wir Christen haben eine Oberleitung, durch die der Strom aus dem Spitzenkraftwerk des dreifaltigen Gottes jagt. Es ist immer wieder ein faszinierender Anblick, wenn sich bei einer Lok der Bügel hebt und der Funke überspringt und Fahrzeug und Zug mit geballter Kraft erfüllt. Der Bügel der Seele, der sich zur Oberleitung hebt – das ist das Gebet, das ist das Geheimnis des Anschlusses Gott. Und der Strom, der überspringt – das ist der Heilige Geist – und der treibt alles: die Motoren der Nächstenliebe, die Stellwerke und Weichen der Organisation, die Heizung und die Klimaanlage für euren Betrieb und euer Miteinander, die Beleuchtung des Hausverstandes, den es bei diesem Geschäft braucht, bis zu den kleinen Leselampen der Einfühlung und des Trostes, die heute so wichtig sind, in den Coupés der menschlichen Begegnung. Und diese wunderbare Energie des Heiligen Geistes kennt keine Abschaltungen, Ausfälle und Zusammenbrüche ...

Jetzt wisst ihr, liebe Freunde, warum ich den Verantwortlichen der Österreichischen Bundesbahnen für diesen Bahnhof als Feierplatz so dankbar bin. Neulich hat die Bundesbahnmusikkapelle großartig im Dom musiziert. Heute feiert die Caritas in der Bahnhofshalle ihren Geburtstag. Wir wollen das als Zeichen nehmen, dass diese beiden Institutionen eine tiefe Gemeinsamkeit haben – den Dienst am Menschen, der unterwegs ist, den Dienst an einer menschlicheren Welt.

Der „Nobody-Helfer"

625 Jahre Bruderschaft St. Christoph
St. Anton am Arlberg (2011)

Auch in unserer jubiläumsfreudigen Gesellschaft sind 625 Jahre eine Zeitspanne, bei der man den Atem anhält. Dieses Gedenken zieht Kreise über Jahrhunderte. Und wenn ich mir den Kreis der erlesenen Gäste und der Schwestern und Brüder der hier versammelten Bruderschaft anschaue, dann zieht dieses Fest auch geografisch weite Kreise in der Gesellschaft von heute.

Und für mich erhebt sich die Frage: Was soll ich in dieser festlichen Stunde akzentuieren?

Die bewundernswerte Zählebigkeit einer Idee? Das gesellschaftliche Großereignis? Das europäische Flair dieser Vereinigung, die so viele Grenzen überschreitet? Die eindrucksvolle Bilanz von Wohltätigkeit? Die Bedeutung der touristischen Nebenwirkung für den Arlberg, diesem Zentrum der Bretteln, die in Tirol die Welt bedeuten?

Ich bitte Sie, nicht schockiert zu sein, wenn ich an diesen rhetorischen Möglichkeiten vorbeigehe und weit, weit zurückwandere – nicht nostalgisch bewegt, sondern auf der Suche nach den Quellen – und mich vor einem Faktum tief verneige, das am Beginn der Sache steht und das ich, ein wenig provokativ, so formuliere:

Die Initiative des Schweinehirten Heinrich Findelkind[20]

Die stand nämlich am Beginn. Der Impuls zur Bruderschaft von St. Christoph ging nicht von einem Kaiser oder König, einem Fürsten, einer begüterten Adelsfamilie, einem Bischof oder einem großen Kloster, den reichen Gewerken des damals bedeutenden Bergbaus oder einer betuchten Zunft der aufblühenden Städte aus. Am Beginn stand ein Waisenkind, ein Nobody der Gesellschaft, ein Außenseiter, Schwemmgut der Zeit, einer der vielen Armen, die die Not auf die Wanderschaft gezwungen hat, in einer Epoche, in der die fast ausnahmslos kirchlich-sozialen Netze äußerst dünn waren. Und dieser Aufbruch von ganz unten, aus dem Niemandsland der Namenlosen – dieses schlichte Helfenwollen ohne Seitenblick auf Macht, Image, Stellung, Karriere und Berühmtheit – das ist für mich das Faszinierende. Und ich möchte Sie einladen, mit mir ein paar Minuten nachdenklich bei diesem Faktum zu verweilen. Es ist nämlich nicht nur ein einmaliger Seitensprung der Welt-, Sozial- und Kirchengeschichte. Es verbirgt sich in ihr mehr – ein zeitloses Modell in der Geschichte des Humanum.

Es ist nicht so, als hätten die damals Mächtigen keine zukunftsträchtigen Aktionen gesetzt. Im gleichen Jahr 1386 hat z. B. Kurfürst Ruprecht von der Pfalz die später so bedeutende Universität Heidelberg gegründet. Aber die Atmosphäre der Mitmenschlichkeit wird nun einmal nicht nur durch Gesetze, Beschlüsse, Verordnungen, Appelle, Proteste, Analysen, Dekrete, Predigten, Sendschreiben, Ermahnungen und Deklarationen erzeugt, so wichtig das alles sein mag. Es braucht immer diesen Aufbruch unterirdischer Quellen im See der Menschheit, die dann an der Oberfläche Wellenkreise auslösen, die, wie das Beispiel zeigt, manchmal bis ans Ufer der Gegenwart plätschern.

---

20 Heinrich Findelkind sah als Schweinehirt, wie die Wanderer über den Arlberg von Lawinen und Schneestürmen bedroht waren. Daraufhin fasste er den Plan, auf der Passhöhe eine Herberge zu bauen. 1386 konnte sie errichtet werden. Zusätzlich suchte Heinrich Findelkind im Winter nach Verirrten und Ermüdeten und konnte so viele Menschen vor dem sicheren Tod retten (Anm. d. Hg.).

Mit Persönlichkeiten wie Heinrich Findelkind stehen wir an den Quellen der Anteilnahme am anderen und der Liebe. Der simple, einfache, aus der Tiefe des Gemüts und des Glaubens entspringende Wille zum Helfen hat etwas von der Kristallklarheit einer Quelle am Berghang. Und Aufbrüche wie die Initiative des Schweinehirten begründen – weltlich gesprochen – bis zum heutigen Tag das, was man die Zivilgesellschaft mit Herz nennt.

Zivilgesellschaft mit Herz

Im angelsächsischen Raum der Humanwissenschaften gibt es umfangreiche Untersuchungen der Fähigkeit zur *Empathie*, ihrer Gefährdung und Bewahrung in unserer modernen urbanisierten Zivilisation. Viele Entwicklungen und Konstellationen unseres „Way of Life" begünstigen das Sich-Einfühlen und Wahrnehmen der Not des anderen nicht. Es gibt viele Tendenzen, fremde Not nicht an sich herankommen zu lassen, sich abzuschirmen und unsichtbare Gartenmauern um das eigene Wohlbefinden aufzubauen. Und es gibt wuchernde Gruppenegoismen, die Mitleid und Einfühlung nicht aufkommen lassen.

Menschen wie Heinrich Findelkind bringen immer wieder in die Sozialgeschichte etwas ein, was der humanitären Initiative eine besondere Erdung verleiht: *die Erfahrung der eigenen Not.* Er hatte sie. Ich bin ja nicht im 14. Jahrhundert im Winter über den Arlberg gewandert, mit der damaligen armseligen Bekleidung, Ausrüstung und Verpflegung. Aber ein wenig kann ich mir's vorstellen. Ich bin einen Polarwinter lang im Krieg durch Lappland gezogen, mit einem zu Stein gefrorenen Stück Brot im Hosensack und nie einer anderen Unterkunft als einem schlechten Zelt ohne Boden. Rückblickend bin ich manchmal dankbar für diese bitteren Erfahrungen – und ich bin überzeugt, dass hier im Saal einige sind, die so ähnlich fühlen.

Auch wenn wir Gott danken, dass wir von solchen Zeiten verschont bleiben – ein bisschen kann erfahrene Not helfen, andere zu verstehen und sich in sie einzufühlen. In einer Wohlstands- und Spaßgesellschaft ist Feeling für fremde Not gefährdet – subkutan, unbewusst, einfach so. Ich bin ja auch Teil dieses an sich in vieler Hinsicht sorgenfreien Teils der Menschheit, der nicht ums Überleben kämpft. Wir setzen uns zu einem Wohltätigkeitsdinner nieder – und da kocht man nicht, um Hungrige satt zu machen, sondern Haubenköche beschäftigen sich Tag und Nacht mit neuen Raffinements, Kreationen, Aktionen und Sendungen mit der Kunst, Satte hungrig zu machen.

Wir müssen uns – und der Gedanke an den Schweinehirten sollte uns dazu animieren – um Einfühlung, Empathie, Aufmerksamkeit des Herzens bemühen, weil es uns so gut geht. Wenn man in den privilegierteren höheren Etagen der Gesellschaft wandelt, muss man dieses soziale Radar unbedingt installieren. Das gilt für Verantwortungsträger, Politiker, Gestalter des öffentlichen Lebens, Wirtschaftsführer – aber es ist auch in der Kirche so, dass hohes Amt sehr leicht Isolierschichten erzeugt, dass man sich verbal zwar vieler Dinge annimmt, aber in der Realität doch weit, weit weg ist von den Nöten, Sorgen und Bedürfnissen der Menschen. Ich habe diese Gefahr in Welt und Kirche oft erlebt, und auch bei mir selber.

Andererseits gehört es zum Trost der Geschichte, dass es eben immer wieder die Aufbrüche von unten, die überraschenden Geysire der Liebe gibt – wie eben die Initiative des Schweinehirten. In der Kirchengeschichte sind fast alle derartigen Erneuerungsbewegungen der Liebe von unten gekommen. Das Modell Heinrich Findelkind gilt bis heute – auch in Sozialgeschichte, eben im Aufbau einer Zivilgesellschaft mit Herz. Es gehört zu den beglückenden Erfahrungen meines langen Lebens, dass ich nach einer Epoche schrecklicher Brutalisierung auch diese positiven Entwicklungen einer Zivilgesellschaft mit Herz und ihrer Globalisierung erleben durfte.

Das Modell „Schweinehirt" ist immer noch aktuell in Welt und Kirche. Darf ich nur schlagwortartig daran erinnern: Hospizbewegung, Kinderdorf, Tschernobylkinder-Aktion in Tirol, Ärzte ohne Grenzen, Weltblindenaktion, Dritte-Welt-Läden, Kinderkrebshilfe, Dreikönigsaktion, Vinzenzverein, Seniorenbetreuung in Gemeinde und Pfarre, familiäre Betreuung älterer Behinderter in der „Arche". Ich könnte noch

vieles aufzählen. Das alles wurde nicht in Staatskanzleien, Bischofskon-
ferenzen, Domkapiteln oder vatikanischen Kanzleien erfunden – sondern eben unten, nach dem Modell der Christophorus-Bruderschaft,
immer durch Menschen und Bewegungen von unten. Und das ist im
besten Staat für eine Zivilgesellschaft mit Herz und Lebensqualität
ebenso unverzichtbar wie für eine Kirche mit Vitalität und dem Mut,
Neuland unter den Pflug zu nehmen.

Die Motivation des Glaubens

Es gibt noch ein Letztes, was mich bei Heinrich Findelkind und seiner
Initiative berührt. Vielleicht könnte man es in der religiös geschlosse-
nen Gesellschaft des Mittelalters für selbstverständlich halten, aber in
dieser Tiefe und Schlichtheit, Tatkraft und Konsequenz war das auch
damals nicht der Fall. Der ungebildete Schweinehirt lebte aus der unendlichen Motivation des Glaubens. Er hat das, worauf es im Christsein
ankommt, besser erfasst als viele Größen seiner Zeit. Und was ist dieses
Tiefste, Wesentlichste, Essenziellste, Zeitloseste?

Vielleicht darf ich es mit der Erinnerung an ein Spiel erklären, mit
dem wir uns als Kinder oft vergnügt haben: sich hinter Fenstern und
Vorhängen zu verstecken und mit einem kleinen Taschenspiegel einen
Sonnenstrahl aufzufangen und dorthin zu lenken, wo es dunkel ist. Ich
weiß, es ist heute nicht für jedermann leicht, an diesen strahlenden Unendlichen der Liebe zu glauben, der alles umfängt. In einer von Mess-
barkeit, Verifizierbarkeit und so genannter Exaktheit geprägten Welt
fällt der Schritt in diese Dimensionen des Glaubens schwer, auch wenn
dieser Schritt nicht der Vernunft widerspricht. Aber das ist das Wesentliche des Christseins: der Glaube an einen Gott der Liebe, in den man
nicht hineinschauen kann, wie man den Blick in die Sonne meiden
muss, aber mit dem kleinen fleckigen, von ein paar Sprüngen durchzo-
genen Taschenspiegel unserer Existenz versuchen, einen Strahl der großen Sonne aufzufangen und dorthin zu lenken, wo in dieser Welt Dunkel und Schatten dominiert.

Das ist der wesentliche Vollzug des Christseins, die unendliche Motivation, die Heinrich Findelkind bewegt hat und die mit der Zeitlosigkeit seines Impulses durchaus etwas zu tun hat. Wer den Versuch macht, mit dieser unendlichen Motivation Hilfe in die Not zu bringen, übt sich in der glaubwürdigsten Form des Christseins. Und wer das Helfen selbstlos aus humanistischer Einstellung auch versucht, der ist von diesem Gott der Liebe nicht weit weg.

In brüderlicher Verbundenheit

Das hohe Amt des Wegweisers

50. UND 25. BISCHOFSJUBILÄUM VON KARDINAL FRANZ KÖNIG
UND WEIHBISCHOF HELMUT KRÄTZL
WIEN (2002)

Diese abendliche Stunde im Rathaus zu Wien vereinigt uns alle in Respekt, Verehrung und Dankbarkeit gegenüber den beiden Gefeierten. Kardinal König ist als Wissenschafter und Seelsorger, als lebendiger Zeuge und Mitwirkender des großen Konzils, als Brückenbauer in der Heimat, in der Weltkirche und in der Welt so etwas wie ein Stück österreichischer Identität geworden. Und Weihbischof Krätzl ist in den 25 Jahren seines bischöflichen Dienstes im gleichen Geist in seine Spuren getreten. Würde ich nun damit beginnen, Aktivitäten, Verdienste, Meilensteine und Details dieser beiden Lebensläufe aufzuzählen, so käme eine lange Registerarie zusammen, und ich bin mir nicht sicher, ob diese Musik im Sinne der Gefeierten wäre.

Ich habe das Gefühl, dass hinter aller Sympathie, allem Wohlwollen und aller geübter Toleranz, die diese Feier im Wiener Rathaus bewerkstelligt haben, doch auch so etwas wie ein unausgesprochenes Bedürfnis, eine geheime Sehnsucht sichtbar wird, die durch Gesellschaft und Kirche zieht, so etwas wie eine Gegenströmung zum alltäglichen Erlebnis der überinformierten, vielfach beeinflussten, von anonymen Mächten oft manipulierten und desorientierten Masse. Ich meine die Sehnsucht nach Persönlichkeit, nach echter, glaubwürdiger, überzeugter und überzeugender Persönlichkeit.

Zur Vorbereitung einer Rede gehe ich oft wandern. Und so bin ich an einem der Wege unter der Nordkette in Innsbruck gesessen und war auf der Suche nach einem Begriff, einem Aufhänger, einem Bild, das zu meinen jubilierenden lieben Mitbrüdern passen könnte. Und mitten in diesem Sinnen und Suchen stand er plötzlich vor mir, nur wenige Meter gegenüber. Ich hatte ihn gar nicht beachtet. Es war ein *Wegweiser*. Einer von den neuen, soliden, mit Stahlrohr fest im Felsengrund verankert. Und bei diesem Bild möchte ich bleiben. Wie ist man froh, wenn man bei trübem Wetter und schlechter Sicht im Gelände unterwegs ist und sich mit der Orientierung schwertut – und er taucht aus dem Nebel auf – der Wegweiser. Er ist mir ganz zurechtgekommen. Er ist ein so ansprechendes und verständliches Bild. Schon der Prophet Jeremia greift vor 2600 Jahren dieses Bild auf und sagt in Kap. 31,21: „Stell dir Wegweiser auf, setz dir Wegmarken, achte genau auf die Straße, auf den Weg, den du gehst …". Und nach dieser prophetischen Hommage auf den Wegweiser möchte ich für diesen Abend bei diesem Bild bleiben.

Wegweiser greifen in die Weite

Sie begnügen sich nicht mit dem Hier und Jetzt. Meistens verweisen sie auf Ziele, die man gar nicht sieht. Der Wegweiser, vor dem ich saß, verkündete eine stundenweite Route. Unsere beiden Jubilare hatten immer diesen Griff in die Weite. Wie ich als junger Geistlicher das dreibändige Werk über die Weltreligionen in die Hand bekommen und gelesen habe – da ist er da gewesen, dieser Wind in die Weite des Geistes, der über Jöcher und Grate fegt und der etwas vorweggenommen hat, was dann im Konzil Linie der Kirche wurde: andere verstehen, sich mit ihnen auseinandersetzen, gemeinsames Erspüren – ohne jede Aufgabe der eigenen Identität. Und ich habe den Hauch der Weite gespürt, wie es darum gegangen ist, unhistorische antisemitische Hasslegenden zu beenden, und ich spontan die Solidarität Kardinal Königs und der gesamten damaligen Bischofskonferenz erhielt. Beide Bischöfe haben dazu beigetragen, dass die Brise des Konzils in der Kirche nie mehr einschläft, und ich bin froh, dass Weihbischof Krätzl in der Bischofskonferenz die Anliegen des Kontaktes zu den anderen Religionsgemeinschaften wahrnimmt. Wegweiser haben immer mit der Weite zu tun, was jenseits des engeren Horizontes liegt.

Wegweiser müssen gerade stehen

Der schiefe Wegweiser weist nämlich mit seinen Tafeln hinauf in die Illusion oder hinunter in die Plattheit. Dieses Geradestehen des Wegweisers symbolisiert für mich im menschlichen Bereich das Bemühen um Wahrheit, das Ringen um klare Überzeugung, das man sich nicht einfach macht, das Suchen nach Ausgewogenheit und Objektivität, das Bemühen um echte Bildung, um wirkliche Wertverankerung, um Argumente. Ich meine damit jene geistige und religiöse Verfasstheit, die die Arena nicht scheut. Wenn ich dem Fest unserer beiden Jubilare eine Überschrift geben hätte müssen, wäre mir das Logo eingefallen: „Festival des gläubigen Hausverstandes …" Das habe ich bei beiden Mitbrüdern im Amte immer so wohltuend empfunden. Es ist ihnen immer darum gegangen, das *Wesentliche* festzuhalten und vertreten zu können, auch das Wesentliche unseres Glaubens. Das meine ich mit dem „Geradestehen" des Wegweisers.

Gott bewahre uns vor den schiefen Wegweisern, vor den Phantasten und Utopisten, die ins Wolkenkuckucksheim zeigen. Vor den Propagandisten des schnellen Vorteils und des Nur-noch-mehr-haben-und-genießen-Wollens, die sich als Wegweiser ausgeben – und doch keine sind. Eine Tafel, die auf die nächste Jausenstation um die Ecke verweist, ist noch kein Wegweiser. Und Verbotstafeln am moralischen Stacheldrahtzaun sind zwar hie und da notwendig, aber Wegweiser sind sie auch nicht. Schon Jesus hatte mit den schiefen Wegweisern der Enge und der traditionsstolzen Engherzigkeit seine liebe Not. Wegweiser müssen gerade stehen, in Wert und Wahrheit, sonst taugen sie nicht.

Wegweiser müssen am Rande stehen

Ein Wegweiser, der in der Mitte des Weges oder der Straße steht, ist kein Wegweiser, sondern ein Verkehrshindernis. Das „Am-Rande-Stehen" gehört zum selbstverständlichen Dasein des Wegweisers. Menschlich gesprochen, gehört zum echten Wegweiser eine gewisse Bescheidenheit, ein Bewusstsein der religiösen Grenzen, eine dienende Grundhaltung. Christus hat das permanent von seinen Jüngern gefordert. Und heute ist das ein besonders wichtiger Punkt. Zum glaubhaften, ernstzunehmenden Wegweiser gehört ein Zurücknehmen der eigenen Person, ein Understatement der Autoritätsausübung, die sich mehr im geduldigen Dialog und in überlegener Argumentation manifestiert als im autoritären Paukenschlag. Unseren beiden Wegweisern ist das übertriebene Würdegehabe immer fremd geblieben. Und das war so wohltuend. Der große chinesische Weise Konfutse hat vor 2500 Jahren ein schönes Bonmot zum Wegweiser geliefert, der sich in die Mitte der Straße stellen möchte: „Wer sich selbst ansieht, leuchtet nicht …"

Wegweiser müssen leserlich sein

Was nützt es, wenn der Wegweiser zwar gerade und auch vielleicht am Rande der Straße steht, aber seine Schrift ist verwittert oder verwischt. Da kann man nur kopfschüttelnd weitergehen. Auch dieser Hinweis ist aktuell. Wegweiser müssen in Welt und Kirche verständlich sein. Und da gibt es oft ein Problem, und zwar gerade mit gescheiten Leuten. Sie mögen recht haben, aber man versteht sie nicht. Ich habe Tagungen erlebt, die ein so hohes Niveau hatten, dass die Teilnehmer einander selber nicht verstanden habe. Mir fällt da immer ein großer Philosoph des 19. Jahrhunderts ein, der gesagt haben soll: „Von allen meinen vielen Hörern hat mich nur einer verstanden – und der falsch …" Da wird's schwierig mit der Wegweisung. – Unsere Bischofsjubilare hört man gern, weil man sie versteht. Es ist ja gar nicht so leicht, zwischen den Versuchungen des Fachchinesischen, der theologischen Trockenmilch und dem süß-frommen Tiramisu die rechte Sprache der Verkündigung im Heute zu finden. Die Ansprachen unseres lieben Herrn Kardinals waren immer so wohltuend wie die Vorträge Weihbischof Krätzls, weit über die Grenze der Diözese hinaus. Wegweiser müssen leserlich sein.

Wegweiser und Kreuz

Bei der Betrachtung des Wegweisers ist mir noch ein sehr ernster Gedanke gekommen. Wegweiser haben mit ihrem senkrechten Pfahl und den Quertafeln eigentlich immer die Grundstruktur des Kreuzes sozusagen als Selbstverständlichkeit ihrer Existenz. Das gilt doch sehr oft von den wahrhaft großen Wegweisern in der Menschheit, den Vorreitern in der Kunst, in der Wissenschaft, im Kampf um Menschenrechte, um sozialen Fortschritt, um Toleranz oder den Schutz der Natur. Wie oft waren sie verkannt, belächelt, beiseitegeschoben – ja manchmal wurden sie abgesägt. Und weil die Kirche an allen Menschlichkeiten teilhat, galt Ähnliches auch des Öfteren für ihre Wegweiser, von Thomas von Aquin, der auf der Reise zu seiner drohenden Verurteilung starb, bis Teilhard de Chardin, der zu Lebzeiten nichts veröffentlichen durfte, von Ignatius von Loyola, der mit dem Gefängnis der Inquisition Bekanntschaft machte, bis zu Kardinal Henry Newman, der seinem 19. Jahrhundert um Jahrzehnte voraus war und in die größten Schwierigkeiten kam.

Dankbarkeit gegenüber Wegweisern ist oftmals eine späte Blüte. Wegweiser stehen sozusagen in einer geheimen Verbundenheit zu den Wegkreuzen. Auch unseren beiden Wegweisern zum Geist des Konzils ist dieses Schicksal nicht ganz erspart geblieben, ohne dass ich auf Details eingehen möchte. Ich erwähne das nur als kleinen Trost in manchen Frustrationen, dass diese Erfahrungen sozusagen zur Funktion des Wegweisers gehören – es ist weder verwunderlich noch besonders aufregend. Wegweiser haben von ihrem Wesen her eine gewisse Verwandtschaft mit der Struktur des Kreuzes.

Der kleine Vogel Humor

Und so bin ich also vor dem an sich ganz profanen Wegweiser unter der Nordkette gesessen und habe meine Gedanken um ihn und um die Wegweiser in Wien kreisen lassen. Aber dann ist ein Ereignis eingetreten, das mir zu einem ganz unpathetischen Schluss dieser Rede verhilft. Plötzlich hat sich ein kleiner Bergfink auf den Querarm des Wegweisers gesetzt und sein fröhliches Lied geschmettert. Und diesen zwitschernden Bergfinken habe ich auch sehr oft bei unseren Jubilaren geortet: den kleinen Vogel *Humor*.

Als ich als beklommener Neuling zum ersten Mal in die Österreichische Bischofskonferenz kam, hat Kardinal König zu mir gesagt: „Ich habe gehört, dass du Karikaturen machst. Du musst uns zeichnen!" Die liebe Eminenz hat ja nicht geahnt, was dieser oberhirtliche Auftrag ausgelöst hat (ich muss mich heute noch bei manchen Mitbrüdern entschuldigen). Aber die Sache war so: In der damaligen Bischofskonferenz gab es streckenweise Themen und Debatten, die, um es vornehm auszudrücken, der kirchengeschichtlichen Wucht entbehrten. Sie verlangten nur eine 50-prozentige Aufmerksamkeit – und damit war ein gewisser Freiraum für kulturelle Betätigung gegeben. Außerdem – dies ist keine Abwertung – lieferte die Bischofskonferenz immer wieder interessante Modelle. Aber das alles liegt natürlich unter der Decke der Diskretion für immer begraben. Es ist ja auch unwichtig. Aber etwas anderes ist wichtig: Dass der damals schon weltberühmte Kardinal zu einem kleinen Newcomer aus der Provinz gesagt hat: Du musst uns karikieren …
Das ist er nämlich, der kleine Bergfink auf dem Wegweiser. Auch in den Erinnerungen mit Weihbischof Krätzl taucht so viel Lachen auf. Man darf nicht vergessen, der Bergfink ist ein Umweltindikator. Er lebt nur in freien, weiten Höhen. Mit dem Humor in der Kirche und anderswo ist es ganz gleich.

Natürlich können Menschen das hohe Amt des Wegweisers immer nur annähernd, immer nur approximativ wahrnehmen. Jeder menschliche Wegweiser wirft auch seinen Schatten. Aber unsere beiden Jubilare haben diese Aufgabe in großer Treue wahrgenommen. Und so stehen sie, und stehen sie, hoffentlich noch lange. Freilich – die Ziele, zu denen sie weisen, rücken näher, wie die Berge am Föhntag. Das ist der Lauf des Lebens. Aber wir hoffen, dass sie der gütige Gott noch lange erhält, mit dem Flair der Weite ihrer Botschaft, mit geradem Schaft, bescheiden am Rande, aber gut leserlich, vertraut mit der Struktur des Kreuzes, mit Senkrecht und Waagrecht. Und unter den vielen Segenswünschen, die heute auf sie zukommen, sei auch der eine: Dass sich der kleine Bergfink Humor immer wieder auf dem Ernst ihres Amtes niederlasse und sein fröhliches Lied anstimme.

Übersicht der Ansprachen und Vorträge

---

* Diese Ansprachen und Vorträge von Bischof Reinhold Stecher hatten ursprünglich keinen bzw. einen anderen Titel. Für das vorliegende Buch wurden sie mit neuen bzw. abgeänderten versehen. Außerdem wurden die meisten Texte wegen der besseren Lesbarkeit mit Zwischenüberschriften gegliedert (Anm. d. Hg.).

S. 82

Wasser – Schatz der Zukunft

Vortrag auf dem gleichnamigen Symposium im Kongresshaus in Salzburg, 13. Mai 2004.

S. 88

Forstexkursion in die Bibel

Festansprache auf der Österreichischen Forsttagung „Schutzwald – Zukunftsaktie für unseren Lebensraum", gleichzeitig zum 150-Jahr-Jubiläum des Tiroler Forstvereins im Kongresshaus in Innsbruck, 17. Juni 2004.

S. 99

Gläubiges Herz und forschender Geist
Über das Christsein und die wissenschaftliche Forschung

Vortrag für die katholische Hochschulgemeinde an der Universität Innsbruck, 22. Oktober 1990.

S. 112

Das christliche Menschenbild

Vortrag an der Theologischen Fakultät Innsbruck, 25. Oktober 2002.

S. 119

Christliche Erwachsenenbildung

Vortrag im Diözesanhaus Klagenfurt für das Katholische Bildungswerk Kärnten im Rahmen der Festveranstaltung zur Präsentation des Leitbildes, 8. November 1998.

S. 131

Dichtung und Glaube

Vortrag in der Universitätspfarre St. Clemens, Innsbruck, 23. April 1996.

S. 139

Ringen um die Sprache

Vortrag auf dem Dreiländertreffen katholischer Publizisten im Bildungshaus Puchberg bei Wels, 22. September 1990. Diese Rede wurde in der „Herder Korrespondenz" 12 (1990) sowie in „Communicatio Socialis" (23. 4. 1990) veröffentlicht.

S. 150

Zum Profil des Unternehmers *

Vortrag vor der Industriellenvereinigung Tirols, Hotel Europa, Innsbruck, 26. November 1991.

S. 243

Die Frage Judenstein

Zur Anderl-von-Rinn-Verehrung

Ansprache vor kirchlichen Gremien, Innsbruck, 1985.

S. 251

Im Durchgangshaus der Gesellschaft *

Vortrag zur 50-Jahr-Feier der Caritas der Diözese Innsbruck in der Halle des
Innsbrucker Hauptbahnhofs, 19. November 1995.

S. 255

Der „Nobody-Helfer" *

Vortrag anlässlich eines Benefizabends zu „625 Jahre Bruderschaft St. Christoph" in
St. Anton am Arlberg, 9. Juli 2011.

S. 262

Das hohe Amt des Wegweisers *

Festansprache zum 50. Bischofsjubiläum von Kardinal Franz König und zum
25. Bischofsjubiläum von Weihbischof Helmut Krätzl im Wiener Rathaus,
13. September 2002.